本书是重庆市社会科学规划一般项目（2018YBJJ042）和重庆市教委人文社科重点研究基地项目（18SKJD019）的阶段性研究成果。

本书的出版受到了重庆交通大学经济与管理学院产业经济学重点学科经费的支持。

| 光明社科文库 |

社会网络与贫富差距

——经验事实与实证分析

何金财◎著

光明日报出版社

图书在版编目（CIP）数据

社会网络与贫富差距：经验事实与实证分析 ／ 何金
财著 . -- 北京：光明日报出版社，2019.8

（光明社科文库）

ISBN 978 - 7 - 5194 - 5466 - 1

Ⅰ . ①社… Ⅱ . ①何… Ⅲ . ①社会网络—关系—贫富
差距—研究—中国 Ⅳ . ①F126. 2

中国版本图书馆 CIP 数据核字（2019）第 178749 号

社会网络与贫富差距 ： 经验事实与实证分析

SHEHUI WANGLUO YU PINFU CHAJU： JINGYAN SHISHI YU SHIZHENG FENXI

著　　者：何金财

责任编辑：曹美娜　朱　然　　　　　责任校对：赵鸣鸣
封面设计：中联学林　　　　　　　　责任印制：曹　净

出版发行：光明日报出版社
地　　址：北京市西城区永安路 106 号，100050
电　　话：010 - 67078251（咨询），63131930（邮购）
传　　真：010 - 67078227，67078255
网　　址：http：//book. gmw. cn
E - mail：caomeina@ gmw. cn
法律顾问：北京德恒律师事务所龚柳方律师

印　　刷：三河市华东印刷有限公司
装　　订：三河市华东印刷有限公司

本书如有破损、缺页、装订错误，请与本社联系调换，电话：010 - 67019571

开　　本：170mm×240mm
字　　数：278 千字　　　　　　　　印　　张：16.5
版　　次：2019 年 8 月第 1 版　　　　印　　次：2019 年 8 月第 1 次印刷
书　　号：ISBN 978 - 7 - 5194 - 5466 - 1
定　　价：85.00 元

前　言

自 1978 年改革开放以来，我国经济呈现出高速增长态势，20 世纪 90 年代的经济体制转轨再度释放了生产活力，使我国从一个贫穷的弱国蜕变为世界第二大经济体。在这个进程中，居民收入水平不断提升，人民物质生活得到切实改善。但与此同时，贫富差距问题也日益凸显，地区间、城乡间以及家庭间的收入差距和财产差距演变得愈发明显，已成为制约我国经济持续健康增长的重要阻力。从这个角度出发，深入探究我国收入差距和财产差距的影响因素，进而提出相应的优化建议，不仅是政策智囊团们的重要职责，也是经济学者们应尽的义务。

本书立足我国当前贫富差距现状，基于已有的收入分配理论和贫富差距分析框架，通过引入家庭社会网络这个微观变量，拓展已有研究的分析边界，深入剖析社会网络影响家庭收入、财产的可能性机制。进一步地，基于中国家庭金融调查与研究中心的实地入户访问数据，使用主成分分析和聚类分析等方法，构建社会网络的统计测度指标，从而将这个社会学概念运用到经济问题的分析框架中。在此基础上，综合运用普通最小二乘（OLS）法、两阶段最小二乘（2SLS）法、有限信息极大似然估计（LIML）法和固定效应模型，实证分析社会网络在家庭收入及财产决定中的作用，并对可能的影响机制加以说明，同时对这种影响的城乡差异、区域差异和分位数差异做出深入比较。进而使用基于回归的夏普里值分解方法及 Fields（2003）所提出的分解方法等对收入差距和财产差距的影响因素进行分解，重点说明社会网络在收入差距和财产差距中的相对贡献度。最后基于研究结论，针对我国当前突出的收入和财产差距问题，提出相应的政策建议。

　　本书适用于微观经济学、家庭经济学及发展经济学等领域的相关研究人员参考和借鉴，对于政策制定部门亦具有良好的启发意义，同时也适合具有一定经济学基础的其他读者。

　　本书内容简洁易懂，条理清晰，论述逻辑严密，注重旁征博引，内容阐述中大量使用数据和图表，力求系统科学地对所研究问题做出分析。

目 录
CONTENTS

第一章

绪　论

第一节　研究背景与研究意义

一、研究背景

改革开放40年来，我国经济呈现高速增长态势，居民生活水平不断提升。我们在为这些经济成就喝彩的同时，也应清醒地认识到我国贫富差距业已成为亟需正视的现实问题。党的十八大和十八届三中全会均明确指出：要竭力调整我国居民收入分配格局，着力解决我国收入差距过大的问题，从而使全体人民更多更公平地享有改革开放和经济发展的成果。党的十九大报告也指出，当前我国社会的主要矛盾已经转化为人民日益增长的美好生活需要和不平衡不充分的发展之间的矛盾。结合我国经济社会形势来看，这些不平衡不充分的问题具体表现为地区之间、城乡之间、行业之间以及社会各阶层之间的差距在逐渐扩大，实质上正是社会公平与贫富差距问题，这也是中国特色社会主义进入新时代后所面临的现实挑战。

收入分配是关乎国际民生的一个重要议题，它一头连着老百姓的"钱袋子"和"好日子"，另一头牵着国家的和谐社会大局和政治社会稳定。从政治方面来讲，过大的收入差距会导致公众对政府改革决心的质疑和对改革举措的不信任，这种不认同感甚至会使人们丧失对政府的信心；从社会稳定角度来说，贫富差距过大容易激化社会矛盾，扰乱正常社会秩序从而影响社会的和谐稳定；从经济增长层面来看，收入差距扩大会导致消费需求不足，且使得居民储蓄和投资倾向发生改变，而内需不足导致的贸易顺差则会加剧人民币升值压力和流动性过剩，进而影响经济的健康稳定增长。孔子有曰："丘也闻有国有家者，不患寡而患不均，不患贫而患不安。盖均无贫，和无寡，安无倾。"过大的贫富差距会给经济运行和社会稳定带来诸多消极影响，同时也是阻碍我国经济再上新台阶的一大障碍，因此，着力缩小贫富差距不仅是老百姓对于自身福祉的呼吁，同时也是我国全局发展的必然要求。

贫富差距问题不仅反映在不断拉大的收入差距上，还体现在不断扩大的财产差距中。从家庭财产分布情况来看，目前，我国财产分布差距也在日益加剧，这不仅表现在不断扩大的城乡间财产分布差距上，同时，城市内部和农村内部家庭间的财产分布差距也已演化得愈发严峻。根据国家统计局的相关数据，截至1996年6月末，在城市家庭内部，最高20%分位数的家庭所拥有的户均金融资产占48%，而对于最低20%分位数的家庭而言，其户均金融资产仅占4%，最高20%分位数的户均金融资产是最低20%分位数组的12倍。时过六年之后，最高20%分位数家庭的户均金融资产升至66.4%，而最低20%分位数家庭的户均金融资产却降至1.3%，最高组是最低组的近51倍之多，并且有迹象表明这种差距还在以较快的速度不断扩大。

收入差距和财产差距的扩大不仅是我国当前面临的重要难题，同时也是制约我国经济进一步发展的关键瓶颈，任由这种趋势恶化将严重影响我国和谐社会的建设，也将极大延后中国梦实现的进程。从这个角度出发，研究我国收入差距和财产差距的影响因素，进而提出相应的政策建议，不仅是政策智囊团们的重要任务，也是经济学者们应尽的义务。

纵观已有相关研究，对于收入差距的探讨已十分充分，对于财产差距的研究也愈来愈多，学者们从成熟的国外模式出发，细致讨论了国外文献中提及的影响收入差距和财产差距的各个因素在国内贫富差距格局形成中所发挥的相对作用。然而需要指出的是，我国经济运行的模式并不完全类同于国外，因而对收入差距和财产差距的研究也需要立足于本国的具体国情。"关系"① 作为最具有中国特色的词语，在我国经济运行中扮演着重要的角色，这不仅体现在人们的日常交往中，同时也反映在它对于居民收入和财产多寡的影响中，因此社会网络对于收入差距和财产分布差距的形成和扩大具有不容忽视的重要作用。进

---

① 在已有研究中，学者们往往将关系等同于家庭所拥有的社会网络，社会网络较为学术化，关系一词则更贴近生活，在本书阐述中，将会交替使用这两个词，它们的意义相同。

一步从政策制定的角度出发，对收入差距和财产分布差距的研究应必须着眼于探讨影响收入分布和财产分布不均的微观因素。本书正是从这两个角度出发，意图研究社会网络在家庭收入与财产决定中的作用，并细致分析社会网络在家庭间收入差距和财产分布差距中的相对贡献度，进而对于如何进一步缩小我国不断演进的收入差距和财产分布差距提出相应的政策建议。

二、研究意义

在上述研究背景的说明中，我们已经提到收入差距和财产差距的扩大会严重阻滞我国经济发展的进程，同时对于社会稳定和政策实施均具有诸多不利的影响，因此，对于收入差距和财产差距问题的研究已受到越来越多学者们的重视。在对收入差距和财产分布差距的成因探讨上，已有的研究业已总结出了一些成熟的结论，并就如何缩小收入差距和财产分布差距提出了有益的政策建议。在已有相关研究的基础上，本书将家庭社会网络规范化地引入收入差距和财产差距的问题分析中，弥补了以往研究在这方面的缺失，同时对于如何进一步有效缓解贫富差距问题具有很好的参考价值。从研究意义上来讲，本研究主要体现在如下几个方面。

1. 理论意义

从理论层面来看，现代西方经济学理论中所阐释的收入分配逻辑存在着较大的局限性，它脱离了人们之间的生产关系来研究收入分配，因而并不能很好的解释现实的经济运行和收入分配模式，加之中国特有的国情并不符合西方经济学所概述的经济环境，因此，生搬硬套国外模式并不能很好的解释我国经济运行中所蕴含的现实问题。

完美市场假说中假定市场高度有效率，资源总会流向边际使用效率最高的经济主体，且经济运行的最终均衡结果是帕累托最优的，然而事实上，市场失灵却经常出现，从而便导致现实中的经济运行结果往往缺乏经济效率。引起市场失灵的原因众多，传统的因素主要有垄断、外部性、公共产品、信息不对称、逆向选择及道德风险等，从本研究视角出发，此处所讨论的家庭社会网络也是导致市场失灵的一个重要因子。具体地说，例如在劳动力市场上，企业招聘职工的原则应该是适者上任、择优录取。在我国，家庭社会网络已成为一种无法忽视的隐形资本存在于经济运行的各个角落。家庭社会网络在干扰市场正常运行的同时，也引发了诸多的不公正和不公平，社会网络的介入使得人们面对的各种机会不再均等，机会不均等导致资源倾斜性的流向家庭社会网络更为丰富的群体，而同时也伤害了弱势群体的正常利益；另一方面，家庭社会网络极易产生代际遗传，社会网络的原始积累会延递到第二代、第三代甚至更后代，这种代际遗传的最终结果将会导致经济学中常常提及的"贫困陷阱"。另外，社会网络的马太效应会使得社会网络资源越丰富的家庭所拥有的社会网络越深厚，而原始社会网络背景匮乏的群体所拥有的社会网络资源则相对增长更低，这种两极分化的出现会使得拥有"硬关系"的家庭在经济活动中获得更多的好处，而社会网络较弱家庭的弱势效应也将使得他们变得更加弱势。

现代西方经济学中所提到的各种收入分配理论，是在继承和发展亚当·斯密、大卫·李嘉图及萨伊等人的理论基础上建立起来的，虽然这些理论已将劳动力、土地、资本、企业家才能、人力资本、知识及技术等影响居民收入和财产的因素涵盖进来，但这些理论在应用到具体问题分析中时，却仍存在着诸多的局限和缺憾。仅从本书的应用视角来说，传统的经济学理论中并没有考虑到社会网络资源对于经济运行和社会福利的影响，本书选择从关乎所有家庭切身利益的收入和财产维度展开，虽然并没有从理论上对社会网络是通过何种机制来影响家庭收入及财产做出细致推导和说明，但实证的分析结果却也为此理论的构建提供了一个感性的先知。

2. 对于促进我国经济健康持续发展的重要意义

2006年，世界银行发布的一份报告指出：机会不均等是经济实现可持续发展的根本性障碍，它严重阻碍了物质资源、人力资源及其他各类资源朝着具有最高边际回报经济主体流动的路径，致使这些资源流向发生扭曲，最终阻滞了经济的有效运行。与此相仿，机会不均等会严重阻碍经济增长已经得到了很多学者的一致认可，大多数研究中也将机会不均等视作是比结果不均等更为严重的问题。在引起机会不均等的所有因素中，家庭所拥有社会网络所起的作用可谓尤为突出，然而这个因素却往往被学者所忽略，这可能是因为关于社会网络的探讨往往集中在社会学领域，在经济学中尚未形成成熟的研究范式。

家庭所拥有社会网络的强弱会引起各种机会不均等，进而腐蚀公平公开的市场环境，最终阻碍经济的可持续发展，同时，不断扩大的收入差距和财产分布差距也是中国经济可持续发展所面临的重要难题。因此，本书首先将社会网络数量化的应用到经济问题的分析中来，并探究家庭所拥有的社会网络对中国收入差距和财产差距的相关影响，进而借助该视角探寻能减少机会不均等、促进收入分配和财产分配更加公平的相关可行性政策，竭力为我国经济的进一步可持续发展排除荆棘。

3. 对于构建和谐社会，实现伟大中国梦的现实意义

构建社会主义和谐社会是党和国家在改革开放新时期提出的一项意义重大的战略发展决策，而全面统筹城乡发展，解决整体收入水平和消费水平偏低的问题，进一步缩小城乡收入及财产分布差距，既是全面假设小康社会的重要环节，同时也是和谐社会发展的重中之重。

中国梦的主旨是国富民强，人民幸福。民富则国强，因此提高居民的收入水平是中国梦得以实现的内在要求，但仅靠收入的提高就能使人们感到幸福吗？答案恐怕并非如此，人民幸福还需要公平公正作为基石，中国梦的实现必须切实落实到每个人的身上，只有营造出个人梦得以实现的平台，才能有望实现伟大的中国梦。习近平总书记在十二届全国人大一次会议上提出中国梦后，很多学者和代表展开了积极地探讨，从各个角度分析了实现中国梦的路径，一个普遍的共识认为，收入差距的持续恶化是中国梦所面对的最大障碍，中国梦的实现需要以缩小居民贫富差距作为前提，只有努力缩小居民收入分配和财产分配中所存在的剪刀差，竭力营造公平、公开、公正的市场环境，才能建立出一个和谐美满的新社会，也才能在国富民强的同时满足人们对幸福的追求。

我们并不是完全的反对收入和财产差距的存在，适度的贫富差距对于经济和社会的运行是完全必要的，但如果收入差距超出了合理的区间，那么其对于经济和社会的危害也是无法承载的。根据国际惯例，将 0.4 的基尼系数作为一条收入差距的国际警戒线，如果一国收入差距超出了这条线，就表明该国的收入差距过大了，需要采取合理的措施来加以调控。尽管近年来学者们开始认为0.4 作为国际警戒线可能有点偏低，但过高的收入差距会危及社会的共识却是无人质疑的。从收入差距的形成机制来看，收入差距至少应该包含两个部分，其中一部分是由个人努力程度的差异所产生的，另一部分则是由于客观的市场环境所引起的，这里最突出的便是个人面对的机会不均等。对于前者，国家应该大力提倡和支持，由努力程度差异引致的收入和财产差距是合理且有益的，它是激发民众勤奋动力的重要源泉；而对于后者，我们则应该持明确的反对态度，政府应努力消除由机会不均等所造成的收入不平等。从目前我国的收入差距形成过程来看，其存在的主要原因不是个人不努力所产生的，而是市场环境不公开公平所导致的，这种收入差距和财产差距的存在和扩大没有真正地在激励个

人创业、投资和追求创新方面发挥积极的推动作用，反而却阻碍了经济的正常运行，这显然是背离和谐社会和中国梦要义的。习近平总书记在全面阐述中国梦时描绘到："要使生活在我们伟大祖国和伟大时代的中国人民，共同享有人生出彩的机会，共同享有梦想成真的机会，共同享有同祖国和时代一起成长与进步的机会。"在这里，习总书记运用了三个共同来勾画中国梦的蓝图，就是将公平公正视为了中国梦的核心。本研究正是基于我国当前收入差距和财产分布差距的现状，利用最新的家庭微观调查数据，来分析造成不公开不公平的家庭社会网络在收入差距和财产分布差距中的作用，从而为如何缩小收入差距和财产差距，进而构建和谐社会和实现中国梦提出相应的建议，以切实提升居民的幸福感和获得感。

4. 本研究的政策意义

从政策层面来讲，本研究充实了对于收入差距和财产分布差距的研究文献，并基于自身结论，为如何缩小家庭间的收入差距和财产差距提出了相应的政策建议。

关于如何缩小贫富差距的讨论由来已久，学者们也总结了一些相应的可行措施。从宏观调控到社会保障制度的建设，从努力解决引起城乡二元结构的"三农"问题到不断深化城乡金融体制改革，我国政府一直在为缩小贫富差距进行着努力。本研究不是从宏观上讨论如何能有效缩小收入差距和财产差距，也没有依据对现在的社会保障制度建设和金融体制改革是否切实起到了缓解贫富差距的效果评头论足，本研究选择从微观家庭视角入手，旨在讨论引起收入差距和财产差距扩大的微观影响因素，并试图基于这些研究结论，提出一些契合当前经济发展环境和政策主题的相关政策建议。

第二节　研究思路及主要研究内容

一、研究思路

本研究将基于已有的收入分配理论和贫富差距分析框架，通过引入家庭社会网络这个微观变量，拓展已有研究的分析边界，深入分析社会网络影响家庭收入、财产的可能性机制。进一步基于中国家庭金融调查与研究中心多年度入户访问数据，使用主成分分析和聚类分析等方法，构建社会网络的统计测度指标，从而将这个社会学概念运用到经济问题的分析框架中，实证分析社会网络在家庭收入及财产决定中的作用，并对可能的影响机制加以说明，同时对这种影响的城乡差异和区域差异做出深入比较。在此基础上，使用夏普里值分解方法及 Fields（2003）所提出的分解方法等对收入差距和财产差距的影响因素进行分解，重点说明社会网络在收入差距和财产差距中的相对贡献度。最后基于研究结论，针对我国当前突出的收入和财产差距问题，提出相应的政策建议。本研究技术路线图（如图 1-1）所示。

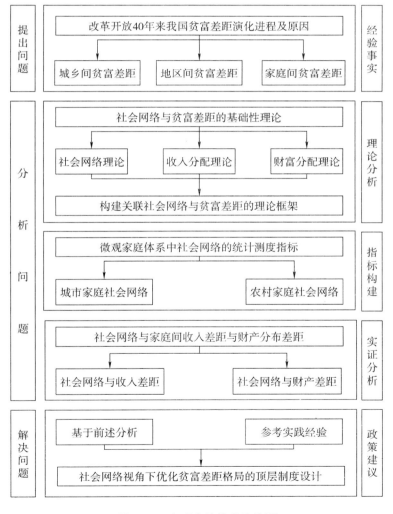

图 1-1 本研究的技术路线图

从本研究逻辑结构来看，本书可主要划分为四个部分。第一部分为本书的绪论，主要介绍本研究的选题背景、研究意义、主要研究内容、研究所采用的方法及本研究相较于以往研究的主要创新点和存在的不足，从总体上对本研究将要展开讨论的内容做了一个俯瞰式的概括和总结，并为下文内容做出铺垫。

第二部分将概述有关社会网络与贫富差距的基础性问题，该部分主要从四个方面展开论述：第一层是对本研究最为关注的社会网络概念给予解释和描述，并说明社会网络的经济效应，同时对已有文献衡量家庭社会网络的方式及存在的不足做出说明；第二层是对收入差距演进及趋势的说明，并详细讨论当前文献中关于收入差距问题的论述，进而总结、归纳和概括出文献中所提及的引起收入差距的相关因素；第三层是关于家庭财产差距及趋势的说明，并对哪些因素引起了财产差距的逐步扩大给予文献上的说明；第四层是对当前文献中常用的贫富差距分解方法的概括和归述，并对本研究所采用的"基于回归的夏普里值分解方法"做出说明，同时也对已有利用此方法展开的相关研究进行述评。本部分是开展下文研究的文献支撑部分，对本研究发挥借鉴和领航的作用，同时，本研究也是在已有文献基础上做出的创新和改进，属于对该领域文献的有益补充。

第三部分是本书的主体部分，主要是在上述基础上展开的实证分析，具体又主要可划分为以下六个章节：第三章基于中国家庭金融调查数据，对我国贫富差距的城乡现状、地区现状等做出一些经验和数据方面的说明；第四章使用统计学方法，针对如何将"社会网络"这个概念引入经济学实证研究，提供一种新颖的构造方法，本章将从数据出发，详细介绍构造家庭"社会网络"测度指标的步骤；第五章利用前文所构造的家庭"社会网络"衡量指标，实证研究社会网络在家庭收入决定中所发挥的重要作用，并对这种作用的相关机制做出说明；第六章是基于第五章内容的展开和延伸，将细致考察家庭所拥有的"社会网络"在当前收入差距格局形成中所扮演的角色，并区分城乡、地区、不同收入阶层及户主不同特征等分别说明社会网络在收入差距中的相对贡献度；第七章基于家庭财产视角，分析说明社会网络对财产形成的影响作用，并区分这种影响的城乡差异和地区差异。第八章基于第七章中的估计结果，利用两种不同的分解方法深入分析社会网络在财产差距中的相对贡献度，并区分城乡、地区和不同财产分位数，对社会网络在财产差距中的相对贡献度做出比较说明。本部分是全书的核心内容部分，将对本研究绪论中所涉及的各个问题做出具体分析，详细回答家庭社会网络与收入差距和财产差距的内在联系问题，既呼应了上文，也对下面政策建议的论述提供了可参照的依据。

第四部分即本研究的第九章是对全书的总结性论述，并基于第三部分的研究结论，对如何缩小收入差距和财产差距提出相应的政策建议，同时，对于本书的未竟内容给予展望。

二、研究内容概述

从内容结构来看，本书共由九章构成，各章具体内容安排如下。

第一章为本书绪论，首先介绍本研究的相关背景，阐述改革开放40年来，我国贫富差距的演化趋势，重点说明过大的贫富差距对我国经济发展和社会稳定的不利影响，并提出本研究所基于的微观视角。在当前收入差距和财产差距日益扩大的大环境下，本研究选择从家庭社会网络维度来研究贫富差距问题，具有多方面的意义，绪论主要从四个方面阐释了本研究的意义：一是本研究的理论意义；二是本研究对于我国经济可持续发展的重要意义；三是本研究对于实现伟大中国梦的现实意义；最后概述了本研究的相关政策意义。另外，在该部分，我们还对本研究的基本思路和逻辑结构提供了直观的图示说明，并对本研究所使用的主要方法、本研究有别于已有文献的创新点及本研究尚存在的不足之处进行了较为细致的说明。

第二章将对社会网络的基本概念、经济效应及测度方式等做出概述，并对与本书研究相关的国内外文献进行梳理和总结。具体来看，在该部分，首先参考费孝通先生在《乡土中国》中论述所谓"差序格局"时的描述，将社会网络视为一个由三方面构成的多维度概念，该概念不仅包含了社会网络的静态描述，同时对其动态性也给予了充分的体现。接下来，对社会网络在当前经济活动中所起的重要作用做出总结性阐释，结合相关文献，我们发现社会网络对经济活动的影响是具有双面性的，一方面，社会网络有助于促进就业、缓解贫困并提高家庭收入，但另一方面，社会网络也带来了诸多的机会不均等，从而导致了经济福利的分配不公，无形中加剧了城乡收入差距和家庭间财产差距扩大的速度。目前，对于社会网络的相关研究仍主要集中在社会学研究领域，尚未将其广泛应用到经济学相关研究中，这主要是因为对于如何衡量社会网络，进而如何将其引入到经济学实证分析中，尚没有形成统一的共识，文献中对家庭社会网络的测度主要是直接使用相关调查问卷中某个问题的回答，而这种衡量方式却无法对社会网络的多维度性做出体现。因此，在该部分，我们主要对当前少许相关研究中存在的社会网络衡量方法进行总结，并基于此，在后文中提出了改进后的社会网络测度方式，并借此来对当前重点关注的经济问题进行研究。在论述了社会网络的概念、作用及测度方式后，本部分对收入差距的演进及趋势，以及文献中有关家庭收入决定方面的研究做出概述和总结，在理论基础上，归纳说明文献中已证实的那些影响家庭收入的相关因素。随后，本部分对文献中关于收入差距和财产分布差距的内容进行了整理、归纳和说明，对影响家庭间收入差距和财产分布差距的相关因素做出了提炼和概述，最后，针对当前研究中关于如何有效分解贫富差距的理论和实证文献给予总结说明，并结合本书自身的研究内容和研究目标，从中选择出最为适合本研究的"基于回归的夏普里值分解方法"，并对其做出较为翔实的说明和阐述。

　　第三章属于对我国贫富差距现状的经验事实说明。本章将结合已有数据，对我国家庭收入差距的演化和分解、财产分布（包括金融资产、非金融资产和负债）的现状等做出说明，并区分城乡和区域对收入差距和财产分布做出比较说明。进一步地，本章对城乡发展不平衡的其他表现、城乡贫富差距的原因及弱化路径也做出了较为细致的说明。

　　第四章中给出了家庭社会网络指标的统计学测度，既是独立的一章，又与后面几章内容连为一体，密不可分。在本章内，首先引用社会学著名教授费孝通的相关描述，将社会网络定义为一个多维度的概念，同时，就经济学相关文献中对家庭社会网络的衡量方式做出概述性总结。在此基础上，结合西南财经大学中国家庭金融调查中心所公布的调查数据，首先从其调查问卷中选取出与家庭社会网络可能相关的23个变量，并对部分缺失数量较少的变量进行了插值处理，进而通过统计学中的"聚类分析""主成分分析"或"因子分析"等方法，经过反复尝试最终从中选取出9个最相关的变量作为构建家庭社会网络指标的基础。在此基础上，利用主成分分析方法，将这九个相关变量归并为四个主成分因子，每个主因子均代表了家庭社会网络定义中所描述的一个维度，具体地，可分别将其定义为社会网络的静态维度、社会网络的动态维度以及由家庭权势和社会地位所反映的社会网络维度，最终社会网络指标是由这四个主因子的线性组合所构成。考虑到城市家庭中的社会网络范畴可能与农村家庭中的社会网络界定存在着一定的差异，本章也分城市和农村分别构建了描述家庭社会网络强弱的衡量指标，其指标构造方法与总体社会网络指标的构建方式是基本一致的。为了说明这种构造社会网络指标的方式是成功的，本章也同时也给出了相关的稳健性分析。

第五章主要研究了社会网络对家庭收入决定的相关影响。首先基于相关的实证文献，从调查数据中选取了影响家庭收入的相关因素，这些变量大致可划分为如下几类：家庭所拥有的人力资本（包括家庭中劳动力的平均年龄、劳动力的平均受教育年限、户主及其配偶的健康状况、家庭中劳动力在工作中的平均技术职称等）、家庭所拥有的物质资本（家庭拥有的农业机械等市场价值、家庭拥有的非金融资产价值及金融资产价值等）、家庭自身特征（包括家庭规模、家庭中男性劳动力比重及户主的风险厌恶程度等）以及家庭所在村或社区的虚拟变量（用以反映家庭所处地理位置、周围资源状况、交通状况以及时空便利性等不可观测的因素），这些变量是已有的研究家庭收入决定的相关文献中通常所使用的，除此之外，在本章中，我们还加入了本书最为关注的家庭社会网络指标，用以反映家庭所拥有的社会资本变量。在变量选取后，我们设定了本章所使用的家庭收入决定方程，进而对其进行了回归分析。研究结果表明：社会网络对家庭收入的影响如同家庭所拥有的"人力资本"和"物质资本"，拥有更多社会网络的家庭其收入水平也相应较高，分城市和农村分别来看，这个结论依然成立，而且社会网络对农村地区的收入提高作用比对城市地区的收入提高效应更明显。考虑到社会网络对家庭收入的影响在不同收入阶层中可能存在着差异，本章也给出了按收入高低进行的分位数估计结果，结论表明：总体来看分位数水平越高，社会网络对家庭收入的提高作用越明显，为了更清楚地分析社会网络对家庭收入的影响差异，本章也同时利用指标构造时所生成的四个子指标进行了分析，对比结果来看，动态维度的社会网络指标对家庭收入的影响是最大的，权势类社会网络变量对家庭收入亦具有明显的提高作用，静态维度的社会网络的提高作用虽然不如前两者，但其一定程度的显著性仍然说明了这种类型的社会网络对家庭收入的正效应。为了说明本文结论的稳健性，本章选取了合适的工具变量，对上述收入决定方程进行了两阶段最小二乘评估，结果显示上述结论依然显著存在。同时，本章对社会网络影响家庭收入的相关机制也做出了一定程度的探讨。

第六章的内容是基于第五章中的估计结果而展开，具体研究了社会网络对家庭间收入差距的影响。在第五章中，我们已经说明了社会网络对家庭收入具有显著为正的影响，但这种效应在不同收入阶层中的大小是不一样的，基于此，我们有必要去考察社会网络对当前不断扩大的收入差距的影响，为了达到这个目的，我们选择了目前较为流行的"基于回归的夏普里值分解方法"来对影响家庭收入的不同因素在收入差距格局形成中的相对贡献度进行对比分析。所得出的基本结论是家庭社会网络的确在家庭间收入差距的形成中扮演了重要角色，其对收入差距的作用仅次于家庭所在社区（或村）的虚拟变量，贡献度与家庭所拥有的人力资本和物质资本大致相仿，分城市和农村分别来看，社会网络对城市中收入差距的解释度显得更高，对于农村中家庭间收入差距的贡献度相对较低，但同样不容忽视。

同时，本章内容也涉及了分位数下收入差距的分解结果，结果表明：分位数水平越高，社会网络对家庭间收入差距的贡献度更大，也就是说，对于富裕阶层的家庭来说，社会网络这种社会资本变量在拉大收入差距中所起的作用较中等或贫困阶层的家庭显得更大，其作用基本与家庭所拥有的"人力资本"差异引致的收入差距效果相当。进一步地，本章也采用了另外一种分解方法，对社会网络在家庭间收入差距中的相对贡献度进行了分解分析结果发现，社会网络的相对贡献度较稳定的排在前3位，是拉大收入差距的关键因子。分地区来看，在东部地区中，社会网络对收入差距的扩大作用更明显，分收入类别分解发现，社会网络主要通过转移性收入、工资性收入和工商业经营收入对最终收入差距产生影响。

第七章与第五章在研究主题上大致相近，具体的研究方法也与前面两章并无二致，但本章的内容却是从另一个维度展开，实证考察了社会网络对家庭间财产差距的影响。首先也是建立了回归方程，实证分析了社会网络对家庭所拥有财产的影响，结果发现如同社会网络会提高家庭收入一样，社会网络也会显著提高其所拥有的财富总额，同时分城乡差异来看，这个效应依然是明显存在的。基于这个结果，第八章进行了夏普里值分解，分析了社会网络对家庭间财产差距的相对贡献度，结果依然表明，社会网络是引起当前家庭间财产分布差距过大的一个不容忽视的因素。

第九章对全书的研究内容和研究结果做了一个归述和总结，并结合这些研究结论，就如何缩小收入差距和财产差距提出了一些政策建议。

第三节 研究方法

本研究所采用的分析方法主要以事实说明和实证分析为主，其中绪论和基础问题概述部分则主要是以规范性阐述为主。第三章主要通过数据描述和统计分析等方法对我国收入差距和财产差距的现状做出了分析。在本书的第四章构建家庭"社会网络"测度指标这一内容中，主要采用了统计学中常用的"聚类分析""主成分分析"和"因子分析"等方法，在对本研究所用数据的少数相关变量进行缺失值处理时，采用了"极大似然插值"的方法，同时，对另外一些缺失个数较少的变量则主要采用了"均值插补"和"中位数插值"方法。在随后几章的具体问题分析中，主要采用的是针对截面数据处理的最小二乘估计（OLS）方法，同时，本研究对其进行了改进，加入了衡量家庭所在社区（或村）的固定效应，因此具体的回归分析主要是固定效应估计。进一步地，本研究在考察社会网络对不同收入阶层家庭的收入决定和对不同财产阶层家庭的财产决定影响时，采用了"分位数回归"的思想，并得出了一些有意义的结论。另外，在构建家庭"社会网络"指标和研究社会网络对家庭收入及财产决定的相关内容中，我们也采用了多种稳健性分析方法，对结论的可靠性给予了说明。在研究家庭社会网络对收入差距和财产分布差距的相对贡献度时，本研究采用了目前文献中较为流行的基尼系数分解方式，关于基尼系数分解的思想和方法种类并不单一，结合本研究，我们选取了"基于回归的夏普里值分解方法"进行处理和分析，这种方法相较于其他分解方式更适合本书的研究内容和主题。

总体而言，本研究在经验事实分析中，将主要基于微观数据，综合使用多种描述性统计方法对我国家庭收入和财产的城乡差距、地区差距和家庭间差距等做出细致的比较分析。在实证分析中，将综合运用 OLS 方法、两阶段最小二乘（2SLS）法、有限信息极大似然估计（LIML）法、Heckman 两步法以及固定效应和随机效应模型、Probit 模型、Biprobit 模型和 Logit 模型等加以分析。在对家庭收入差距及财产差距进行分解分析时，将主要采用基于回归的夏普里值分解方法和 Fields（2003）中所阐述的分解方法等。

第四节　研究创新

相较于已有相关文献，本研究的创新之处主要体现在如下三个方面：研究视角的创新、分析方法的创新及学术观点的创新。

从研究视角方面来看，尽管学者们对我国收入差距的研究已非常充裕，对于财产分布差距的研究也较为翔实，但这些研究大都参照国外对于收入不平等和财产分布差距的研究模式，所考虑的影响因素也往往沿用国外文献中已得到公认的相关因素。然而，我国的具体国情毕竟不同于国外，生搬硬套的模仿并不能很好的说明影响我国收入差距和财产分布差距的各个因素在其中的相对贡献率，同时，一些在我国显得非常重要的影响收入差距和财产分布差距的因素在国外的作用却并不明显。因此，我们需要基于本国自身的经济环境来考察收入差距和财产分布差距形成的具体原因，本研究正是从这个视角出发来分析问题。"社会网络"历来是一个社会学中关注的概念，尽管当前也有一些文献从经济学角度对"社会网络"如何影响经济活动做出了探索和说明，但对于如何将其很好的引入经济学实证研究尚缺乏足够的认识。考虑到社会网络在我国经济运行中所扮演的重要角色，本研究将社会学中对于"社会网络"的定义与当前我国收入差距和财产分布差距的具体问题融合起来，探讨它在这两种分布不平等格局中所发挥的重要作用，这是对已有文献在这方面研究不足的补充，当然，对于进一步分析其他经济问题也能起到较好的领航和参考作用。

从分析方法上来讲，首先，已有研究在讨论社会网络对经济变量的影响时，面对的两个主要问题是如何测度家庭社会网络和如何处理实证分析过程中社会网络的内生性问题。本研究在具体分析中，利用聚类分析和主成分分析方法，构建了一个涵盖多重维度的社会网络测度指标，一定程度上缓解了社会网络测度方式过于单一的问题，并将寻求更可信的工具变量对内生性问题做出讨论。其次，已有研究缺乏对各种影响因素在收入差距及财产差距中相对贡献度的分析，本课题将利用基于回归的夏普里值分解方法和 Fields（2003）所提出的分解方法等对引起收入差距和财产差距的各个微观因素做出分析，并对这种影响的城乡差异、地区差异等做出异质性分析。具体地，本书在研究方法方面的创新主要体现在如下三个方面：第一，本书采用了统计学中"聚类分析""主成分分析"和"因子分析"的方法构造了一个涵盖多维度概念的衡量家庭"社会网络"大小的指标，不仅描述了社会网络的"静态维度"，同时也对其"动态维度"和由家庭权势强弱所体现的社会关系网络大小均做出了很好的反映，从而与社会学中对于社会网络的经典描述相呼应和吻合，从一定程度上弥补了文献中仅仅采用问卷中主观问题来衡量家庭关系网络时所存在的缺憾和不足，是对社会经济学研究的一大推进。第二，分析方法上的创新体现在本书在分析收入差距和财产分布差距时所使用的"分位数回归"方法上，已有的相关文献大都使用经典的线性回归模型来分析该问题，而没有对"尖峰"和"后尾"的差异给予体现，本研究使用"分位数回归"方法，很好的考察了社会网络强弱对不同收入水平和财富水平家庭所产生的不同影响。另外，对于线性回归模型的分析，我们也摒弃了一贯仅使用 OLS 回归的方法，而采用了固定效应的分析模型，控制了很多不易在 OLS 回归中所能涵盖的影响因变量的因素，使得对于问题的分析更加贴近现实。另外，针对社会网络在家庭收入和财产决定模型中的内生性问题，本研究也选取了合适的工具变量（IV）进行了两阶段最小二乘分析，一定程度上对本研究的结论起到了稳健性补充的作用。第三，本研究利用了"基于回归的夏普里值分析方法"对家庭间收入差距和财产分布差距进行了基尼系数分解，使得我们能够很直观的对比出影响家庭收入的各个因素在家庭间收入差距和财产分布差距格局形成中的相对贡献度，从而为我们实证说明社会网络资本对收入差距和财产分布差距的影响提供了有力的佐证。

从学术观点方面来说，本研究通过对社会网络在家庭收入及财产中作用的讨论，明确了社会网络是提高家庭收入及财产的重要原因之一，进一步地，在众多引起收入差距及财产差距的因素中，社会网络也是一个不容忽视的重要因子。社会网络会通过提升家庭所拥有的人力资本和物质资本等提高家庭收入和财产的拥有量，同时也会通过改变家庭资产配置差异，引起家庭间收入和财产差距的进一步扩大。

此外，针对如何缩小收入差距和财产差距，当前已有研究所提出的相关举措大体可总结为如下几种：①在不断推进经济体制改革的同时，进一步完善市场分配机制，消除垄断等不正当竞争行为，利用好最低工资、税收和政府转移支付机制，竭力抑制高收入和提高低收入。②强化西部大开发和中部崛起战略，努力消除地区政策差异，平衡城乡发展，增加农户收入，缩小区域经济发展中存在的差距。③强化职业培训，普及义务教育，竭力帮助劳动者形成一技之长，使他们在劳动力市场中的竞争力得到进一步的提升。④全面完善社会保障体系，继续加大医疗保险和养老保险等的覆盖范围，使更多的家庭摆脱因病致贫和因病返贫的魔咒，实现老有所依，少有所教和幼有所养。

上述政策建议的确已涵盖到了关系居民福利的诸多方面，在具体的实践中也确实收到了一定的效果，但缩小收入差距和财产差距，还需要在其他方面多做文章。基于本研究，我们认为当前收入差距和财产分布差距格局的逐步恶化在很大程度上是由于人们所面对的机会不均等和制度不明确所致，这主要体现在"社会关系网络"在市场经济活动中所发挥的作用大大超出了其应该扮演角色的作用，从而极大的歪曲了公平、公开和公正的原则，使得人们所面对的市场竞争制度形同虚设。通过"关系网络"谋私利已经被越来越多的人得到默认，而那些缺乏社会关系网络的群体则只能忍气吞声，望洋兴叹。而今，追求公平公正已成为全民共识，这也是本研究试图提出政策建议时所遵循的最大原则。因此，在已有政策基础上，我们还需要从公平公正的视角进一步抑制"关系网络"在收入差距和财产分布差距形成中的不利影响，消除市场中的机会不公平，确保竞争的公开和公平，坚持能力为先，减少任人唯亲，使得每个人能平等的享有市场中的机会。另外，还要加强法制建设，惩治腐败，遏制社会网络型裙带效应，真正使全民公平享有我国改革开放和经济发展的成果，为实现伟大中国梦做出不懈努力。

第二章

社会网络与贫富差距的基础问题概述

基于本研究的逻辑架构及具体内容，本部分主要对其中所涉及的相关基础问题加以概述，并拟从如下五个方面加以展开：第一部分主要对本书的主题词——"社会网络"加以论述，从追溯概念到探讨其对实际经济活动的作用，进而详述已有相关文献中引用与衡量"社会网络"的方式，并指出相应的不足；第二部分主要论述我国收入差距的演进及趋势，并从收入分配理论出发，探讨收入差距的形成机制和影响因素，进一步地，结合已有理论与实证文献，归述有关收入差距研究的一般结论，进而从我国实际国情出发，指出已有研究中尚存在的不足之处；第三部分主要概述我国财产差距的演进及趋势，并基于相关财富分配理论及已有相关实证文献，归纳总结影响财产差距的相关因素，并结合我国具体国情，指出已有相关研究在阐述家庭财产差距问题时的局限性；第四部分则主要从贫富差距的测度及分解视角出发，具体概述当前研究中针对贫富差距的具体测度与计算方式，进一步地，基于基尼系数的分解理论，探究不同基尼系数分解方式的适用性问题，进而引出最宜适用于本研究的"夏普里值分解方法"的相关理论及具体分解方式。

第一节 "社会网络"的概念、作用及衡量方式

社会网络是社会学中的一个重要概念，旨在关注人们之间的社会互动与相互联系如何影响人们的社会行为。当前，随着经济学研究范式的拓展，越来越多的学者开始尝试跨学科研究，而经济学与社会学的融合研究自然是最为重要的一个方向，本研究就是将社会学中的社会网络与经济学中的贫富差距相联系，探究社会关系网络在家庭收入差距与财产差距形成中的重要作用，进而提出一些可行的政策优化建议。

一、"社会网络"的概念及描述

社会网络（Social Network）是社会资本的一个重要范畴，Jacobs（1961）在研究社会资本理论时，最早提出了社会网络这个概念，自此社会网络作为社会资本的一个重要分支沿用至今。从本质上来看，社会网络是家庭嵌入圈层社会结构中所形成的多层次关系网，既包括人们之间相互联系所形成的直接社会关系，也包括不同人群之间通过物质环境或文化交流而形成的间接社会关系（Mitchell，1969）。

Putnam（1993）在定义社会资本这个概念时，明确指出社会资本由社会网络、规范和信任三种要素构成，社会网络作为社会资本的一种重要表现形式，具有一般资本所应具备的属性，个体社会网络规模的大小直接有赖于其所拥有的社会资源的数量。如果说社会资本强调社会网络的规模取决于个体所拥有的社会资源，那么社会网络分析则主要从结构视角探究社会网络强度及其影响因素。在社会网络的分析范式中，网络被视为个体的一系列社会关系或联系。Granovetter（1973）区分了关系强度的差别，认为强关系是在性别、年龄、受教育程度、职业及收入等方面具有相似特征的群体间发展起来的，而弱关系则是在具有不同社会经济特征的群体间发展起来的。强关系具有明显的同质性，对个体的帮助不是很大，而弱关系则具有明显的异质性，能够帮助个体跨越阶层界限获取信息和资源，能够充当不同社会群体之间关系桥梁的作用，也就是说，社会网络的强度更依赖于群体之间具有更多异质性的弱关系，异质性越大，社会网络在信息获取和资源共享方面的作用会越强。除此之外，社会网络的强度也取决于社会关系的结构构成。Lin（1982）提出的"社会结构与行动"的关系网络理论中指出，个体在关系网络中的社会地位或定位直接决定了个体所能够拥有的社会资源和数量。在关系网络分布中，个体对社会资源的汲取能力呈"金字塔状"分布，位于金字塔顶端的个体，在信息获取或资源汲取方面具有最强的能力。Burt（1992）提出了"结构洞"的概念及理论，在该理论中，Burt将社会网络中成员之间的关系断裂或联系不均等称为"结构洞"①，并指出拥有

---

① 对于三个经济主体 A、B、C 来说，如果 A 和 B 之间有联系，A 和 C 之间也有联系，但是 B 与 C 之间不存在联系的话，那么 B 与 C 之间就相当于存在一个洞。A、B、C 之间的这种关系结构就是一个"结构洞"。A 是结构洞的中间人，这个结构洞能够为中间人获取"信息利益"和"控制利益"提供机会，从而比网络中其他位置上的成员更具有竞争优势。

"结构洞"的个体，在信息和资源的获取与整合方面均具有绝对优势。"结构洞"理论的核心在于个体的社会网络强弱并不依赖于其所占有资源的多寡，而是取决于其所拥有"结构洞"的多少。Burt 理论的创新之处在于他真正揭示了关系强弱的本质，他的理论认为个体的关系强弱取决于其所建立的社会网络是重复的（拥有较多直接联系的人）还是非均等化的（与其他群体的网络结构存在明显的不均等）。

社会是相互联系的整体，处在关系网络中的群体既不是毫无关联的一盘散沙，也并非一成不变的固定圈子，而是在不断交流与互动中不断保持和延伸着若有若无的联系。社会网络是社会个体成员之间因为互动而形成的相对稳定的关系体系，谈及关系网络，大家并不陌生，因为现如今关系网络已与我们的日常生活和经济活动密不可分，大到生老病亡，小则衣食住行，无一例外能脱离社会关系网络。

社会网络的概念最早出现于对劳动力市场的研究中，格兰诺维特（1973）在其"弱关系的力量"一文中最早提出了社会网络的理论界定和其在劳动力市场中所发挥的可能作用，边燕杰（1999）认为，格氏在该文中所阐述的社会网络主要是指人与人之间、组织与组织之间出于交流和接触而发生的一种纽带联系。Liu（1983）及 Gold and Guthrie（2002）将社会网络定义为人们在日常生活、学习和工作过程中通过相互交往所建立起来的一种社会联系的网络。社会网络所涉及的具体内容较为宽泛，张振学（2002）认为其大致包括亲属关系、朋友关系、同学关系、师生关系、雇佣关系、战友关系、同事关系及领导与被领导关系等。Liu（1983）将社会网络比喻为一个可以控制开关的"电路"，很多时候，与某一个人产生了联系便有可能与他/她的整个人际圈子产生联系，复杂的人际关系犹如层层叠叠、环环相扣所形成的一个致密电网。尽管学者们对于社会网络概念的探讨数量众多，但仍然具有较为统一的共识，就国内而言，几乎所有的有关社会网络的论述最终都回归到费孝通教授（1949，1992）所给出的描述上来。

著名社会学家费孝通在其名著《乡土中国》（1948）中论述所谓"差序格局"时对"关系网络"有着精妙的比喻，他将个人所拥有的社会网络看成是将一块石头丢在水面上所发生的一圈圈推出去的波纹，个人就是他所推出去圈子的中心，而被圈子的波纹所推及的就会发生联系，这种波纹将越推越远，也将愈来愈薄。费老认为社会网络犹如蜘蛛所编制的网一般，每个人都是这个网络的中心，而差序格局的社会则是由无数私人关系所搭建的网络，社会范围是由"己"向外推所形成的一根根私人联系，而推的过程中则有着各种路线，其中最基本的一条出自亲属：亲子和同胞，另一路线则主要依赖朋友。此处的论述主要是以个人为中心的平面描述，如果对此加以延伸，想象将两块石头同时丢入水中，那么此时水面将会出现两组波纹，每组波纹都有一个唯一的中心点，由此发出的两组波纹将互相交叉，如果将交叉点看成是一个人，那么他将与越靠近中心点的那一组所代表的个人关系更亲，而与离中心点比较远的那一组所代表的个人关系较远。若将此结构再加以延伸，就不难想象出一个家庭的关系网络是如何形成的，如果将此平面描述再抽象化为动态的立体描述，那么这种关系网络也就将显得更为贴近现实了。

需要指出的是，此处所概述的社会网络是一个广义的社会学概念。作为社会资本的一种表现形式，社会网络的大小有赖于个人所拥有的社会资源。作为一种结构关系，社会网络的强弱又取决于成员在群体中的异质性。在经济学研究中，由于研究主题的差异，学者们会结合研究对象，聚焦于研究某一种单个的社会网络，如集中研究美国的俱乐部网络、非洲国家的种族网络、印度的种姓网络以及中国的宗族网络、姻亲网络、地缘网络及朋友网络等。相比于国外研究，我国因乡土社会的"差序格局"，所以针对以血缘为纽带而组建的宗亲网络受到了更多学者的关注。本书所针对的社会网络则主要聚焦于研究家庭间的社会互动、家庭特征及亲缘关系等所形成的网络在家庭收入、财产等形成中所发挥的作用。

二、"社会网络"的经济效应分析

在早期的研究中，"社会网络"往往被作为一种文化现象来考察其对于企业绩效的影响（Abramson and Ai，1999；Luo，1997；Tsang，1998；Gu 等，2008），此处的"社会网络"主要是通过对经理人的深入采访所得出的直接衡量，同时，该种方式也广泛应用于人类学、社会学及心理学的研究中（Jacobs，1979；Hwang，1987；Yang，1994）。在经济学领域，"社会网络"也被用来研究它对于创业、劳动者就业及收入等的影响（Knight and Yue，2008；Zhang and Li，2003；Bian，1994；Peng，2004），这些研究主要将"社会网络"视为一种社会资本或亲缘网络，从而利用问卷中的相关数据来进行分析（Butterfield，1983；Lin，2001；Xin and Pearce，1996；Coleman，1988；Tsang，1998；Peng，

2004）。从社会资本的角度来看，发展或维护一种社会网络就犹如将自己的钱存入某个账户或者用于购买保险，从而能在需要的时候从中获得回报和帮助，而每次交易也正如增加或支取社会资本的存量一样，从这个意义出发，一些学者研究发现，社会网络不仅会使得不同地区或行业的公司发展出现不平衡，而且在各个层面上，拥有更多的社会网络必然能带来竞争上的优势（Xin and Pearce，1996；Luo，1997；Tsang，1998；Gu，2008），He（1998）认为在市场经济中，社会网络不仅决定着资源如何重新分配，同时也影响着财富的积累和公共财产分配到私人手中的方式。

文献研究还发现，社会关系网络在一定程度上决定着人们的社会经济地位（Bian，1997），在转型期过程中还能促进城市劳动力的就业（Bian，2001），Montgomery（1991）、Munshi（2003）和 Munshi and Rosenzweig（2006）也证实了社会关系网络可以提高就业的结论。对于农村而言，Zhao（2003）发现：一个村庄中早期外出务工人员越多，则通过信息渠道或实际帮助对该村庄劳动力外出务工的带动作用越大，同时 Zhang and Li（2003）发现，社会网络可以传递更多的劳动力市场信息，从而能够提高农村居民外出务工的概率。马光荣和杨恩艳（2011）利用中国农村调查数据，发现拥有更多社会关系网络的农户，其民间借贷渠道（如向亲友借款、委托熟人在银行担保等）也越多，从而更有可能创办自营工商业以提高收入，研究还发现，农村正规金融发展不完善，民间借贷对农民创办自营工商业发挥着很大的作用，依托亲友关系的非正规金融弥补了农村正规金融发展滞后的缺陷。在缓解农村贫困方面，社会网络也发挥着很显著的作用（Grootaert，1999、2001；张爽和陆铭等，2007），同时，丰富的社会网络资源也显著提高了农户收入（黄英伟和洪如玲，2011），赵剑治和陆铭（2009）利用《2004 年中国农村调查数据库》①，研究发现社会网络对农户收入差距的贡献达到 12.1 % ~13.4%，在各种收入决定因素中，仅次于村庄虚拟变量、非农就业比重和教育，位居第四，高收入者不仅拥有更多的社会网络，而且从社会网络中获得的回报也更高，同时，考虑到地区市场经济发展水平不一致，作者对比了社会网络在东部和中西部地区对于收入差距的影响后发现，在市场化程度和经济发展水平较高的东部地区，社会网络对收入的提高作用，以

---

① 该数据库来自复旦大学中国经济研究中心和就业与社会保障研究中心，其有效样本包含了分布在 22 个省的 49 个村中 927 户家庭在 2003 年的相关信息，每个村的家庭样本数据约为 20 个。

及社会网络对于收入差距的贡献度都明显高于中西部。

目前关于"社会网络"的研究大多集中在社会学领域，经济学中对"社会网络"的探讨相对较少。从已有的相关研究来看，社会网络对经济活动的作用主要集中在促进劳动力迁移与就业、提高民间借贷可能性、促进家庭创业、弱化风险与平滑消费、增加家庭收入、提高融资与投资、提升居民幸福感等方面。下面将具体展开说明。

（一）促进劳动力迁移与就业

社会网络能够促进劳动力流动和就业，这个结论已得到很多学者的研究支持。如边燕杰（1998）认为，社会网络在中国主要体现为人情关系，其作用不仅表现在为熟人或朋友提供就业信息，更重要的是为他们提供实质性的就业帮助。Zhang and Li（2003）发现社会网络在劳动力市场上能够起到向农民工传递就业信息的重要作用。Bian（1997）通过对城市劳动力市场研究发现，国人善于动用"强关系"获取包括工作机会在内的个人利益，随着劳动力市场中市场机制的逐步完善，社会网络的作用仍然很突出。Calvo and Jackson（2004）和Munshi and Rosenzweig（2006）研究发现人们在社会网络中所处的位置及其所拥有的社会关系数量，对他们能否找到工作和找到什么样的工作均具有重要的影响，随着人们所拥有社会关系数量的增加，其能找到更高工资工作的概率也随之增加。

目前学界对于社会网络能够促进劳动力迁移和就业的机制讨论主要集中在三个方面。第一，社会网络能够促进信息共享。Zhao（2003）通过研究农民工网络的作用，发现农民工通过分享信息能够提高移民概率。Munshi（2003，2011）认为一些先期的迁移者在迁入地所形成的社会网络，通过信息或资源共享，为后续迁移者迁入本地提供了较强的动机，并能帮助后续迁入者寻找到高薪工作。Chen（2008）、边燕杰和张文宏（2001）使用不同来源的劳动力迁移和就业数据，也得到了相仿的结论。第二，社会网络能够降低迁移成本，为迁入者提供了更多的融资渠道。Dolfin 和 Genicot（2010）使用跨国迁移数据，研究发现同一个社会网络的成员之间，能够共享各种就业信息和资源，相互提供帮助以降低迁移成本，同时能够在迁入地形成相互关爱的网络圈子，这些都在一定程度上提高了家庭或社区外出迁移的概率。第三，社会网络能够缓解就业壁垒，提高工资水平。章元和陆铭（2009）使用 2002 年 CHIP 数据，研究认为社会网络会通过影响农民工工作类型，从而间接影响他们的工资水平。徐藤宏

（2004）研究发现社会网络在降低进入国有单位的制度壁垒方面具有重要作用，社会网络能够提升劳动力的工资水平，但对于从业者工资的影响会因就业性质的不同而存在不同。Zhang and Li（2003）研究认为不同类型的社会网络对非农工作的作用有所不同，若有家庭成员在村内担任村干部，则其他成员更容易获得当地的非农工作，若家庭在城市内有亲属或朋友，则该家庭中的成员更可能选择外出打工并获得高工资型非农工作，因此，社会网络对就业的影响在社会网络内部存在着异质性。Munshi and Rosenzweig（2006）使用印度家庭微观数据，研究发现在印度市场化进程中，以种姓为纽带的社会网络能够使不同种姓之间的女性收入趋同性高于男性。

（二）提高民间信贷可能性

随着市场经济的进一步推进，市场在资源配置中的作用在逐步提高，十八届三中全会更是明确提出要让市场在资源配置中起决定性作用，党的十九大报告中也再度对市场的决定性作用做出了强调。但立足当前国情，我们需要认识到市场并不是资源配置中的唯一方式，社会网络在其中的作用仍不容忽视，积极引导和规范社会网络在资源配置中的作用，对于促进经济增长活力，助力我国经济再上新台阶具有重要意义。

当前，我国信贷市场呈现正规与非正规信贷并存的二元结构特征（林毅夫，2005；朱信凯和刘刚，2009）。在正规信贷市场上，由于利率尚未市场化，加之贷款存在政策性管制，因此信贷市场上普遍存在着选择性信贷配给的现象（林毅夫，2005；刘瑞明，2011）。在这种背景下，社会网络在金融资源配置过程中所发挥的作用愈加受到关注。比如若某个家庭有成员在银行、信用社或政府部门工作，则该家庭在金融资源中的参与性明显更高（金烨和李宏彬，2009），同时，那些能够利用社会网络与正规信贷部门搭上关系的家庭在获取正规金融资源方面也具有明显优势。在正规信贷无法满足需求的情况下，大多数家庭会通过非正规金融来缓解信贷约束（Turvey et al.，2010）。利用中国家庭金融调查与研究中心的数据发现，我国仅有15.35%的家庭能够获得银行贷款，超过35.85%的家庭在面临资金短缺时，会通过非正规金融手段融资，其中80%以上的家庭会通过求助于父母和亲友来获得支持。不难发现，社会网络在我国家庭的信贷资源获取中发挥着重要作用，尤其在农村地区，社会网络在民间借款中的作用更是不容小觑。郭斌和刘曼路（2002）、杨汝岱等（2011）研究发现在大多数情况下，农户之间的借款活动都是建立在相互之间的信任与情感基础上，很少通过抵押担保或正规合同的形式来执行。在农村信贷市场上，非正规借贷比正规借贷更加普遍（史清华等，2004；朱信凯和刘刚，2009；金烨和李宏彬，2009；黄祖辉等，2009）。由于信息不对称，银行或农村信用社在提供贷款时，不能有效判别贷款者的信用级别，从而要求借款方提供更多的抵押品或担保物，或者收取更高的贷款利率，这些都不利于农户通过正规渠道获得融资，于是民间信贷便在一定程度上形成了对正规信贷的有效补充或替代（甘犁等，2007；刘莉亚等，2009）。

针对社会网络在民间借贷中的作用，已有很多文献使用不同数据，采取不同方法，得出了基本一致的结论。如杨汝岱、陈斌开和朱诗娥（2011）基于社会网络视角考察了我国农户民间借贷需求行为，研究发现社会网络越发达的农户，民间信贷行为越活跃，社会网络是农户平衡现金流与弱化流动性约束的重要手段。胡枫和陈玉宇（2012）利用2010年中国家庭动态跟踪调查（CFPS）数据研究同样发现，社会网络对农户获得信贷的可能性及信贷额均具有显著为正的影响。马光荣和杨恩艳（2011）使用2009年北京大学国家发展研究院与花旗银行合作开展的"中国农村金融调查"数据，研究发现拥有更多社会网络的农户，其民间借贷渠道也越多，社会网络能够通过缓解信息不对称等问题，促进农村地区的民间信贷活动。

从社会网络本身来看，其在信息共享和减少机会主义方面均具有重要作用。在事前，处于同一社会网络内的人会对彼此有较充分的了解，更有可能把钱借给信用度高的人。在事后，处在同一社会网络的人更有可能监督借款人获取资金后的行为，从而可以缓解道德风险的问题。另外，同一社会网络内部的个体之间或者有血缘关系或者是邻里关系，在其内部有更多非正规的履约机制，共同监督的压力会降低借款人的违约动机。

（三）促进家庭创业

已有研究指出，家庭的创业活动在很大程度上有赖于家庭成员和亲戚朋友在信息获取、资金支持和运营管理等方面所提供的帮助，家庭的社会网络越宽泛，家庭选择创业的概率会越大（Allen，2000；Yueh et al.，2009；Zhang and Zhao，2011；胡金焱和张博，2014）。马光荣和杨恩艳（2011）利用中国农村调查数据，研究发现社会网络越多的农户，自营工商业创业的概率越大。郭云南等（2013）通过研究宗族网络对农民创业的影响及作用发现，尽管宗族网络规模对家庭创业的影响不是很明显，但宗族网络的强度对家庭是否选择创业具有重要影响，其作用机制在于较强的宗族网络更有助于提高家庭民间融资额，从而为农户创业提供资金支持。何凌霄和南永清等（2016）认为社会网络会通过如下两种机制影响农户农业经营活动：一是信任与人情机制。以亲友为主体的农村社会网络通过低成本共享资源来增加农业生产要素投入（Grootaert，1999），提高农业经营绩效。二是充分信息机制。通过社会网络传播与共享信息有利于实现资源的优化配置，提升农户人力资本，提高生产技术和资金使用效率。胡金焱和张博（2014）运用2011年中国家庭金融调查数据，实证研究了社会网络对城乡家庭创业选择的影响，结果发现社会网络对于城镇和农村的家庭创业行为均具有显著的促进作用，且该作用在农村家庭中表现更为突出。

总体来看，在正规金融体系尚不完善的背景下，社会网络作为一种非正式制度，对我国家庭的创业行为具有重要影响，在创业融资方面，社会网络扮演着与正式制度有效互补的重要角色，尤其是在正式信贷制度缺失更突出的农村地区，社会网络等非正式制度的作用更为明显。

（四）弱化风险与平滑消费

针对社会网络与风险偏好异质性的研究已经证实了社会网络在弱化经济主体风险方面具有重要作用，同时，具有不同性质和不同结构的社会网络在风险缓释方面的作用也有差异。从网络性质来看，如果社会网络是由具有相似风险偏好或彼此熟知和信任的亲戚朋友构成，那么其在弱化风险方面发挥的作用将更明显（Coate and Ravaillon，1993；Attanasio et al. 2012）。Bramoulle and Kranton（2007）基于理论视角，指出社会网络的风险缓释效应具有不对称性，社会网络内部成员与成员之间的联系更紧密，风险弱化效应更明显。Huang（1998）认为随着家庭间联系的日益淡化，以血缘为构成基础的亲友网络在风险分担中的作用在日渐弱化，亲属网络的风险分担效应可能主要体现在血缘关系较近的关系网络中。从网络结构来看，Ambrus et al.（2010）以秘鲁村庄为案例，研究发现相对于单向联系的社会网络结构，多向联系的社会网络对内部成员的风险缓释效应更全面。Blochet et al.（2008）指出社会网络可被视为风险分担网络，网络内部成员可以通过信息共享或转移支付等形式防范或共担风险，社会网络结构会直接影响风险分担网络的稳定性。该研究发现当社会网络属于完全的单向联系或者双向联系时，网络内部的成员之间风险分担相对较稳定，而如果属于交叉联系时，社会网络内部的风险分担稳定性趋于减弱。

平滑消费历来是发展中国家关注的重要议题之一，发展中国家由于农村人口基数更大，因此在面对收入冲击时可能更容易面临消费短缺的问题。从平滑消费层面来看，社会网络仍发挥着重要作用。Townsend（1994、1995）认为由亲戚朋友构建的社会网络扮演着一种消费保险的角色，当面临消费短缺时，可以通过社会网络获得短期的支持，但该研究并没有解释消费保险的程度如何依赖于社会网络结构。Munshi and Rosenzweig（2016）基于印度种姓网络视角，研究发现以种姓为纽带的社会网络充当了一种担保或保险缓释机制，能够促进成员之间的转移支付和互相借贷，可以有效缓解家庭的收入冲击，从而在促进家庭平滑消费方面发挥着重要作用（Rosenzweig，1988；Rosenzweig and Stark，1989；Munshi and Rosenzweig；2009）。此外，Angelucci et al.（2008）考察了以姓氏为纽带的社会网络在平滑成员消费方面的作用，认为其中的传导机制在于社会网络能够促进社会网络内部成员之间的信息传递和信息共享，从而能够分担风险和平滑消费。周广肃和马光荣（2015）使用 2010 年中国家庭追踪调查数据，研究了人情支出对家庭正常消费的影响，发现总体上人情支出增加会提高家庭正常消费倾向，人情支出一方面通过降低家庭收入不确定性减少了预防性储蓄，另一方面，通过民间借贷缓解了流动性约束，促进了风险分担。

（五）增加家庭收入

作为社会资本的重要表现形式，社会网络在缓解家庭贫困和提高家庭收入方面发挥着重要作用，Grootaert（1999）更是将其视为"穷人的资本"。张爽（2007）使用 2003 年中国家庭调查数据，研究认为社会网络能显著减少贫困，但这种作用随着市场化程度的提高将有所下降。郝君富（2013）通过进一步分析发现，市场化程度提高 1 个单位，社会网络的收入效应将下降 0.3 个百分点。Chantarat and Barrett（2011）对社会网络在缓解贫困方面的作用做了进一步的研究，他们发现在正规金融发展不足时，社会网络可视为是一种物质资本的替代品或互补品，能够通过提高贫穷家庭的劳动生产率从而增加收入。Narayan and Pritchett（1999）认为社会网络能够通过加强村民间合作，互相传递农业生产信息、交流农业生产技术，互相分担风险等方式增加收入。边燕杰和张文宏（2001）研究认为社会网络对收入有显著正向作用，它能有效促进就业和增加居民收入。张顺和郭小弦（2011）认为社会网络与收入之间存在着正向关系，社会网络的收入效应随制度环境与竞争条件的改变而有所差异。虢超和丁建军

（2014）利用全国综合社会调查数据（CGSS）研究发现：关系对中国居民收入具有正向促进作用，对于农村居民而言，关系的回报率随收入增加而上升，对城镇居民来说，关系的回报率呈"U"型。张振和徐雪高等（2016）基于中国健康与养老调查（CHARLS）数据，研究表明农户家庭社会关系网络对农户收入具有显著为正的影响。社会关系网络提高了农户所支配的物质资本和劳动力的利用效率。

（六）提高融资与投资

已有文献中针对社会网络与投融资的研究颇多。总体来看，可将这些研究划分为两类：一类文献主要关注社会网络对投融资行为的直接效应。如 Faf-champs and Lund（2003）认为社会网络能够扩大融资机会。另一类文献旨在研究社会网络对投融资活动的影响渠道。已有研究认为金融市场中的信息不对称会导致逆向选择和道德风险等问题，社会网络则可以通过信息共享等机制缓解这些问题。首先，社会网络中的成员往往相互熟知，从而拥有更多的事前信息，在投融资过程中具有更好的成员识别能力，能够减少逆向选择的发生率。其次，社会网络内部的成员之间所发生的投融资活动，不需要高昂的监督成本，能够有效缓解道德风险问题。另外，社会网络提高了内部成员的违约成本，成员可能会因违约遭受声誉方面的损失，从而降低了违约的可能性。

除信息共享外，社会网络在融资过程中还能充当一种隐性担保机制，使得处在网络内部的成员获得更多的融资机会。另外，社会网络的这种信息共享或担保机制，也为个人或企业的投融资行为提供了诸多便利。比如，社会网络有助于提升子女的教育机会（Munshi and Rosenzweig，2006），有助于促进家庭的生产性投资活动（Kinnan and Townsend，2012），有助于促进家庭对孩子的健康投资（Luke and Munshi，2007）等。Astone et al.（1999）和 Lin（1999，2001）也都认为社会关系网络会影响家庭福利水平，因此家庭竭力构建社会网络属于一种有目的的投资行为。

三、"社会网络"的衡量方式及不足

社会网络作为一个重要的社会学概念，所涵盖的内容具有多重维度性，将其引入到经济学问题分析中时，所面临的一个主要难题就是如何利用可量化的指标测度社会网络。考虑到社会网络概念在理论上的宽泛性，在经济学实证研究中，学者们往往会结合具体研究对象，采用不同的方式对社会网络加以度量。

总体来看，除少数研究外，大多数文献都倾向于利用某些社会特征或行为指标来衡量社会网络。

Peng（2004）使用来自22个县366个村的调查数据发现：亲缘网络对于农村地区私营企业的发展具有很大的促进作用，此处的亲缘网络主要是利用整个村中各自姓氏的家庭个数占比来衡量。Zhang and Li（2003）在衡量社会网络时，主要是利用了调查问卷中所问及的三个问题，基于此便产生了三个虚拟变量，从而以此作为社会网络的度量。这三个问题是：第一，在择业的过程中是否受到了来自家庭成员或亲戚的帮助，如果回答是，则取值为1，否则取值为0，这主要反映了关系在择业中的作用；第二，家庭中是否有成员在外务工，这反映了信息网络的可获得性；第三个问题是，家庭中是否有成员在当地从政，若有成员在当地政府部门工作则取值为1，否则取值为0。张爽、陆铭和章元（2007）利用问卷中"家庭有几家关系亲密的亲友分别在政府、学校和医院工作？"然后利用每个家庭在上述三种部门加总的亲友数量来度量家庭层面的社会网络。赵剑治和陆铭（2009）在衡量社会关系网络时，选取了两个维度，第一种是利用问卷中"家庭有几个关系亲密的亲友在政府部门工作"和"家庭有几个城里经常联系的亲友"，进而将这两个问题答案的人数加总起来作为衡量该家庭社会关系网络的代理变量之一；第二，采用了"去年婚丧嫁娶、生日送礼支出"和"去年春节购买礼品支出"的总和再除以该家庭日常支出的比值来作为社会网络的第二个度量。马光荣和杨恩艳（2011）利用中国农村调查数据，选取家庭与亲友间的礼品往来数额（既包括收到的礼品金额，也包括送给亲友的礼品金额）以及可向其借钱的总亲友数来作为社会网络的代理变量。黄英伟和洪如玲（2011）基于CHIPS数据，同样是利用亲友间的礼金往来数额作为社会网络的代理变量（包括收到和送出两个层面）。唐为和陆云航（2011）利用CHIPS数据中"您的家属，或与您关系比较好的亲戚朋友中，有在县城或城市里生活的吗？"以及家庭支出中"送给亲戚、朋友、乡村干部的礼品或礼金总额占总收入的比例"作为社会关系网络的衡量指标。

对现有的涉及社会网络概念的相关研究加以总结和归纳，不难看出，目前文献中针对社会网络的衡量方式大都直接选自于相关调查问卷中的某些问题，表2-1对这些测度方法进行了总括。

表2-1　现有研究中针对社会网络的测度方法①

社会网络测度方法	文献来源
礼金收入和礼金支出、礼金支出占家庭总支出的比重	赵剑治和陆铭（2009）、章元和陆铭（2009）、杨汝岱等（2011）、马光荣和杨恩艳（2011）、易行健和张波等（2012）、王晶（2013）、胡金焱和张博（2014）、武岩和胡必亮（2014）、王聪和柴时军等（2015）、何凌霄和南永清等（2016）等
"找工作时有多少人可以提供帮助""想调动工作时估计可以寻求帮助的亲戚朋友的数目"	李爽等（2008）及陈钊等（2009）
家庭所拥有的亲友数量、"赠送过礼金的亲友数量""春节期间来访的亲戚朋友数""在政府、学校和医院工作的亲友数量"	边燕杰和张文宏（2001）、Knight and Yueh（2002）、张爽等（2007）、章元和陆铭（2009）、赵剑治和陆铭（2009）、杨汝岱（2011）、胡枫和陈玉宇（2012）、武岩和胡必亮（2014）等
针对被调查者与之交往人员的亲疏程度作为关系的衡量指标	李树和陈刚（2012）、虢超和丁建军（2014）等
"个人政治身份（如是否为中共党员）""个人行政职务（是否担任干部）""农民工是否来自革命老区""户主配偶的父母在土改中的政治成分"等	Knight and Yueh（2008）、章元和陆铭（2009）
"宗族是否存在祠堂（或家谱）""是否存在正式的宗族组织""姓氏宗族的人口比例""第一大姓在村庄中所占人口的比例"	Xu and Yao（2009）、Peng（2004）、Chen and Huhe（2010）、阮荣平和郑风田（2012）、彭玉生（2009）、孙秀林（2011）、郭云南和姚洋（2013）、周广肃和马光荣（2015）
春节是否给中小学老师拜年及是否交赞助费	周群力和陆铭（2009）

---

① 本表系作者基于已有文献中针对社会网络的测度方法汇总所得。

续表

社会网络测度方法	文献来源
"是否有家庭成员外出打工及家里是否有村干部""家庭迁入地来自同村的人数""外出打工人数占村庄总人数的比重"	Zhang and Li（2003）、Zhao（2003）、Chen et al.（2008）
利用主成分分析方法构建多维度社会网络测度指标	朱光伟和杜在超等（2014）、孙永苑和杜在超等（2016）、何金财和王文春（2016）

　　在中国，社会网络主要是基于家庭的亲友关系。而亲友之间交往和维系感情的主要手段是在节日或者婚丧嫁娶时互赠礼品，因此在本研究的稳健性检验中，我们也尝试直接使用家庭与亲友间的礼金往来数额作为社会网络的代理变量。它既包括收到的礼品金额，也包括送给亲友的礼品金额①。这是因为很多家庭的社会网络主要是基于家庭的亲友关系而存在，而逢年过节互赠礼品或参加亲友婚丧嫁娶是保持亲友关系的一种重要手段，而且，已有文献中选择的关于社会网络的代理变量也大致如此。另外，该调查问卷中在涉及家庭因从事农业或工商业生产经营、购置或扩建装修房屋、购买车辆或面对其他形式的资金困难需要银行贷款或其他方式筹款时，会问及受访户是否是因为与所贷款银行有私人往来或业务关系而选择向其贷款、当申请银行贷款被拒时，是否是由于无人为其担保或与信贷员不熟悉遭拒和除银行渠道外，亟需用钱时是否会选择向亲友借款而缓解困境这些问题，一定程度上，这些也可以作为家庭社会网络的一个代理变量。

　　例如，针对本研究所采用的中国家庭金融调查数据分析发现，在从事农业和工商业生产经营活动的 3851 户家庭中，其中有 742 户家庭需要银行贷款，578 户家庭需要但未申请过贷款，164 户家庭申请贷款遭拒绝，其中因为无人为其担保或与信贷员不熟悉，从而被银行拒绝放款的家庭数有 66 户，占总遭拒贷款户的 40.2%，因此可以看出，缺乏社会关系网络是无法向银行成功申请贷款的一个很重要的原因。在从事农业和工商业生产经营活动的家庭中有银行贷款的 296 户家庭中，因为与银行有过业务往来或与银行私人关系较好，从而选择

---

① 考虑到节假日互赠的可能属于非现金，因此该调查问卷中已将其换算成现金价值，由受访户直接回答。

在该家银行贷款的家庭有 69 户，约占总贷款户的 23%。除了银行贷款以外，通过其他渠道借钱来从事生产经营活动的家庭数有 999 户，其中仅有 97 户是通过民间金融组织或其他方式筹钱，超过 90% 的家庭主要是通过向亲戚朋友借钱从事生产经营活动。

为购买、维修、改建、扩建或装修房屋，在 7658 户家庭中，有 695 户家庭有银行贷款，有 6953 户家庭没有银行贷款，但其中有 1308 户家庭需要银行贷款，在向银行申请贷款却遭拒的 123 户家庭中，有 42 户家庭是因为无人为其担保或与信贷员不熟悉从而遭拒，占总遭拒户数的 34%。在拥有银行贷款的 691 个家庭中，有 105 户家庭是由于与银行有业务往来或私人关系比较好从而选择该家银行的。除银行贷款外，为购买、维修、改建、扩建或装修房屋，有 1581 户家庭通过其他渠道借钱，却只有 21 户家庭是通过民间金融组织或其他途径筹钱，约超过 98% 的家庭是从亲戚朋友同事中筹到款项的。

本研究所使用数据样本中有 81.5% 的家庭与亲友的互赠礼品金额大于 0，礼品互赠的平均金额为 3688.6 元，占家庭平均收入的比重达到 13.4%。可见，人们为了维持和加强与亲友间的关系，有相当一部分收入花在了礼品支出上。

但仍需要指出的是，已有文献大多采用虚拟变量来直接作为家庭社会网络的代理变量，对于社会网络概念的衡量既缺乏可参照的标准，也没有对如何测度该概念做出系统和较为全面的解释。更为重要的是，直接使用这些变量分析社会网络的相关经济效应问题时，难免会出现内生性问题。

首先，上述行为指标与经济变量之间可能存在明显的双向因果问题。比如在讨论社会网络如何影响家庭收入时，一方面，社会网络的强弱会通过影响家庭成员的就业选择、受教育程度和职业类型等，影响家庭收入的多寡，另一方面，总体上来看，收入越高的家庭往往拥有更强的社会网络。从而，社会网络会影响家庭收入，家庭收入也会反过来影响社会网络，社会网络与家庭收入互为因果，便会导致严重的内生性问题。其次，使用上述行为指标测度社会网络，不可避免地会出现遗漏变量问题。以文献中常用的"礼金支出"为例，尽管亲友间在节假日或婚丧嫁娶方面的礼金支出数量与家庭的社会网络高度相关，但礼金支出的数量不仅仅取决于家庭的社会网络强弱，还可能有赖于当地风俗习惯、家庭背景和其他不可观测的因素，由于存在着诸多影响社会网络强弱的不易观测或不易度量的变量，所以直接选用诸如"礼金往来"的变量来测度社会网络，就很容易由于遗漏变量问题的存在，导致最终经济效应的分析结论存在偏误。最后，上述行为指标均来自调查访问所得，而这些调查往往有赖于受访者的主观态度，难免会出现高估或低估的可能性。因此，直接选用这样的行为指标来测度家庭社会网络，不可避免的会存在着测度误差，这些误差的存在，也是引发内生性问题的重要原因。

为了弥补这些不足，本研究赋予了社会网络多重维度的概念，从而使得对于社会网络的经济问题研究更加切合实际，同时，本书也试图为研究家庭社会网络提供一个可供参考的衡量范式。进一步地，为缓解其中可能存在的内生性问题，本研究在后续具体分析中，也选取了合适的工具变量对内生性问题做出了讨论，确保了分析结论的稳健性。

四、"社会网络"概念小结

本节从社会网络概念出发，阐释了社会网络的内涵、经济效应及具体的衡量方式与存在的不足。具体来说，社会网络作为社会资本的重要表现形式，是在社会交往与互动中形成的相对稳定关联体系的抽象与总结，社会网络在信息传递与信息共享方面具有很多优势，作为一种非正式制度，社会网络可以弥补正式制度发展不足所带来的缺陷，是对市场配置资源的重要补充。它在弱化风险与平滑消费、提高民间借贷、增加投融资、促进创业与就业、减少贫困和提升家庭收入等方面具有举足轻重的作用。另外，正式制度（如正规信贷体系、制度体系等）的逐渐发展可能减弱也可能加强原有社会结构中的非正式制度（如社会网络）的作用。

从社会网络的测度方面来看，由于社会网络概念上的多维性与宽泛性，经济实证研究中对社会网络的衡量方式尚未统一。已有文献因研究对象的差异，对社会网络的度量也存在较大的差别。总体来看，国内文献主要借用相关调查中的行为指标作为社会网络的测度指标，然而这种方式不可避免地存在着内生性问题，从而影响经济效应分析结论的可靠性。因此，实证研究中对社会网络的衡量尚有待进一步的改进和完善。

立足现有研究，很多文献已经证实了社会网络在信息共享、风险分担和缓解贫困等方面的作用，属于资源配置的重要非正式制度，能够弥补正式制度发展中存在的不足，尤其是在当前的精准扶贫与反贫困斗争中，社会网络应该能起到更重要的作用。但遗憾的是这方面的文献还非常少，尤其对于处在经济增长新阶段的特色社会主义中国而言，经济体制改革过程中难免会渗透非正式制度的作用，因此，在今后的经济发展进程中，如何看待非正式制度与正式制度的相对重要性，二者之间的关系是相互补充还是相互替代，这都是值得研究、亟待补充的重要话题。

第二节　我国收入差距的演进及影响因素归述

收入差距是衡量一个经济体发展平衡度的重要指标，它是指以居民的实际收入水平差别或收入占有比重差异所表示的差距，可区分位相对收入差距和绝对收入差距。所谓相对收入差距是指以居民的收入比重或相对额来衡量的收入差距，比如将总人口按其人均收入水平的高低划分成若干组（通常以划分成十组为例），各个分组的收入总额在总体收入中所占的相对比重即为相对收入差距；而绝对收入差距则是指以居民实际所拥有的货币或其他实物所表示的居民收入水平高低的差距。直观举例来讲，如甲、乙两人的年收入分别为十万元和一万元，明显地，甲属于高收入群组，而乙则属于低收入群体，甲群体的收入是乙群体收入的十倍，这种相对的收入比例差别即为收入差距，本书分析中所采用的主要是相对收入差距的概念。从类别上来看，收入差距主要包括城乡收入差距、地区收入差距、城市和农村内部的家庭间收入差距以及行业收入差距等，本书研究的主要是家庭间的收入差距和城乡收入差距，对于地区收入差距也有涉及。

经济学中所描述的收入差距是一个流量的概念，主要是指在一定时期内，不同地区之间、不同行业之间或不同个体之间，由于初始要素禀赋差异或国家分配政策差异而形成的收入多寡差距。从内容上来看，收入差距包括不同个体之间由于工资性收入、经营性收入、财产性收入或转移性收入等状况不同从而形成的差距。为了更好地理解此处的收入差距，我们有必要解释一下经常所提及的另一个概念即贫富差距，它主要是指居民实际所拥有的财富多寡的差距，收入差距和贫富差距既有关联又存在着不同之处，收入差距是一个流量概念，而贫富差距则属于存量概念，两者在性质上和范围上均存在着显著区别，但同时二者又可以相互转化，随着时间推移收入差距会转化为贫富差距，而贫富差距在每一期的增值则即为当期的收入差距。

一、收入差距演进及趋势

自改革开放以来，我国经济发展取得了举世瞩目的成就，人民生活水平日益提高，家庭收入也较计划经济时期有了显著的增加，然而，伴随着居民收入水平的提高，收入分配不均的问题也日益凸显。纵观当前，收入分配话题已多次成为历年两会聚焦的热点。

总体来看，在过去的 40 年里，我国收入差距呈不断扩大态势，且近年来持续位于高位① （见图 2 – 1）。国家统计局和世界银行所公布的我国基尼系数均已远远超过 0.4 的国际警戒线，而根据西南财经大学"中国家庭金融调查与研究中心"所发布的《中国家庭金融调查报告》，2010 年我国全部家庭的基尼系数甚至高达 0.61，城市家庭内部的基尼系数也达到 0.58，农村家庭内部的基尼系数同样高达 0.61，这些数据均明确证实了我国贫富差距过大的事实。

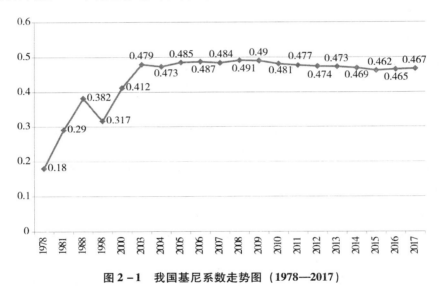

图 2 – 1 我国基尼系数走势图（1978—2017）

数据来源：国家统计局

在计划经济时期，资源由国家统一分配，因此无论是城乡收入差距还是地区收入差距都表现的并不明显。根据国家统计局所公布的数据，1978 年我国城市家庭内部的基尼系数仅为 0.16，农村家庭内部的基尼系数为 0.21，整体经济的基尼系数为 0.18，当然，这个年代的经济发展水平也是极为低效的。随着改革开放的不断深入，市场经济替代计划经济成为我国经济发展的主旋律，使得政府主导市场的职能不断减弱，国有经济比重也不断缩水，到 2017 年，国有经

---

① 基尼系数是经济学用于衡量居民收入差距的常用指标，基尼系数越大，表明居民收入差距越大。

济比重已从 1978 年的 82% 降至 32%。与此同时，随着市场经济全面推进，民营企业和外资企业开始逐步占据国内市场，国内 GDP 在不断增加的同时，家庭人均可支配收入也随之得到了明显提升。然而，在这些可喜成果的背后，伴随出现的却是国内贫富差距的日益加剧，这不仅体现在城乡差别的层面上，城市内部和农村内部的收入差距也演变的愈来愈大，另外，地区间及行业间的收入差距也成了总体贫富差距不断扩大的助推因子。正如世界银行报告（2015）所指出的：中国当前不断扩大的贫富差距主要表现在三个方面：第一是不断加剧的城乡收入差距，第二是逐步扩大的地区间收入差距，尤其是东部、中部和西部等大区间的差异，第三则主要是来自行业间的收入差距，尤其是垄断行业和非垄断行业间的收入差距更是表现得异常突出。

在衡量城乡收入差距时，目前学术界较为常用的方式是使用城镇家庭人均可支配收入与农村家庭人均纯收入之比。改革开放之前，中国城乡收入差距相对稳定（周端明和蔡敏，2008），改革开放之后，城乡收入差距逐步缩小，到 1983 年达到最低点，从 1984 年开始，城乡收入差距开始进入扩大通道，尤其是 2000 年以来，城乡差距逐步扩大，2009 年城市家庭人均可支配收入达到了农村家庭人均纯收入的 3.35 倍①，而国际上该指标的最高值仅为 2.5 倍左右，若其中再考虑到城市居民所享受到的各种隐性福利（如更优质的教育资源、更充分的就业机会等），则城乡居民实际收入比可能会达到近 5 倍之多。

从地区收入差距的演进来看，近年来，随着西部大开发、中部地区崛起及东北老工业基地振兴等战略的实施，地区间收入差距扩大的趋势得到了一定程度的缓解。但由于当前我国正处在市场经济不断加快的重要阶段，政策导向和地区倾斜式发展战略必然会进一步扩大地区收入差距，如果将基础设施、教育资源、就业机会等考虑进来，那么地区间收入差距将更为悬殊。单从 2010 年来看，东部地区人均年收入比西部地区人均年收入就高出近 3 万余元。

从行业收入差距来看，根据 2011 年的《中国统计年鉴》，2010 年在各行业收入比较中，金融业占比最高，占全国所有行业工资总额的 9.5%，金融业从业人员平均工资水平达到 7 万元，位列所有行业之首。2010 年，全行业平均工资水平为 3.9 万元，只有金融业平均工资的一半，而其中农业、林业、畜牧业和渔业的平均工资则仅有 1.7 万元，在全行业中排在最末。分析改革开放以来我

---

① 数据来自 2010 年《中国统计年鉴》。

国主要行业的平均工资变动趋势发现，20 世纪 90 年代中叶是行业收入差距走向扩大化的重要时间节点，当时高收入行业的工资已远远超过了低收入行业的平均工资水平。近年来，行业间工资差距仍在持续扩大，如今行业间收入差距已成为居民收入差距扩大的主要原因之一。

对于我国收入不平等的演化，学者们开展了诸多的研究。基于研究收入差距视角的不同，可大致将这些文献划分为如下几个方面：（1）收入差距在城乡间的表现。城乡间收入差距是我国户籍制度与二元经济体制下的产物，基于该视角，国家统计局农调总队调查组（1994）对我国城乡收入差距与长期经济增长的关系进行了研究，认为引起城乡收入差距过大的根本原因在于城乡二元经济结构，该研究将城乡间的收入差距划分为合理部分和非合理部分，认为我国的城乡收入差距主要是非合理部分占据主导，他们提出要缩小城乡收入差距，需要将制度改革与政策安排合理配套实施。具体地，需要改革现存的户籍制度与用工制度，同时需要加快发展城镇建设和进一步鼓励乡镇企业建设。陈宗胜和周云波（2001）通过对寻租与腐败行为的分析认为，通过这种渠道所获得的非正常收入是造成城乡间收入差距扩大的不容忽视的原因，政府需要严格查处和杜绝此类活动，加大腐败惩处力度，严格取缔非法收入。王小鲁和樊纲（2005）通过实证研究，分析了引起城乡间收入差距的相关因素，并对库兹涅茨"倒 U 型曲线"在中国的适用性问题进行了说明。（2）收入差距在地区间的表现。总体来看，针对此视角所展开的研究，在关于我国地区间收入差距正在不断扩大这个结论上具有相同的共识。Tsui（1991）通过对我国自 1952—1985 年的省级国民收入差异加以估算，发现无论在改革开放前还是改革开放后，我国的地区之间都存在着较大的收入差距。魏后凯（1997）在此基础上，分别对农村和城市家庭间收入差距的地区差异进行分析后，同样得出了与 Tsui（1991）相似的结论。万广华（1998）对我国农村家庭收入差距在地区间的不平等及变动趋势加以分析后认为，这种收入差距扩大的主要原因是结构变化的差异。林毅夫、蔡昉和李周（1998）对改革开放后近 17 年的农村及城市家庭收入的区域差异分析后发现，这种东部、中部和西部的区域差距能解释我国总体收入差距的一半比例。蔡昉和都阳（2000）在分析收入差距在地区间差异的变动趋势时，使用了 Barro 模型，利用此方法分析发现地区间的收入差距变动趋势仅存在着有条件的趋同趋势。Jones 等（2003）利用索罗模型的扩展模型对城市家庭收入在区域间的差异分析后发现，相较于内陆地区，我国沿海地区的收入差距扩大速度更快。黄祖辉和王敏等（2003）基于转移性收入是否能缩小收入差距的视角，对我国的收入不平等现状进行了分析，结果发现转移性收入并没有在缩小收入差距中发挥明显的作用。（3）收入差距在微观家庭间的表现。关于这方面的相关文献大都主要集中在李实及赵人伟等学者的研究中。如赵人伟、李实和 Riskin（1999）、赵人伟等（1994）、陈宗胜（1994，2002）、张平（1998）及向书坚（1998）等，总体来看，这些研究，同样在我国家庭间收入差距过大这个终极问题上具有相同结论，只是所选用的分析视角有所不同而已。

二、收入差距影响因素归述

对于我国的收入差距问题，学者们已展开了一系列的相关研究，也取得了较为丰硕的理论成果。下面将对这些相关的研究加以归述，并结合本书研究的主题，对前人的研究加以沿用和发展。

基于收入差距不断扩大的事实，探究我国家庭间收入差距的影响因素变的尤为必要。已有的针对我国家庭收入不平等的研究往往将焦点集中在转轨经济中不断扩大的城乡收入差距上，这些文献表明：引起城乡间收入差距扩大的因素主要有：扶持特定行业和部门发展的政策导向（Yang，1999；Yang and Zhou，1999；Kanbur and Zhang，2005），金融部门的不平衡发展（Zhang，2004；叶志强和陈习定，2011 等），现代工业与传统农业并存的二元经济结构（Putterman，1992），城乡人力资本的差异（Guo，2005），改革开放的政策优先度（Wei and Zhao，2012）以及教育与职业类型的个体微观差异（Su，2013）等。不可否认，在我国的收入差距格局中，城乡收入差距的确是颇为严重的，但除此之外，城市内部及农村内部的收入差距扩大也不容忽视，这也是本书论述的主要对象，因此下面主要针对此类差距所进行的研究加以较为详细的综述。

已有文献中，关于家庭间收入决定的研究颇多，大致来看，这些研究主要是从居民的物质资本、人力资本和政治资本角度来考察其对家庭收入的影响。从物质资本角度出发，许庆等（2008）研究发现土地是农户间收入差距扩大的一个原因，说明物质资本的多寡能显著影响家庭的收入水平，而高梦滔和姚洋（2006）则认为物质资本，包括土地在内，对于农户收入差距没有显著影响；

就人力资本而言，大量研究发现，以教育所衡量的人力资本水平差异是造成家庭间收入差距扩大的主要原因，从而强调了人力资本在收入决定中所发挥的重要作用，如 Jamiso and Gaag（1987）很早就对居民教育与收入差距的关系进行了研究，强调了教育在引致收入差距中的重要作用。此后，Byron and Mana-loto（1990）、岳昌君（2004）、李实和李文彬（1994）及侯风云（2005）等均从人力资本角度出发，考察了教育和职业培训等对于收入差距的作用。白雪梅（2004）也对教育在收入差距的作用做出了说明，她的研究结果认为教育与收入差距之间存在着密切且较为稳定的关系。与大多数研究所发现的高教育水平会降低收入不平等不同，白雪梅（2004）的研究发现教育是拉大收入不平等的重要原因，平均受教育程度和收入差距之间存在着一种"倒 U 型"的关系，我国现阶段位于该曲线顶点左半边的位置，这就告诉我们平均受教育年限的增加是提高收入差距的原因。陈宗胜和周云波（2002）同样也认为教育是造成城市家庭间收入差距扩大的重要因素，与之相并列的另外两个因素为居民的职业和所有制（张影强，2010）。Su and Heshmati（2013）使用九个省的家庭调查数据，基于家庭成员的个人特征考察了引起收入不平等的相关因素，研究发现教育和职业差异是引起家庭间收入不平等的关键因素。高梦滔和姚洋（2006）同样发现教育和在职培训所体现出的人力资本是拉大农村家庭间收入差距的首要原因，而包括土地在内的物质差距则在农户收入差距中没有起到显著的作用，分收入组别来看，在不同的收入群体间，教育及培训等人力资本的回报均明显高于物质资本的回报。高梦滔和和云（2006）对农村地区妇女的教育水平如何影响农村家庭间收入差距的问题进行了分析，研究表明：女性劳动者的教育回报差异是农村家庭间收入差距扩大的影响原因之一，具体来看，男性劳动力和女性劳动力的受教育水平提高一年对家庭收入所带来的提高作用分别为 14.1% 和 16.3%，同时，分收入高低组别来看，女性劳动者的受教育边际收益在中等收入组和高收入组中要显著高于在低收入组中的水平，然而，男性劳动力的教育边际收益则与之相反。薛进军等（2008）利用针对深圳家庭的调查数据，对教育如何影响收入差距进行了实证研究，结果发现，城乡户口制度和国家对深圳特区的发展优惠政策是收入差距产生的深层次原因，同时，平均受教育年限的差异可以解释城乡间收入差距的 40% 之多。另外，赖德胜（1997），Wang（2006），万广华和张藕香（2006），邹薇和张芬（2006）等均从不同角度或利用不同来源的数据实证得出了类似的结论。

对于政治资本，Morduch and Sicular（2000）发现干部及党员等政治因素对于农村家庭收入具有显著为正的作用，另外，Morduch and Sicular（2004）通过对家庭间收入差距进行分解发现，这些政治因素对于农村家庭间收入不平等的贡献为正。

另外，陆铭和陈钊（2004）通过利用省级面板数据对城乡收入差距分析后认为：城乡间的户籍制度、政府参与经济活动的程度、政府的财政支出结构、非国有化的程度以及经济对外开放程度均是造成城乡之间收入差距扩大的重要原因。

从收入差距的构成类别来看，曾国安和胡晶晶（2008）对2000年以来我国城市和农村间的收入差距分析后认为：在城乡收入差距中，由工资性差距所导致的总体收入差距是最为明显的，转移性收入次之，随后才是经营性收入和财产性收入。从影响方向上来看，家庭间的工资性收入、财产性收入和转移性收入是拉大城乡收入差距的原因，而经营性收入则显示出了缩小城乡间收入差距的作用。邢春冰（2008）使用2005年的全国人口普查数据对城镇地区本地职工与进城农民工的收入差距进行Oaxaca - Blinder分解，结果发现：劳动者自身的特征差异是造成本地职工与进城农民工小时收入差异的关键原因，其能解释这种小时工资差异的90%，剩余10%则由要素价格差异所导致，在劳动者自身特征差异中，最为重要的是进城农民工与城镇本地职工的受教育程度差异及从事工作的行业分布差异，且全部的分解结果中，教育程度的差异始终是导致两类劳动者工资收入差距的最主要因素。

针对农村地区居民间的收入差距，学者们也进行了广泛的探讨。黄祖辉、王敏和宋瑜（2005）基于要素市场角度，对农村地区居民的收入差距问题进行了分析。他们利用基尼系数分解方式，对各农村村庄内部以及村际间的收入差距进行了分解研究，结果认为：农村地区村际间的收入差距主要是由于要素收入集中程度的差异所引起的，而村庄内部的收入差距则主要是由于外部环境改变了村民收入结构所导致的。黄祖辉、张晓波和王敏（2006）同样使用基尼系数的分解方法，对农民企业家的报酬如何引起农村居民间收入差距及其变动的问题进行了研究，结果发现：农民企业家的报酬不但在农村居民间收入差距中发挥了重要作用，同时对收入差距的变动也起着决定性的作用。唐平（2006）使用农村住户的抽样调查数据对我国农村家庭间收入差距的程度、影响因素及变化趋势等均进行了分析，研究认为：农村家庭间收入差距形成的主要原因是农村家庭在经营上的收入不平衡及各地区内部的收入分配差异；而造成其持续扩大的主要原因则源自不断扩大的农村居民工资性收入差距及财产性收入差距。姚洪心和王喜意（2009）对国家扶贫政策、劳动力流动及受教育水平等如何影响农村收入差距的问题进行了探讨，结果认为：受教育水平的提高及针对农村的扶贫脱贫政策确实对农民脱贫致富发挥了重要的作用。

第三节 我国财产差距的演进及影响因素归述

一、财产差距演进及趋势

改革开放以来，随着经济高速发展，我国综合国力和国际地位稳步提升，人民生活水平也不断改善，但与此同时，也出现了一些较为突出的问题，财产差距的扩大便是其中颇为明显的问题之一。中国家庭金融调查数据显示：处在财产25%分位数以下的家庭财产总量只占全国家庭财产总量的1.2%，处于50%分位数水平以下的家庭财产总量只占全国家庭财产总量的7.2%，位于最高25%分位数的家庭，其财产拥有量占全国家庭财产总量的79%，最高10%分位数的家庭财产量占全国家庭财产总量的62%，而财产最高1%的家庭，占全国家庭财产总量的比重高达35%。这些数据充分显示了当前我国家庭间财产差距的悬殊。

从财产差距的演变来看，改革开放之初，由于我国整体经济发展水平较为落后，财产类别较为单一，加之大多数家庭本身收入水平并不高，所以财产差距较低，基尼系数仅为0.39。进入20世纪90年代，随着计划经济体制向市场经济体制转轨，国家政策开始允许家庭自主创业，一批富有开拓精神的企业家们率先积累了大量财富，家庭间财产差距开始逐步扩大，1995年，我国财产差距的基尼系数为0.45，到2002年基尼系数升至0.55，近年来，随着互联网和电子商务等新型经济兴起，我国家庭间财产差距进一步扩大，2012年我国家庭间财产差距基尼系数甚至达到0.73的高位。[①] 我国家庭间财产差距攀升速度如此之快，在世界各国间也是颇为罕见。

二、财产差距影响因素归述

文献中关于收入差距的研究较多，而对于财产分布差距的研究却相对偏少，

---

① 数据来自北京大学中国社会科学调查中心所发布的《中国民生发展报告2014》。

这主要是由于针对我国家庭金融所展开的调查尚很缺乏，另一方面，与工资和收入数据相比，家庭的财产数据显得更具有隐私性，因此也更难获得，数据的缺乏是导致对家庭财产分布差距这项重要议题研究不足的重要原因。

与我国不同，欧美等发达国家针对财产分布所开展的调查起步很早，且如今已具有了较为成熟的调查系统，比较有代表性的有：美国的 SCF 数据（消费者金融调查数据）和 PSID 数据（收支动态长期追踪调查数据）（Wolff，1998；Wolff and Gittleman，2004；Diaz Gimenez 等，1997），加拿大的 ADS 数据和 SFS 数据（Morissette 等，2002），瑞典的 HUS 数据和 SS 数据（Klevmarken，2003），德国的 ICS 数据（Hauser 和 Stein，2003）以及澳大利亚的 HILDA 数据（Heady 等，2004）等。然而，目前我国尚很缺乏类似的这种家庭财产类调查，一些研究财产分布等问题的学者所使用的数据也只是频繁使用社科院经济研究所开展的 CHIP 调查数据或北京奥尔多投资研究中心委托国家统计局所开展的入户调查数据（李实，1999；Meng，2007；赵人伟，2007；陈彦斌，2008；梁运文等 2010）。

Terry（1993）利用社科院 1988 年的农村调查数据，描述分析了我国农村居民的财产分布特点及其不平等状况，与此相仿，Brenner（2001）使用了 1995 年的该项调查数据同样对农村居民的财产分布状况进行了详细的说明。李实、魏众和古斯特夫森（2000）使用社科院经济研究所在 1995 年的微观调查数据，对我国城镇居民的财产分布情况进行了说明，并以家庭财产对数作为被解释变量，选取户人均收入、省人均 GDP、户主文化程度等作为解释变量，利用半对数线性模型对财产函数进行了估计，并重点考察了户主年龄对家庭财产的影响（即财产变化的生命周期效应）和户主人力资本对财产积累的影响，Gustafsson，Li 和 Wei（2004）也就此问题做出了分析。李实、魏众和丁赛（2005）同样使用该调查所得的数据，对比分析了 1995 年和 2002 年的家庭财产分布情况，并使用分解方法估计了我国城乡之间及全国之间的财产分布差距，研究发现，我国居民间的财产分布差距在这段时间内出现了快速且明显的扩大，而城乡之间财产分布差距的扩大是造成这一趋势的重要原因，城镇公有住房的私有化在缩小城镇家庭间财产分布差距的同时也拉大了城乡间进而全国间的财产分布差距，与此同时土地在农村居民财产中的相对份额也随着土地价值的下降而不断降低，这又使得城乡之间的财产分布差距进一步被拉大。除此之外，该研究还发现随着金融市场的进一步完善，我国居民所拥有的金融资产在总财产分布不平等扩大过程中的作用也在逐步增强。赵人伟和丁赛（2004）使用2002年"中国家庭收入调查数据"估计了全国及城乡各自的财产分布差距，进而探讨了差距形成背后的原因。赵人伟（2007）再度利用该数据分析研究了我国收入分配和财产分布差距二者间的关系，对全国、城市及农村的居民个人财产分布状况给予了一个概括性的分析。Meng（2007）利用社科院1995年、1999年及2002年的中国城市家庭调查数据，对城镇居民的财产分布及决定因素等相关问题进行了研究，结果发现相对于低收入家庭而言，高收入家庭的财产积累速度更快，而且具有党员身份的居民及他们的子女在这种财富积累过程中获利更多。巫锡炜（2011）利用1995年和2002年的CHIP数据，对我国城镇家庭间的收入及财产分布不平等状况进行了分析，结果发现：在1995—2002年这七年中，我国城镇家庭间的收入不平等程度出现了明显的大幅上升，而家庭间的财产不平等程度却相反出现了略微下降的趋势，作者按照人口对城镇样本进行分组分解，发现户主的受教育水平、户主党员身份以及家庭所在区域（东部、中部或西部）等对家庭间的总体收入不平等和财产不平等发挥了重要的作用，家庭户类型（根据家庭成员与户主之间的关系，将家庭分为核心家庭户（一对夫妇与未婚子女构成）、纯粹夫妻户（只包含夫妻双方）、单亲户（子女与父亲或母亲共同生活）及其他类）及户主年龄也是影响二者的关键因素。

另一个在谈及财产分布差距问题时常被用到的数据库是由奥尔多投资研究中心所发布的，该中心自2005年起便委托国家统计局对我国城市及农村居民的收入与财务状况、投资选择、个人特征以及主观感受和态度开展每年1到2次的入户调查，且每年的问卷内容都会根据当年的经济热点稍做调整，另外，考虑到我国城乡的实际情况存在差异，因此该调查针对城市和农村的问卷问题和备选答案都会有所不同（陈彦斌，2008）。利用此数据，陈彦斌（2008）对我国2007年的城市和农村财产分布进行了计算，并对家庭资产结构和贫富差距特征给予了分析，分析结果发现我国城乡间的贫富差距较为严重，但这种状况的出现并不是由于最富有群体过于富有所导致。该研究还发现教育水平的提高和婚姻状况的改善都对提高家庭财富水平具有显著的正效应，拥有较多财富的家庭往往拥有多元化的资产组合，而财富水平较低家庭的资产组合则较为单一，从而风险规避能力也相对越弱。另外，作者研究城乡家庭的融资能力后发现，无论城市还是农村居民，其融资能力都取决于家庭所拥有的财富水平，财富水平越高的家庭其融资能力自然也就越强。陈彦斌（2008）在计算出城乡居民的家庭财富水平后，将所有家庭划分为有财富家庭和无财富家庭，进而按照该调查中被访者的年龄、教育水平、健康、婚姻状况以及职业类型等五个方面将城乡中的无财富家庭进行分类，进而对城市和农村之间无财富家庭的分布进行了对比研究，结果发现，城市中无财富家庭和农村中无财富家庭占各自总家庭数的比例均约为 5.5%。陈彦斌（2009）在考察灾难风险与我国城镇居民的财产分布时，首先对我国城镇居民的财产分布状况进行了简单的描述，进而构建了一个DSGE 模型（动态随机一般均衡模型）对财产分布进行了拟合和解释。梁运文、霍震和刘凯（2010）同样利用该调查数据，对现阶段我国城乡居民的财产分布状况进行了较为细致的研究，具体可分为三个方面：作者首先对我国城乡居民的总体收入分布和财产分布统计特征给予了分析，发现 2007 年我国城乡家庭间的财产分布基尼系数已分别达到 0.58 和 0.62，该差距已明显超过收入分布差距；接下来，基于家庭财产的构成结构，作者对城乡财产分布状况进行了分解分析，结果发现金融性资产和房屋价值是构成居民财产的重要部分，同时也是引起财产分布不均的主要原因；最后作者根据被调查者的个体特征将样本进行了细分，进而利用财产估算函数对引起我国居民财产分布差异的微观原因进行了探讨，分析发现职业、健康状况、教育水平和是否党员对居民的财产积累具有显著的影响，而婚姻状况则与财产分布并没有表现出明显的相关关系。利用此数据进行分析的还有李涛（2006，2007）等。

第四节　贫富差距的测度及分解方法

一、贫富差距的测度方式

基尼系数（Gini Coefficiednt）最早由意大利经济学家基尼自 1922 年提出，用于定量测度收入不平等的程度。基尼系数的取值范围在 0 和 1 之间，该系数越偏向 0，收入分配越平等，越接近取值 1，则收入不平等程度越严重，极端地看，若基尼系数等于 0，则表示收入分配完全平均，若基尼系数等于 1，则收入完全由一个人所拥有，其他人则无任何收入，这两种极端取值仅属于理论上下限，在现实中均不会出现。根据联合国有关组织的规定，基尼系数低于 0.2，表示收入分配绝对平均；基尼系数取值在 0.2 和 0.3 之间，表示收入分配比较平均；在 0.3 和 0.4 之间，表示收入分配位于相对合理的区间；该系数在 0.4 和 0.5 之间，则说明该国家或地区收入差距较大，而大于 0.5 的基尼系数则反映出收入差距已经非常悬殊了，通常来说，人们把 0.4 看成是收入不平等程度的一条国际警戒线，如果基尼系数超出了这条警戒线，则容易带来该国家或地区社会的动荡和不安。发达国家的基尼系数一般在 0.24 和 0.36 之间，收入分配相对合理，尽管美国的收入差距相对偏高，但也未超过 0.45，然而，根据国家统计局发布的我国历年收入差距的基尼系数值（见图 2－1），近十年该数值均超过 0.45，而且即便这个数值也被很多学者认为过低的估计了现实。2011 年中国家庭金融调查与研究中心所发布的《收入不平等报告》所给出的基尼系数值为 0.61，尽管饱受争议，但从一定程度上也揭示出我国收入不平等程度确实已经位于一个极端高的区域了。

　　关于基尼系数的计算，需要首先说明一个概念，即：洛伦茨曲线（Lorenz Curve），它由美国统计学家洛伦茨在 1907 年提出，指的是在一个国家或地区内，将人口按贫穷到富裕依次由低到高排列的人口百分比与对应各个人口百分比处收入百分比的点所组成的曲线（如图 2－2 所示）。

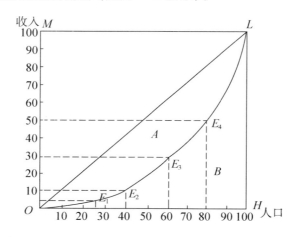

图 2－2　洛伦茨曲线

　　在上图中，横轴 OH 表示总人口按收入水平由低到高分组的累计百分比，纵轴 OM 为收入由低到高的累计百分比，其中曲线 O－E1－E2－E3－E4－L 即为洛伦茨曲线。洛伦茨曲线的弯曲程度越大，表示收入分配越不平等，该曲线越平直，则收入分配越平均。如果全部收入均由一人所有，而其余人一无所有时，收入分配处于完全不平等状态，此时洛伦茨曲线对应上图中的折线 OHL，而如果每个人口百分比与其收入百分比相等，自然地累计人口百分比也等于累计收入百分比，那么此时收入分配就是完全均等的，洛伦茨曲线即成为由原点出发的 45 度线段 OL。在前文已经提到，通常而言一个国家或地区的收入分配状况既不是完全平均的，也不可能完全不平等，总是介乎两者之间，相应地，此处的洛伦茨曲线既不可能是直角折线 OHL，也不会是 45 度线段 OL，而是一条如图中所示一般向横轴弯曲的弧线，只是随着收入差距程度不同，其弯曲程度有所不同而已。

在图 2 - 2 中，我们将由原点出发的 45 度线与实际洛伦茨曲线所包围的部分称之为"不平等面积"（图中 A 部分所示），而将折线 OHL 与 45 度线之间的面积叫作"完全不平等面积"（即图中 A + B 部分），当收入分配处于完全不平等状态时，洛伦茨曲线成为折线 OHL，此时面积 B 等于 0，"不平等面积"就成为"完全不平等面积"，我们将"不平等面积"与"完全不平等面积"之比定义为基尼系数值，即基尼系数 Gini = A/（A + B），显然地，基尼系数既不会小于零，也不会超过 1。

关于基尼系数的计算方法种类比较繁多，此处介绍两种常用的计算方法，即曲线回归法和收入分组法，本书关于基尼系数的计算就是基于这两种思想，具体地：

（1）曲线回归法。设洛伦茨曲线所对应的方程形式为：$y_i = Ap_i^b$，从而由基尼系数与洛伦茨曲线的关系可得基尼系数计算公式为：

$$G = \frac{\frac{1}{2} - S}{\frac{1}{2}}$$

其中 $S = \int_0^1 Ap_i^b dp_i = \frac{A}{b+1}$，因此 $G = 1 - \frac{2A}{b+1}$。

在上式中 p_i 为一定收入水平所对应的家庭（或人口）比重，y_i 为该人口比重所对应的收入比重，A、b 为可知的参数。该种计算方法利用的是基尼系数的原始定义，所以不存在很多的限制条件，因此使用范围较广。

（2）收入分组法。利用收入分组来计算基尼系数的基本思想最先由山西农业大学经贸学院的张建华教授提出，之后很多学者对其进行了优化和推广，具体而言，将所研究的总人口按其对应的收入水平由低到高排序，进而分位 N 组，每一组的人数是一致的，将从第一组到第 i 组的人口所累积的收入占全部人口总收入的

比重记为 w_i，再利用定积分定义计算出基尼系数，最终的计算公式为：

$$G = 1 - \frac{1}{n}\left(2\sum_{i=1}^{n-1} w_i + 1\right)$$

二、传统分解方法

为了深入了解总体不平等的产生原因及其具体构成，通常需要对不平等程度进行分解分析，以从中发现原因进而制定对应政策。早期的研究中，对于不平等的分解主要有两种，第一种为针对不平等水平大小所进行的分解，第二种则是对其变化趋势所进行的分解，前者主要是用于分析不平等形成的原因，而后者则用于分析不平等变化的原因。在此基础上，学者们进行了进一步的探索和创新，根据 Wan（2008）的论述，传统的分解方法主要包括如下四种：

（一）针对不平等构成要素成分的分解（通常用于分收入类别的分解）

该方法主要是将总体 Y 的不平等程度分解到构成 Y 的各个子成分中去，此处，$Y = \sum_i Y_i$。如果将 Y 的总体不平等程度定义为 $I(Y)$，将子收入 Y_i 对此总不平等的贡献度表示为 G_i，那么即有：$G_i = I(Y) - I(Y \mid Y_i = 0)$，然而，该分解方法的不足之处在于此处 G_i 依赖于 Y 的定义。进入 70 年代后期，学者们开始提出新的不平等分解思路，但总体来看，我们仍很难直接将总体不平等定义为各个子收入的不平等之和，比如：总收入 Y 由两个部分组成，亦即 $Y = Y_1 + Y_2$，此时 $CV^2(Y) = (\delta_{Y_1}^2 + \delta_{Y_2}^2 + r\delta_{Y_1}\delta_{Y_2})/\mu_Y^2$，其中 $CV^2(Y)$ 表示收入 Y 变异系数的平方（这是测度不平等的一种指标），δ 为均方差，μ 表示期望。由上式可知，如果 $r = 0$，那么总收入 Y 的不平等程度 $CV^2(Y)$ 即可表示为两种子收入不平等（由标准化后的分项收入方差来表示）的和，若 $r = 1$，总收入不平等也可由子收入不平等程度的加权和来表示，然而，在现实中，各个子收入之间完全相关或者完全不相关的情形很难找到，因此不能由某一种子收入的不平等程度下降就断定总体收入不平等程度也会下降。此处的影响还取决于子收入的均值是否有所改变它与其他子收入的相关度。

（二）结合样本特征分组对总体不平等程度进行分解

为了说明总体的不平等程度在不同组别之间的差异（如不同年龄、不同种族、不同教育水平、不同性别之间、不同地区之间等），就需要根据样本分组来对总体的不平等程度加以分解。关于这种形式的分解，具有代表性的文献有 Bourguignon（1979），Cowell（1980），Cowell and Kuga（1981），Shorrocks（1980，1984），Foster and Shneyerov（2000）等。这种分解方式往往采用 GE

（广义熵指数）作为不平等的衡量指标，尤其适宜于使用第二泰尔指数 T_0。具体地，在对样本分组后，计算出针对各个子样本的第二泰尔指数，进而使用子样本的样本比例进行加权，以得到组内贡献度，接着利用总的泰尔指数减去组内贡献度就得到了最终的组间差异。

（三）对不平等变动趋势进行的分解

上述两种分解方式旨在分析不平等的成因及构成，而对不平等变化状况进行分解则可以进一步发现引起不平等扩大或缩小的原因。针对此目的，Jenkins（1995）提出了一种分解方式，具体可以表示为：

$$I = \sum_{i=1}^{K} \Delta \left[r_i s_i \sqrt{I \times I_i} \right],$$

其中 r_i 为子收入 Y_i 与总收入 Y 的相关系数，I 则为变异系数平方的一半，即 $I = 0.5CV^2$。在此基础上，万广华（1998）针对基尼系数的变化又提出了一种新的分解方式，具体为：

$$\Delta G = \sum_{i=1}^{K} S_{it+1} C_{it+1} - \sum_{i=1}^{K} S_{it} C_{it} = \sum_{i=1}^{K} (S_{it+1} C_{it+1} - S_{it} C_{it})$$

其中，ΔG 表示基尼系数的变化，S 表示收入比重，C 表示收入集中度系数，t 和 $t+1$ 代表时间。

与 ΔG 类似，我们有：$\Delta S_i = S_{it+1} - S_{it}$，$\Delta C_i = C_{it+1} - C_{it}$，将这两个式子代入上述等式中，可得：

$$\Delta G = \sum_{i=1}^{K} C_{it} \Delta S_i + \sum_{i=1}^{K} S_{it} \Delta C_i + \sum_{i=1}^{K} \Delta C_i \Delta S_i$$

此式表明，总体基尼系数可以分解为三个部分：第一部分 $\sum_{i=1}^{K} C_{it} \Delta S_i$ 表示收入比重的变化所引起的总体收入差距的扩大或缩小；第二项 $\sum_{i=1}^{K} S_{it} \Delta C_i$ 表示由收入集中系数的变化所引起的总体收入差距的上升或下降；第三项 $\sum_{i=1}^{K} \Delta C_i \Delta S_i$ 表示收入比重和收入集中系数两者同时变化所引起的总体收入差距的扩大或缩小。考虑到收入比重的变化和整体的经济结构紧密相关，万广华（1998）将第一项 $\sum_{i=1}^{K} C_{it} \Delta S_i$ 称为收入差距的结构性效应，将第二项 $\sum_{i=1}^{K} S_{it} \Delta C_i$ 称之为收入差距的收入集中效应。因此，当使用该分解方法对一个国家或地区的收入差距进行分析时，就可以具体地探究引起收入差距变化的缘由究竟是收入集中效应还是结构性效应。

三、夏普里值分解方法

自 20 世纪 70 年代开始，学者们就开始致力于利用回归分析的方法来对收入不平等的状况加以分解，而其中最有代表性且已得到广泛应用的方法，当属 Shorrocks 提出的基于回归的夏普里值分解方法（Shorrocks，1980，1982，1999）。这种方法最早可以追溯到 Oaxaca（1973）和 Blinder（1973），他们主要是对男女两个群体的工资差别进行了分析，将影响这种差别的因素分解为可观测到的教育回报及工作经验等的差异和在工资决定方程中无法度量的其他不可观测的因素。自此开始，这种分解方法（通常被称为 Blinder - Oaxaca 分解方法）被广泛应用，特别是用于研究两个群体之间的均值结果变量的差异（Heinrichs 和 Kennedy，2007；Ben Jann，2008；Biwei Su，2013），在这种方法的基础上，Juhn，Murphy 和 Pierce（1993）加以了扩展，使得分解结果基于两个群组间结果变量的整个分布差异而不单只是均值差异，但该种方法一个明显的局限在于它要求收入决定函数是线性的，不过 Bourguignon，Fournier 和 Gurgand（2001）的研究放松了这一限制，使得该种方法得到了进一步推广。然而，这些研究都致力于分析两个有明显收入差别的群组间的收入分配差异，而没有对收入决定方程中各个因素对收入差距的相对贡献做出量化的解释。随着研究的深入，一些学者的研究弥补了这方面的不足，Shorrocks（1999）、Fields 和 Yoo（2000）以及 Morduch 和 Sicular（2002）的研究成果成了这方面的主要代表作，他们都是以收入决定函数为基础来分解收入不平等。而与 Shorrocks 的研究相比，Fields 和 Yoo（2000）以及 Morduch 和 Sicular（2002）的方法由于存在着诸多的限制，所以并没有得到很好的应用。在模型选择上，Morduch 和 Sicular（2002）要求使用标准的线性函数，而 Fields 和 Yoo（2000）则选择了半对数模型，这种对于模型选择的阻碍往往会使实证分析产生错误的结果；另一方面，在不平等度量指标的选取上也存在着限制，Fields 和 Yoo（2000）仅仅选择利用变异系数的平方来考察收入不平等且需要首先对收入进行对数转换，而 Morduch 和 Sicular（2002）则使用各种要素收入不平等的加权和来表示总体的收入差距；在回归方程常数项及随机扰动项的处理上，两篇研究都并不是基于 Shorrocks（1999）和 Cancian 和 Reed（1998）中所提出的自然分解法来推导得出的，因而，在 Morduch 和 Sicular（2002）的模型中，常数项及随机扰动项对总体的收入不平等的影响是不可知的，因此这也成了该模型的一个缺陷，而在 Fields 和 Yoo

（2000）中，他们坚定常数项对收入不平等的分解没有任何影响，很显然，这种假设也是不合理的，这在 Podder 和 Chatterjee（2002）的研究中也得到了证实，Podder 他们发现，当采用如基尼系数或变异系数的平方等这种指标来测度不平等时，若常数项为正，则它将降低总体的收入不平等程度，而一个负的常数项将明显会提高总体的不平等水平。

基于上述分解方法在回归分析中存在的不足，Shorrocks（1999）提出了一种新的基于回归的方法，通常被称之为"夏普里值分解方法"，下面根据万广华（2004）的描述，对该方法做出简要介绍。

假设回归模型为 $Y = F(X, U)$，其中 Y 表示回归方程的被解释变量（如收入、家庭财产等，此处以收入为例），Y 可以是水平值也可以是水平值的变换（如对数值），X 是影响收入的相关解释变量向量，U 代表回归方程的残差项。如果方程中存在着常数项，那么方程即变为形如 $Y = \alpha + X + U$，其中 $\alpha + X$ 为模型的确定性部分，X 表示由解释变量产生的收入流。若 $F(X, U)$ 的形式是线性的，即形如

$$Y = \sum \beta_i X_i = \sum Y_i,$$

其中 $Y_i = \beta_i X_i$ 为第 i 个因素所产生的收入流。

设回归方程被解释变量 Y（此处是 Y 的原始值，而不是对 Y 进行诸如对数变换后的值）的总体不平等程度为 $G(Y)$，G 表示基尼系数，是此处所选取的用于衡量不平等程度的指标（当然，选用其他指标亦可，此处以基尼系数为例）。夏普里值分解方法旨在将 $G(Y)$ 分解成由回归方程右边所含解释变量可解释的部分和由残差项所能解释的部分，具体来说，假设所选用的收入决定方程为线性的，即有

$$Y = \alpha + \sum Y_i + U,$$

其中 $Y_i = \beta_i X_i$。参照 Morduch 和 Sicular（2002）的方法对该方程两边同时应用基尼系数，从而可得：$G(Y) = 0 + \sum E(Y_i)/E(Y) C(Y_i) + 0$，在此式中，$C$ 依然表示收入集中度系数。根据 Morduch 和 Sicular（2002）的分解方法，方程中每个变量对总体 $G(Y)$ 的贡献度为 $E(Y_i)/E(Y) C(Y_i)$，而残差项 U 对总体不平等程度的解释度却为 0，但考虑到残差项表示着回归方程中未能包含的无法观测因素，其对被解释变量是存在着相关解释作用的，因此其贡献度为 0 自然不符合常理，同时，在上式中，常数项对总体不平等的解释度亦为 0，但通常来说，对一个总体的不平等指标，当对每一个个体加上一个正（或负）的常数项时，不平等程度应该对应出现下降（或上升），而上式却并不符合这一规律，因此，根据 Morduch 和 Sicular（2002）的方法进行不平等程度的分解是不合适的。

　　为了缓解这种问题，Shorrocks（1999）的做法是将方程 $Y = \alpha + \sum Y_i + U$ 中的残差项 U 先去掉，即有：$Y(U = 0) = Y$，由此可得到 $G(Y|\ U = 0) = G(\widehat{Y})$，如此一来，残差项 U 对 $G(Y)$ 的贡献便可定义为 $G(U) = G(Y) - G(\widehat{Y})$，因此 Y 与 $\widehat{Y}$ 所引起收入不平等的差异并可完全归咎于残差项 U。若该残差项 U 趋于为 0，则 $G(Y)$ 趋向于 $G(\widehat{Y})$。

第三章

我国贫富差距的经验事实

　　自1978年改革开放以来，在中央"允许和鼓励一部分人先富起来"的政策引领下，我国施行了系列经济尝试和改革，包括推行家庭联产承包责任制、发展个体私营经济、鼓励勤劳致富、设立经济特区、开放沿海城市等，这些政策极大地解放了社会生产力，调动了人们的生产积极性，中国社会开始旧貌换新颜，呈现出一副生机勃勃的景象。一部分地区，一部分人民借助政策东风，发挥聪明才智，使用他们勤劳的双手迅速发展富裕起来，在这种潮流的带领下，我国整体经济活力得到释放，经济增速逐步加快，人民生活水平日益得到改善。但与此同时，由于资源和政策方面的差异，地区经济发展不平衡越来越明显，城乡居民之间的收入和财产差距也逐步扩大，发展到现在，贫富差距已经成为摆在我国经济领域中的一个非常严峻的现实。

　　为了深入分析我国目前贫富差距的现状及原因，下面将基于中国家庭金融调查（CHFS）数据，对我国城乡之间、地区之间的家庭收入和财产分布情况做出说明。

第一节　我国家庭收入基尼系数演化及分解

一、家庭收入基尼系数现状

　　本书中所界定的家庭总收入是指被调查样本家庭的所有家庭成员在调查年份内所获得的各项收入的总和，主要由如下几个部分组成，即家庭成员的工资性收入、经营性收入（包括农业经营收入和工商业经营收入等）、财产投资性收入（包括存款利息、股票股息与分红、保险收入、土地和房屋的租金收入以及由其他资产投资所获得的收入等）、转移性收入（包括社会保障型转移支付、来自亲朋好友等的礼金收入等）以及其他通过合法渠道获得的收入等。

基于中国家庭金融调查数据①，图 3 - 1 给出了 2010 年我国家庭收入的总体及城乡统计数值，从中可知，我国家庭收入均值为 52087 元，中位数水平为 17615 元，城市和农村样本的家庭收入均值分别为 71546 元和 27606 元，对应中位数分别为 27200 元和 10000 元。由此不难看出，我国家庭的城乡收入差距颇大，城市家庭的收入均值几近农村家庭收入均值的 3 倍，同时，从中位数数值可知，无论是城市还是农村，一半多的家庭收入水平尚不及均值。

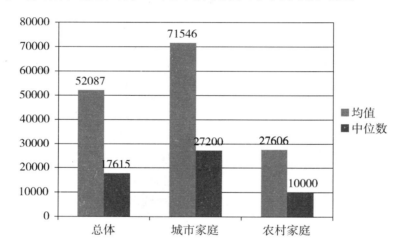

图 3 - 1　中国家庭收入分布

数据来源：《中国家庭金融调查报告》。

为进一步探析我国家庭的收入分布状况，图 3 - 2 给出了处在收入分布 90% 以上分位数的家庭，其各个类型收入占所有家庭对应总收入的相对比重。从该图可知，收入最高端 10% 的家庭，其所拥有的总收入占到了所有家庭总收入的 56.96%，工商业经营收入占比甚至高达 76.85%，其他类型的收入占所有家庭总收入的比重也在 40% 以上，这说明所有家庭的总收入中，有超过一半的集中

---

①　为系统说明我国贫富差距现状，本章较多的引用了西南财经大学中国家庭金融与调查研究中心所发布的《中国家庭金融调查报告》。为了确保数据的准确性，作者利用该调查数据，对所分析的各项指标进行了详细测算，所得结果与中国家庭金融调查中心所发布的调查报告基本一致，部分数据存在差别的原因是由于对变量极端值与遗漏值的处理所使用的方式有所不同所致。

在收入水平最高端的 10% 家庭手中，这充分说明我国家庭收入分布不均现象已然非常严重。

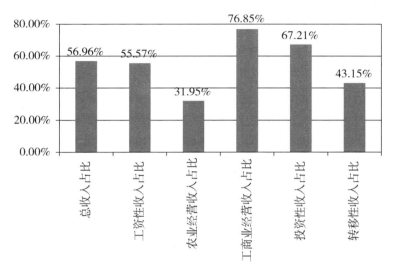

图 3 – 2 收入最高 90%分位数的家庭各类型收入占所有家庭总收入的比重

数据来源：《中国家庭金融调查报告》。

表 3 – 1 给出了使用基尼系数测度家庭收入差距的结果，从该结果可知，我国家庭的总体基尼系数已经高达 0.61，城市和农村的基尼系数值也远远超过了 0.4 的国际警戒线。分区域来看，东部地区的收入差距更为严重，其基尼系数值为 0.59，中西部地区的收入差距同样也在 0.55 及以上。这个结果表明我国的城乡收入差距，地区收入差距等均面临着颇为严峻的挑战。这也是习近平总书记在党的十九大报告中明确指出我国当前的社会矛盾已经由原来的人民日益增长的物质文化需求和落后生产力之间的矛盾转化为人民日益增长的美好生活需要和不平衡不充分的发展之间的矛盾的现实原因。

表 3 – 1 中国家庭收入基尼系数

分样本	总体	城市	农村
基尼系数	0.61	0.56	0.60
分区域	东部	中部	西部
基尼系数	0.59	0.57	0.55

数据来源：中国家庭金融调查与研究中心所发布的《中国家庭收入不平等报告》。

二、家庭收入基尼系数的分解

如上对基尼系数的求解是针对家庭总收入而言，从中可以看出，无论是区分城乡，还是区分东中西部，家庭间总收入差距都明显过大。考虑到家庭总收入根据收入类型不同，可区分为工资性收入、农业经营收入、工商业经营收入、投资性收入和转移性收入五种，因此为了更清楚的认识收入差距的形成原因，有必要对上述五种收入在总收入中的比重以及各自在总体基尼系数中的相对贡献率加以分析。表 3-2 给出了这种结果。

表 3-2　不同收入类别在总收入中的相对比重和基尼系数相对贡献率

收入类别	占总收入比重	在总体基尼系数中的相对占比
总体样本		
工资性收入	41.90%	49.30%
农业经营收入	11.20%	2.60%
工商业经营收入	14.20%	17.40%
投资性收入	6.30%	7.50%
转移性收入	26.50%	23.30%
城市样本		
工资性收入	47.80%	53.00%
农业经营收入	2.10%	0.60%
工商业经营收入	14.20%	17.10%
投资性收入	7.70%	9.00%
转移性收入	28.10%	20.40%
农村样本		
工资性收入	25.30%	33.10%
农业经营收入	36.40%	22.40%
工商业经营收入	14.10%	19.40%
投资性收入	2.30%	2.30%
转移性收入	21.90%	22.70%

甘犁《来自中国家庭金融调查的收入差距研究》，《经济资料译丛》2013 年第 4 期。

总体来看，在总收入的构成中，工资性收入占比最高，其次为转移性收入、工商业经营收入和农业经营收入，投资性收入比重相对偏小；在城市样本中，投资性收入的比重有所提高，农业经营收入比重明显降低，这是因为大多数城市家庭并不从事农业生产；在农村样本中，农业经营收入在总收入中的相对比重最高，超过了工资性收入的占比，这说明农业仍然是农村家庭的最主要收入来源。

根据不同收入类型对基尼系数进行分解的结果可知，总体上工资性收入在总体基尼系数中的占比最高，达到49.3%，转移性收入和工商业经营收入次之，在总体基尼系数中的相对贡献率分别为23.3%和17.4%，农业经营收入在总体收入差距中的相对贡献率较低，仅为2.6%。区分不同类型收入在基尼系数中相对贡献率的城乡差异可知，不同类别的收入在基尼系数中的贡献率排序在城市和农村中有所不同，城市家庭中对基尼系数贡献较大的主要分项收入是工资性收入、转移性收入和工商业经营收入，其相对贡献率分别为53%、20.4%和17.1%。农村家庭中对基尼系数贡献较大的收入来源主要为工资性收入、转移性收入和农业经营收入，其相对贡献率分别为33.1%、22.7%和22.4%。

比较各种类别收入在总收入中的比重与不同收入对基尼系数的相对贡献率，如果某种类型的收入对基尼系数的相对贡献率超过该收入在总收入中的比重，则说明该类别收入是扩大收入差距的重要原因，若某种类别收入对基尼系数的相对贡献率小于其在总收入中的比重，则说明该类型的收入在缩小收入差距方面能发挥较明显的作用。以总体样本为例，工资性收入对基尼系数的相对贡献率为49.3%，大于它在总收入中的相对比重41.9%，说明总体来看，工资性收入是扩大收入差距的重要原因，与此相仿，工商业经营收入、投资性收入等同样是造成总体收入差距扩大的重要原因。由于农业经营收入和转移性收入占总收入的比重均超过了各自在总体基尼系数中的相对比重，因此，二者能够在缩小收入差距方面起到积极的作用。

区分城市和农村样本分别来看，在城市家庭中，工资性收入、工商业经营收入和投资性收入是拉大收入差距的重要原因，农业经营收入和转移性收入在一定程度上能够缩小收入差距。在农村家庭中，工资性收入和工商业经营收入同样也是造成收入差距扩大的重要因素，与城市样本不同，转移性收入在农村样本中的作用不再是能够缩小收入差距，而是扩大了最终收入差距。需要指出的是，农业经营收入在农村家庭总收入中的比重为36.4%，明显高于其对总体基尼系数的相对贡献率，这说明增加农业经营收入能够较为明显的减弱农村家庭间的收入差距。

三、基尼系数过高的原因解析

从前述结果可知，我国当前的收入基尼系数无论从总体来看，还是区分城市和农村分别来看，都明显高于国际公认的警戒线0.4，但这并不意味着我国的收入差距已经达到了非常严重的地步。事实上，对于0.4作为国际警戒线是否适用于中国的讨论一直不绝于耳，而且也未有定论，同时，本研究所计算的上述基尼系数也仅仅是基于调查样本的结果，一定程度上也可能存在着偏误。但作为基于数据的客观研究，此处的结果呈现还是忠于数据。另外，对照世界上其他国家，也很容易能找到基尼系数曾明显高出0.4的国家，这是市场经济发展到一定阶段时难以避免的结果，从整个经济发展进程来看，高基尼系数也是一个较为常见的现象。

市场经济环境下，人们的收入主要取决于各自的努力差异和劳动生产率水平，随着竞争程度的提升，一些勇于尝试和努力付出的人必然会从中获得更多的报酬，而那些缺乏技术和缺少努力态度的人，则必然会被拉开距离。现如今，有很多人在谈到收入差距时，往往会将贫富差距的原因归咎于一些非市场化因素，比如家庭背景、工作机会等，诚然，这些因素确实会造成收入差距，但总体上来看，收入差距还是源自市场因素。为了说明这一点，表3-3给出了排除一些非市场性因素后重新计算的家庭收入基尼系数。

表3-3　排除非市场性因素的家庭收入基尼系数

	总体	城市	农村
总体样本	0.61	0.56	0.60
排除公务员家庭样本	0.60	0.57	0.59
排除垄断性行业家庭	0.60	0.56	0.59
排除公务员和垄断性行业家庭	0.60	0.57	0.58

中国家庭金融调查与研究中心所发布的《中国家庭收入不平等报告》。

由该结果可知，无论是从总体来看，还是分城乡来看，在排除诸如垄断性行业家庭、公务员家庭等非市场化因素后，基尼系数也并未出现明显下降，这一定程度上说明那些被很多人所诟病的垄断性因素等并不是导致我国收入差距过大的主要原因，当前的收入差距仍属于市场化经济中的常态结果。事实上，根据前述表3-1的结果，东部地区的基尼系数最高，西部地区的基尼系数相对最小，这与不同地区的市场化发展水平密切相关，市场经济越发达的地区，基尼系数相对越高，一定程度上也说明了收入差距是市场有效配置资源的自然结果。

第二节 家庭收入的城乡差距与地区差距分析

改革开放40年来，我国经济快速发展，人民收入水平显著提升，我国正式进入中等收入国家行列，近年来的精准扶贫与乡村振兴战略也在很大程度上缩减了绝对贫困人口的数量。但是，我们在取得这些成就的同时，也应该清醒地认识到，我国经济快速增长所带来的红利并没在人民群众中均等共享，我国的贫富差距问题仍严重。根据瑞信研究院发布的《年度财富报告2015》，从绝对数量来看，我国的中产阶级人数居世界之首，达到1.1亿，但从相对比重来看，却只占全国总人口的11%，显著低于世界平均水平15.9%。整体来看，我国社会结构并非呈橄榄形分布，而更像是金字塔形，财富主要集聚在少数群体手中。尽管适度的贫富差距能够调动人民的积极性，提高人们的竞争意识，提升资源的配置效率，但过高的贫富差距却容易抑制消费和投资，激化阶层矛盾，甚至引发社会动乱，对经济平稳健康发展和社会长治久安极为不利。因此，贫富差距能否稳定在合理区间，关系到社会的安定与和谐，也关系到我国共享发展理念的推广与人民共同富裕的实现，无论是学界还是政府，都应该深入研究，并提出有效的缓解政策和措施。

一、城乡收入差距分析

改革开放以来，居民收入水平不断提高，人民的幸福感与获得感不断增强，但这种提升效应在城乡之间存在着较明显的差异。从绝对收入变化来看，城镇居民人均可支配收入从1979年的405元提高到2018年的32000元，农村居民家庭人均纯收入由1979年的160元提升到当前的11000元，城乡之间绝对收入差距已有245元扩大到21000元；从相对收入变化来看，城乡收入比已经由1979

年的 2.52 倍扩大到目前的 2.91 倍①，相对收入差距仍处在较高的位置。可喜的是，近年来我国城乡之间的相对收入比已出现下降态势，这一方面源自国家对农村地区扶持力度的加大，另一方面也可能源自人口结构的调整。近年来，农村人口呈现下降趋势，一部分农村人口向城市转移，转移的这部分人口在城市并未获得较高收入，一定程度上拉低了城镇居民的人均可支配收入，使得原先的城乡收入差距有所下降。

长期以来，我国城市与农村二元经济结构并存，城乡由于市场化水平、资源禀赋、政策制度等方面均存在着明显的差异，导致城乡家庭的收入结构明显不同。使用中国家庭金融调查数据统计分析发现（如图 3-3 所示），城市家庭主要依靠工资性收入，其比重达到 47.8%，其次为转移性收入、工商业经营收入和投资性收入。农村家庭的主要收入来源是农业经营收入，在家庭总收入中的占比达到 36.4%。城乡在转移性收入和工商业经营收入方面差异较小。

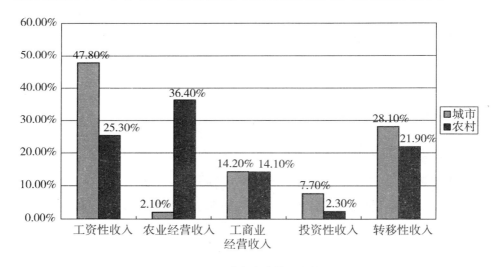

图 3-3 城乡家庭收入结构

数据来源：《中国家庭金融调查报告》。

正是因为城乡收入结构方面存在差异，也导致了城乡家庭间收入差距非常明显，表 3-4 给出了我国城乡家庭的收入构成比较。平均来看，城市家庭的年收入是农村家庭年收入的 2.5 倍多，区分收入来源来看，城市家庭的工资性收入是农村家庭的 3.80 倍，这主要是因为大多数城市家庭往往拥有固定工作，而

---

① 数据来自于历年《中国统计年鉴》。

农村家庭则主要依赖于农业生产，并没有获得工资的太多途径。从工商业经营收入的城乡差异来看，由于城市家庭中从事工商业经营的比例更高，企业规模也可能更大，从而在工商业经营收入方面，回报率也显著高于农村地区的工商业经营者。另外，城市家庭可能受教育程度更高，投资理财意识更浓，同时城市地区的金融发展程度也更高，这些都为城市家庭获得投资性收入提供了条件，农村家庭则往往主要借助于银行或信用社的存款来进行投资，因此回报率相对更低。从转移性收入层面来比较，由于城市地区的社会保障覆盖率更高，城市家庭的社会保障更健全，从而在诸如养老金、退休金、住房公积金等方面，城市家庭拥有率更高，而对于农村家庭而言，这些都是一些新鲜的名词而已。以养老金为例，与城市相比，农村养老保险覆盖率很低，社会保障水平也很低。根据《中国家庭金融调查报告》中所给出的数据，2010 年农村户口居民的养老保险覆盖率仅为 34.5%，而同年度城市户口居民的养老保险覆盖率则达到87.0%，两者相差悬殊。进一步地，即使比较那些拥有养老金的城乡家庭，也可以发现领取了养老保险和退休金的城市家庭的年退休、养老金收入为 3.3 万元，而农村家庭则只有 1.2 万元。最后，在节假日及婚丧嫁娶的礼金收入方面，城乡差异相对较小，这说明不管城市还是农村，人情往来都是一个普遍的现象。

表 3 - 4 　中国城乡家庭的收入构成比较

	城市家庭	农村家庭	城市相对农村的倍数
平均年收入	71515	28392	2.52
工资性收入	26723	7028	3.80
生产经营收入	21502	15346	1.40
——农业经营收入	1294	9177	0.14
——工商业经营收入	20208	6169	3.28
投资性收入	5667	654	8.67
转移性收入	17623	5365	3.28
——退休金、养老金、住房公积金、困难补助	13341	2423	5.51
——用以婚丧嫁娶及节假日等方面的礼金收入	4282	2931	1.46

甘犁《来自中国家庭金融调查的收入差距研究》，《经济资料译丛》2013 年第 4 期。

城乡经济发展不平衡是导致城乡收入差距的重要原因，同时城乡之间所存在的教育资源、医疗资源、就业机会、公共投入等方面的不均等，也是引致城乡收入差距扩大的重要机制。可喜的是，近年来，城乡区别正在逐渐弱化，比如城镇化进程在进一步加快，农民工可以在城乡间自由流动，城乡户口政策也在松动等。

二、地区收入差距分析

从贫富差距的构成来看，地区间收入差距是我国收入差距扩大的主要表现形式之一。改革开放40年来，政府通过诸如西部大开发、中部崛起、东北振兴等战略，一定程度上缩小了地区间的贫富差距，但由于东中西部地区之间，在市场化水平、资源禀赋等方面存在较大差别，因此地区间收入差距并没有得到根本性改善，东部最发达地区的人均收入比西部贫困地区人均收入水平高出8万元以上，而且随着市场进程的推进，地区间收入差距越来越趋于复杂化。长远来看，不断演化的地区贫富差距对我国整体经济发展和共同富裕目标的实现会产生较大的阻碍作用，需要制定更有效的政策来缓解这种差距的进一步扩大。

使用中国家庭金融调查数据测算发现（结果如表3-5所示），东部地区家庭的收入水平显著高于中西部地区家庭，中部地区和西部地区家庭之间的收入差距相对较小。平均来看，东部地区家庭收入是中部地区家庭收入的2.88倍，是西部地区家庭收入的2.76倍。区分收入类型比较可知，市场经济发展速度更快的东部地区，在家庭工资性收入、工商业经营收入及投资性收入等方面都显著高于中西部地区。这在一定程度上再度印证了前述结论，即收入差距是市场经济发展差异所带来的必然产物，是市场进行资源配置的自然结果。

表3-5　中国家庭收入的地区比较

	东部	中部	西部	东部/中部	东部/西部
平均年收入	73228	25408	26567	2.88	2.76
工资性收入	26405	7209	7402	3.66	3.57
生产经营收入	25380	10000	10878	2.54	2.33
农业经营收入	3518	4736	8480	0.74	0.41
工商业经营收入	21862	5264	2398	4.15	9.12
投资性收入	5623	696	649	8.08	8.66
转移性收入	15820	7504	7639	2.11	2.07

续表

	东部	中部	西部	东部/中部	东部/西部
退休金、养老金、 住房公积金、困难补助	11577	4165	5119	2.78	2.26
用以婚丧嫁娶及节假日等 方面的礼金收入	4243	3338	2519	1.27	1.68

甘犁《来自中国家庭金融调查的收入差距研究》,《经济资料译丛》2013 年第 4 期。

　　针对不同地区的家庭收入结构,图 3－4 列示了工资性收入、农业经营收入、工商业经营收入、投资性收入和转移性收入占总收入的比重在东中西部地区之间的差异,从中可以发现东部地区的工资性收入占比显著高于中西部地区,西部地区的家庭中农业经营收入占比更明显,说明西部地区中,第一产业还是占据着主导地位,产业结构尚有待进一步调整。同时,从该结果可以看出转移性收入占比在东中西部地区家庭中的差异相对较小。

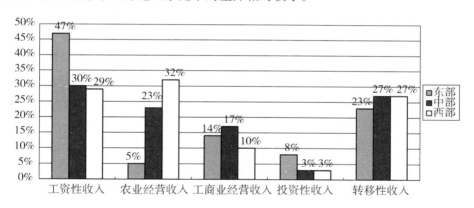

图 3－4　不同区域家庭收入结构

数据来源:《中国家庭金融调查报告》。

　　东部地区由于市场化程度更高,加之各种政策相对完备,所以无论是优质劳动力还是优质企业资源都愿意竞相流向东部地区寻根,这使得中西部地区对人力物力的吸引力被弱化,最终引起地区间贫富差距的扩大。从上述结果比较来看,工商业经营收入、投资性收入和工资性收入是引致东中西部地区之间收入差距过大的主要原因。明确地区收入差距的原因,有助于制定精准化政策来缩小这种差距,为了改善目前地区收入差距,政府应进一步引导资源,为中西部地区提供更多的政策机会,吸引更多的资源向中西部地区转移,同时,也需要搭建畅通的资源流动渠道，缩短地区的时空格局，积极支持东部地区的先进产业在中西部地区开设分厂，通过多种举措竭力缩小地区间收入差距，这对于平衡整体经济发展，优化宏观经济结构具有深远意义。

第三节　我国家庭财产分布现状

当前，我国家庭财产分布总体上差距较大，财富主要集中在少数群体手中，大多数家庭的财产类别较为单一。按照中国家庭金融调查中心所发布的报告，2010 年我国家庭总体财富净值的均值为 66 万元，中位数却只有 2.4 万元，分城乡来看，城市家庭净财富均值为 147 万元，中位数也只有 3.3 万元，在农村家庭内部，前者接近 12 万元，中位数则仅为 2 万元（如图 3 - 5 所示），均值和中位数之间的这种悬殊差异恰说明了我国家庭间财产分布存在着很大的不均。

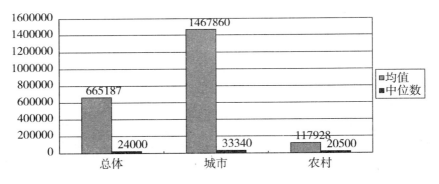

图 3 - 5　家庭财富净值的分布

数据来源：根据中国家庭金融调查数据统计测算所得。

根据中国家庭金融调查数据，财富处在 90% 以上分位数的家庭所拥有的财富占全社会总财富的比例高达 86.69%，城市地区中该比例更高，达到 89.52%，也就是说，财富最高 10% 的家庭占有社会总财富的 89.52%（如图 3 - 6）。目前，该中心又发布了《中国财富报告：展望与策略》，报告指出当前我国收入位于前 1% 分位数的家庭所拥有的平均年收入为 115 万元之多，总资产位于前 10% 的家庭占有全部总资产的近 64%。这些最新数据依然表明我国收入差距和财产分布差距已处于非常悬殊的境地。

为了更加清楚的了解当前我国家庭的财产分布状况，结合中国家庭金融调

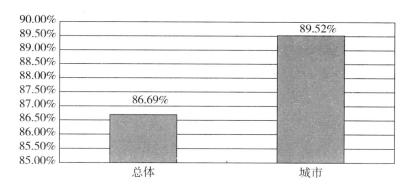

图 3 - 6　处于财富 90% 分位数水平的家庭财富占社会总财富的比重

数据来源:《中国家庭金融调查报告》。

查在 2011 年和 2013 年的调查数据,表 3 - 6 给出了家庭财产的基尼系数,从计算结果来看,2011 年我国家庭总财产基尼系数为 0.761,城市家庭财产基尼系数为 0.737,农村家庭财产基尼系数为 0.697。2013 年我国家庭财产基尼系数相对有所下降,全国基尼系数为 0.717,城市家庭财产基尼系数为 0.681,农村家庭财产基尼系数为 0.675。比较来看,农村家庭总财产差距相较于城市家庭来说,降低幅度略小。如果考虑剔除家庭债务后的家庭净财产差距,无论是总体、城市还是农村,净财产基尼系数都明显高于总财产基尼系数,另外,对比 2013 年城乡净财产差距可以发现,农村家庭净财产基尼系数略高于城市家庭,同时随着时间推进,城市和农村地区净财产不均都略有好转,且城市家庭间净财产差距缩减更为明显。

表 3 - 6　2011 年和 2013 年中国家庭财产基尼系数

	2011			2013		
	总体	城市	农村	总体	城市	农村
家庭总财产	0.761	0.737	0.697	0.717	0.681	0.675
家庭净财产	0.780	0.755	0.718	0.732	0.693	0.704

数据来源:《中国家庭财富的分布及高净值家庭财富报告》

　　为了进一步区分家庭财产差距的形成原因,下面将分别针对家庭金融资产分布、家庭非金融资产分布和家庭负债分布,进行更为细致的比较和讨论。一般来说,家庭金融资产包括活期存款、定期存款、银行理财产品、股票、债券、基金、金融衍生品、黄金和外国货币等;非金融资产包括房产、土地、工商业经营资产、车辆及其他耐用产品等。

为了直观的说明家庭金融资产和非金融资产的分布状况,图3-7给出了利用中国家庭金融调查数据所计算的,各类资产位于最高10%分位数的家庭中,其资产占社会对应总资产的比重。由该结果可知,金融资产最高的10%家庭所拥有的总金融资产价值占全社会总金融资产价值的比重超过了60%,非金融资产拥有量最高的10%家庭所拥有的非金融资产占全社会非金融资产总量的比重高达88.72%,这说明非金融资产分布不均比金融资产分布不均更为严重。

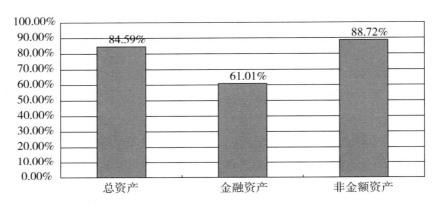

图3-7 处于各资产90%分位数水平的家庭资产占社会总资产的比重

注:此处非金融资产未包含家庭住房,如果包含住房,则非金融资产差距将更明显。

数据来源:根据中国家庭金融调查数据统计测算所得。

一、家庭金融资产分布现状

从上述内容已经发现,我国家庭金融资产总量中的近三分之二都掌握在资产拥有量最高10%的家庭手中,金融资产分布不均非常明显。为了进一步比较城乡不同家庭的金融资产分布状况,图3-8给出了我国家庭金融资产分布的均值和中位数对比,由该结果可知,当前,我国家庭金融资产均值为6.38万元,对应中位数仅为0.6万元,两者相差异常悬殊。区分城市和农村分别来看,城市家庭金融资产均值为11.2万元,对应中位数为1.65万元,均值是中位数的6.79倍;农村家庭金融资产均值为3.1万元,中位数为0.3万元,二者相差依然悬殊。这个结果说明,无论城市还是农村,家庭间金融资产分布都极为不均,而且这种金融资产差距在城乡间也很明显,城市家庭金融资产均值是农村家庭金融资产均值的3.6倍,中位数相差5.5倍。

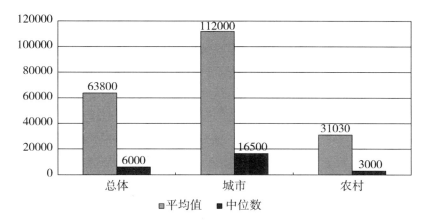

图3-8 家庭金融资产分布

数据来源：根据中国家庭金融调查数据统计测算所得。

考虑到我国金融市场起步较晚，金融产品种类尚不完备，加之金融作为一个较为专业的名词，在家庭中的熟识度并不高，因此有必要对目前我国家庭的金融资产配置类型加以统计说明。图3-9给出了这个结果。从该统计结果来看，在我国家庭金融资产构成中，银行存款占比最高，达到57.75%，也就是说家庭中有超过一半的金融资产是以银行存款形式持有。现金持有比重达到17.93%，这可能与人们的投资意识不强、金融理念不充分有关，相对于持有不

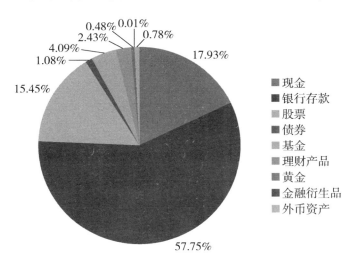

图3-9 中国家庭金融资产配置类型

数据来源：《中国家庭金融调查报告》。

熟悉的高风险金融产品，人们更愿意持有现金，尽管可能损失了一定的投资收益，但因为手中持有现金，也免去了投资风险带来的隐忧。除了这两种主要的资产持有方式外，也有一些其他的资产配置方式，分别是股票投资占15.45%，基金配置占4.09%，银行理财产品占2.43%，债券购买占1.08%，外币资产持有占0.78%，黄金占0.48%，金融衍生品投资只有0.01%。从该金融资产构成可以看出，目前我国家庭中的大部分资产都是以无风险形式持有，仅有少部分家庭会配置一些风险类型较高的资产。

家庭间金融资产差距过大的原因很多，其中原因之一在于不同家庭的知识背景、金融理念及风险偏好不同，所以对金融市场的参与存在差异。根据经典金融理论，所有投资者都应将其所拥有财富的一定比例配置到风险资产中，配置比例的差异只与自身的风险偏好有关（Markowitz，1952；Tobin，1958；Sharpe，1964；Samuelson，1969）。然而，现实却与理论相差甚远，现实中，很多家庭都不愿投资股票，据我国调查数据显示，仅有8.85%的家庭参与股市，对于美国这样的发达国家，其股票参与率也仅为50%左右。即使那些参与股票投资的家庭也并非持有市场中所有类型的股票，现实中家庭风险资产投资比例远低于理论上的最优风险资产持有比，这就是金融学中所谓的股票市场"有限参与之谜"。已有实证研究也表明，实际家庭资产配置与传统资产选择理论存在很多不一致。为了说明这一点，图3－10考察了我国家庭金融市场的参与分布，从中可知，当前家庭股票市场参与率仅为8.84%，基金市场参与率为4.24%，银行理财产品参与率为1.10%，债券买卖参与率只有不到0.8%，而对于产品类

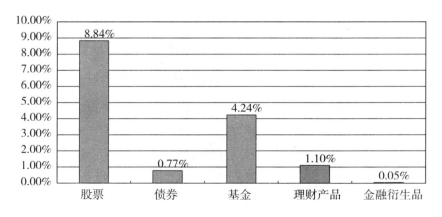

图3－10　中国家庭金融市场参与分布

数据来源：根据中国家庭金融调查数据统计测算所得。

型更为复杂的金融衍生品，家庭参与投资的比例仅有 0.05%。当然，考虑到我国金融市场地区差异较大，金融产品知晓率低，这样的分布结果仍较为符合我国基本现实。

事实上，家庭金融市场参与率低与我国大多数家庭都不太愿意承受风险有关，一般来说，风险偏好越高的家庭，参与金融市场的动机也相对越大。以股票市场参与为例，图 3-11 给出了户主风险态度不同的家庭，参与股票投资的相对比重。由此可知，户主风险偏好型的家庭中，约有 20.29% 的股票参与度，户主风险中性的家庭中会有 11.54% 的家庭选择参与股市，而户主厌恶风险的家庭中，仅有 5.36% 的家庭愿意参与股市，这与户主风险偏好型家庭相比，参与率低了近 15%。

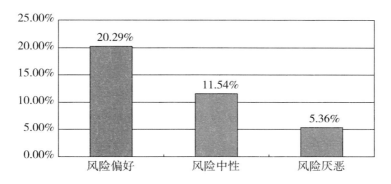

图 3-11　户主风险类型与股市参与

数据来源：《中国家庭金融调查报告》。

进一步地，对于那些参与股票投资的家庭来说，不同家庭在股票投资中的回报率差异也颇为明显（如图 3-12）。总体来看，从股票投资中获得盈利的家庭仅占股市参与全部家庭的 22.17%，21.82% 的股票投资者能维持盈亏平衡，而超过一半以上的家庭在股票投资中处于亏损状况。分别针对城市炒股家庭和农村炒股家庭来看，结论与此基本一致。换言之，在股票投资中，约有 80% 左右的家庭并未获得超额收益，仅有 20% 的家庭能够从中获利，这也与股票投资活动中常说的"二八法则"较为符合。

考虑到股票投资是除了银行储蓄存款外，目前家庭参与金融市场最主要的方式，因此有必要再进一步考察一下有关股票投资收益差距的问题，众所周知，股票投资收益与股市参与经验（即股龄）密切相关，一般来说，参与股市投资的年限越长，积累的股票买卖经验越丰富，在股票选择与买卖时机把握上的准确率也相对越高，从而从股票投资中获得盈利的概率也越高。为了证实这一点，

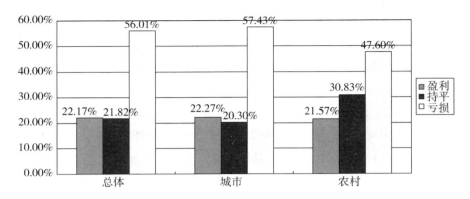

图3-12 中国家庭炒股盈亏分布

数据来源：根据中国家庭金融调查数据统计测算所得。

图3-13考察了年龄与炒股盈亏的相对比例分布。由该结果可知，青年型投资者炒股盈利比例相对较低，仅为16.14%，中年型投资者炒股盈利比例为23.71%，老年型投资者炒股盈利比例最高，达到30.3%；比较三者的亏损分布来看，老年型投资者炒股亏损的比例最低，为50.51%，均低于青年型投资者和中年型投资者。总体而言，随着投资者股市参与年龄增长，股市赚钱效应呈增

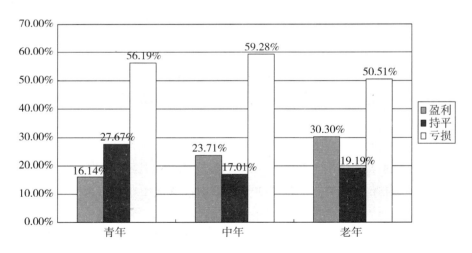

图3-13 年龄阶段与炒股盈亏分布

注：此处的年龄阶段划分为：35岁以下为青年；35~59岁为中年；60岁及以上为老年。

数据来源：根据中国家庭金融调查数据统计测算所得。

长趋势。

二、家庭非金融资产分布现状

　　根据前述分析已知，相较于金融资产差距，我国的非金融资产分布不均更为严重。下面将分别针对家庭在房产、工商业经营资产及汽车拥有情况等方面的情况分别加以比较分析。

　　图 3 - 14 是基于中国家庭金融调查数据，所统计的我国家庭自有住房拥有情况。从中可以看出，总体上在接受调查的 8438 户家庭中，有 7566 户家庭拥有自有住房，房屋拥有率接近 90%，城市家庭自有住房拥有率较低，为 85.39%，14.61% 的受访者家庭在城市租房居住，农村家庭自有住房率较高，达到92.60%。分区域来看，中部地区家庭住房拥有率高于东部地区住房拥有率，这与东部地区房价相对更高有关。从其他国家平均住房拥有情况来看，美国家庭自有住房拥有率为 65%，日本家庭自有住房拥有率为 60%，世界平均住房拥有率为 63%。① 这样比较来看，我国家庭自有住房拥有率情况还是颇为乐观。

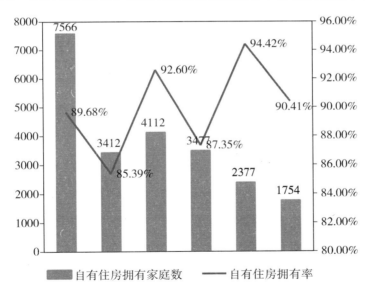

图 3 - 14　中国家庭自有住房情况

数据来源：根据中国家庭金融调查数据统计测算所得。

---

　　①　数据节选自《中国家庭金融调查报告》。

从家庭工商业经营企业拥有量来看，总体上我国家庭拥有工商业经营项目的比重较高，占比达到14.06%，高于同期美国比例7.2%。分城市和农村来看，城市家庭中有12.44%的拥有工商业经营项目（包括个体工商业），农村家庭中该比例为15.16%（见表3-7）。

表3-7　家庭工商企业拥有情况

	企业拥有户数	企业拥有比例
总体	1180	14.06%
城市	497	12.44%
农村	673	15.16%

数据来源：根据中国家庭金融调查数据统计测算所得。

近年来，国家倡导"大众创业，万众创新"，政策上出台了系列政策鼓励人们开展创业，尤其是对于受教育程度较高的群体，创新创业的政策环境和扶持条件相对更为宽松和优惠。受教育水平确实对于家庭从事农业或工商业经营活动发挥着重要作用。从调查数据来看，选择从事工商业经营的家庭中，其户主受教育年限在9.8年，高于那些未从事工商业经营家庭的户主受教育年限，后者仅为8.5年。同时，户主受教育年限也与家庭工商业经营的资产价值存在明显的正相关关系（如图3-15）。对工商业经营资产位于最低20%分位数水平的

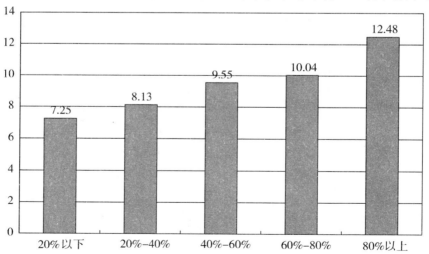

图3-15　不同工商业经营资产分位数水平处户主受教育年限分布

数据来源：《中国家庭金融调查报告》。

家庭，户主平均受教育年限只有 7.25 年，随着户主受教育年限的增加，其家庭工商业经营的资产也随之有所上升，对家庭经营资产价值处在 60% ~ 80% 分位数水平的家庭，其户主受教育年限达到 10 年以上，经营资产位于最高 20% 的家庭，户主平均受教育年限达到 12.48 年。可能的原因是，受教育程度越高，经营决策和投资选择会更为理性，对风险的认知也会相应越清晰，从而在经营方面的收益率会相对较高，这在已有的相关研究中已经有所体现，同时，这个结论也较为符合经济实际和人们的基本直觉。

从家庭汽车拥有情况来看，总体上我国汽车拥有率相对较低，只有 16.37% 的家庭拥有自有汽车，这与发达国家相比，差距颇大。城市家庭的汽车拥有率高于农村家庭，但也只有 22.89%，亦即每 100 个城市家庭中，只有 1/5 的家庭购买了汽车（如表 3 - 8 所示）。

表 3 - 8　中国家庭汽车拥有情况

	汽车拥有户数	汽车拥有率（%）
总体	1381	16.37%
城市	915	22.89%
农村	529	11.92%

数据来源：《中国家庭金融调查报告》。

从家庭对汽车品牌的选择来看，在市占率排名前十的汽车品牌中，有六个属于国外品牌，依次为大众（7.35%）、丰田（5.69%）、别克（4.25%）、现代（3.90%）、长安、本田、东风、五菱、奇瑞、福特等。

三、家庭负债分布现状

当前，资产分布不均已引起人们的诸多关注，事实上，我国家庭间负债分布不均也是一个很重要的问题。具体而言，负债主要包括家庭住房负债、农业及工商业经营负债、汽车等耐用品负债、教育负债、医疗负债、信用卡负债及其他民间借款等。根据中国家庭金融调查数据，在受调查样本中，总体负债家庭占比达到 38.22%（如图 3 - 16 所示），城市家庭负债比例为 35.16%，农村家庭负债比例高达 40.31%。从家庭资产负债率①视角来看，总体上家庭资产负

---

① 家庭资产负债率 = 家庭负债总额/家庭资产总额 × 100%，该比率越高，表明家庭债务负担越大。

债率为 4.76%，农村地区家庭资产负债率更高，达到 9.81%，是城市家庭资产负债率的 2 倍之多，因此，农村家庭负债是一个更需要关注的问题。同时，城乡家庭负债结构有较大差异，城市家庭负债主要集中在住房贷款和购车贷款上，而农村家庭负债则主要体现为教育负债和医疗负债。

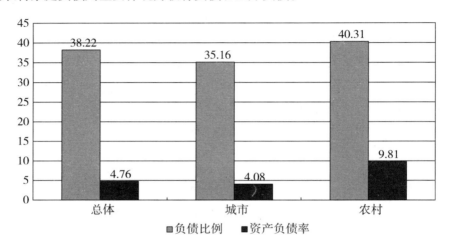

图 3 - 16　中国家庭负债占比与资产负债率统计

数据来源：根据中国家庭金融调查数据统计测算所得。

从家庭负债的绝对值来看，总体家庭负债额达到 6.25 万，城市家庭负债金额更高，将近 10.1 万之多，虽然农村家庭负债金额相对较少，但由于其负债额占家庭总资产的比重更高，因此比较看来，农村家庭的负债问题更为严重（如图 3 - 17）。

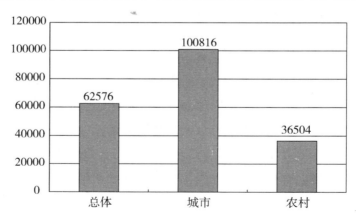

图 3 - 17　中国家庭平均负债情况（单位：元）

数据来源：《中国家庭金融调查报告》。

从住房负债比较来看，城市中有14%的家庭因为购买住房而选择向银行贷款，另有8%的家庭通过银行以外的其他渠道（主要是通过向父母亲友借款）融资购买住房。从借款规模来看，城市家庭住房贷款平均总额为29万元，占家庭总负债额的48%；农村家庭因建房购房的借款平均总额为12万元，占家庭总债务的32%，相较于城市家庭，农村家庭的住房负债还不是其主要负担所在。

为了说明房贷对哪个年龄段的群体压力最大，图3-18给出了户主不同年龄段的家庭住房贷款压力比较，从中容易看出，房贷压力对于30~40岁的群体来说最为严重，这些群体的贷款期限相对较长，房贷总额占其家庭年收入的比重颇大，加之对于这个年龄段的群体来说，上有父母、下有儿女，职称、职务偏低，各种压力聚集，因此可以说是最累的一组群体。随着年龄增长，家庭财富状况慢慢得以改善，房贷对家庭的压力也逐渐降低。

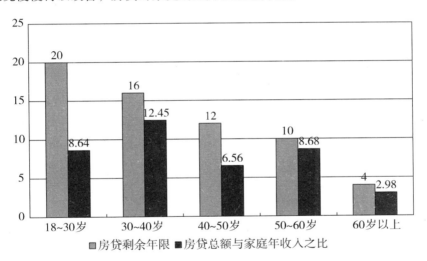

图3-18 不同年龄段户主的房贷压力比较

数据来源：《中国家庭金融调查报告》。

图3-19给出了不同家庭收入水平下住房贷款压力比较结果，由该结果可知，收入处在最低25%分位数下的家庭，其房贷总额是其家庭年收入的35.65倍，也就是说对这类群体，即便不吃不喝，将所有的收入都用于偿还房贷，也需要近36年方可还清贷款。但事实上，银行针对住房贷款的最长期限也才只有30年，对于这类家庭，压力何等残酷可想而知。目前"房奴"已成为中国最普遍的一种现象，许多家庭为工作疲于奔命，却不敢消费，不敢生病。住房瓦解了消费这架本应该拉动经济增长的马车，这对于我国整体经济发展是极为不利

的，因此需要引起政府及更多学者的关注。

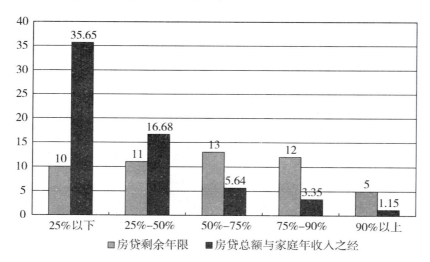

图 3 - 19　不同收入分位数水平下家庭房贷压力比较

数据来源：《中国家庭金融调查报告》。

从家庭经营负债方面来看，城市地区从事农业生产经营的家庭中约有
9.47%拥有经营性借款，从事工商业经营的家庭中约有 12.81% 向银行申请了经
营性借款，那些既有农业生产经营业务，又有工商业经营业务的家庭中，有
20.25%的家庭负有经营性债务。农村地区中，仅从事农业经营的家庭中有
5.84%向银行申请了借款，仅从事工商业经营的家庭中有 9.83% 拥有经营性债
务，既有农业经营又有工商业经营业务的家庭中，约有 15.56% 拥有经营性借款
（具体如图 3 - 20）。

进一步地，对于那些从事农业或工商业却没有银行贷款的家庭，其中约有
75%不需要银行贷款，约 19% 的家庭需要银行贷款。在这些需要借款的家庭中，
其中 15% 的家庭没有提出申请，而约 4% 的家庭虽提出申请但被银行拒绝。就
没有提出贷款申请的原因而言，无论农村家庭还是城市家庭，都将未提出贷款
申请的主要原因归结为"估计申请后不会获批"，分别占 52.5% 与 41.4%。其
他原因包括"申请过程麻烦"和"其他"原因。仅 13.02 % 的农村家庭与
10.34%的城市家庭将未提出贷款申请的原因归咎于"不知道如何申请"。那些
向银行提出过贷款申请但却被拒的家庭，和那些由于害怕申请被拒绝而未提出
申请的家庭均在一定程度上面临着信贷约束，两类家庭占所有从事农业或工商
业经营家庭的 10% 左右（具体见下表 3 - 9）。

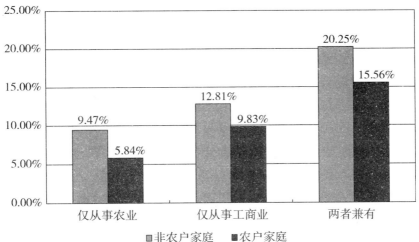

图 3 - 20　不同类型家庭拥有银行贷款的数量占比

数据来源：《中国家庭金融调查报告》。

表 3 - 9　无银行贷款家庭原因分析

需要银行贷款 （占比 18.89%）	没有提出贷款申请 （占比 14.8%）	估计申请后不会获批	农村家庭占 52.5% 城市家庭占 41.4%
		申请过程麻烦	农村家庭占 18.56% 城市家庭占 21.45%
		其他原因	农村家庭占 15.92% 城市家庭占 26.81%
		不知道如何申请	农村家庭占 13.02% 城市家庭占 10.34%
	提出申请但被拒绝 （占比 4.1%）		
不需要银行贷款 （占比 75.03%）			

数据来源：根据中国家庭金融调查数据统计测算所得。

从教育负债方面来看，城市家庭在教育上的负债比例较低，而农村家庭的教育负债则很高，77.88% 的农村家庭在教育方面负有银行借款，是城市家庭的 3.5 倍之多。此外，为了子女教育，农村地区有 67.37% 的家庭在亲朋好友或其他非银行机构中欠有借款，而城市家庭因教育通过该类渠道借款的比例只有32.63%（见图3-21）。

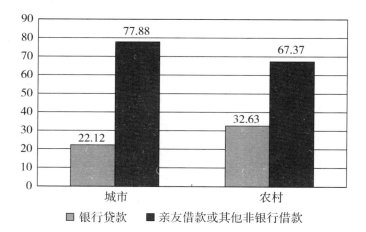

图3-21 教育负债城乡分布

数据来源：根据中国家庭金融调查数据统计测算所得。

需要指出的是，家庭在教育方面的负债多少与学龄子女的学历层次相关，如果子女只是在高中及以下阶段学习，那么家庭在教育方面的负债比例就较低，只有3.65%的家庭会选择借助银行来获取教育贷款，18.62%的家庭会通过亲友或其他非银行机构借款；若子女就读于大专及以上层次，由于学费及生活费压力更大，所以会有相对较多的家庭选择从银行贷款，这个比例在10.6%左右，还有近25%的家庭会为此选择向亲友或其他非银行机构借款。

表3-10 不同学历层次水平上教育方面的银行贷款或其他非正规借款占比

		无负债家庭比例	有负债家庭比例
银行贷款	高中及以下学历	96.35%	3.65%
	大专及以上学历	89.43%	10.57%
亲友借款或 其他非银行借款	高中及以下学历	81.38%	18.62%
	大专及以上学历	74.69%	25.31%

数据来源：根据中国家庭金融调查数据统计测算所得。

从信用卡负债方面来看，目前信用卡较为普遍的适用于城市地区，而在农村家庭中，信用卡的普及及使用度都很低，因此，信用卡负债主要会出现在城市家庭中。就信用卡的使用目的来看（如图3-22），61.26%的持有者是为了便利日常支付，用于提前消费或透支使用的用户占比只有24.16%，为了享用信用卡免息期而持有信用卡的用户占比只有10.15%。在信用卡的还款方式选择上，超过85%的用户都会提前偿还或到期全额偿还。就信用卡使用过程中的负债情况来看，只有22%的用户曾有过使用信用卡预借现金的经历，总体上，信用卡每月户均欠款额很低，仅有1000元左右，因此，目前来看，信用卡负债并非常态性负债类别，对家庭所形成的债务压力也非常小。

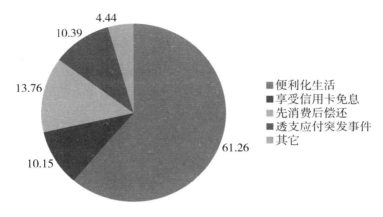

图3-22 信用卡使用目的统计

数据来源：《中国家庭金融调查报告》。

第四节 家庭财产的城乡差距与地区差距分析

除收入差距以外，财产差距也是贫富差距的重要表现形式之一，近年来随着财产逐步向少数人手中聚集，财产不平等对贫富差距的影响也变得越来越重要。根据北京大学发布的《2015中国民生发展报告》，我国顶端1%的家庭占有了全国总财产量的三分之一，最低端25%的家庭所拥有的财产量仅为全国总财产量的1%。在胡润中国富豪榜中，前725名的财富之和达到99350亿元。是我国当年GDP总量的14.5%。同时，根据《2016年中国家庭财富调查报告》，房产在居民财富中的比重越来越高，房产净值占到全国家庭人均财富的65.61%。近年来，随着房地产价格，尤其是一线、二线城市房地产价格的快速攀升，我国贫富差距分化愈加明显，这种分化不仅表现在有房家庭和无房家庭之间，还体现在不同城市之间，高昂的房价提前透支了买房者的未来收入，使得大多数购房者沦为"房奴",陷入长期贫困。除此之外,金融资产对财产差距的扩大作用也非常明显,目前已出现金融资产逐步向高收入群体集中的趋势,富者越富,穷着越穷的情况已经开始凸显。根据《中国民生发展报告》,我国财产基尼系数逐年走高,已经从 1995 年的 0.45 演化到近年来的 0.75 左右,财产差距已经明显超过了收入差距。

一、城乡财产差距分析

近年来,随着居民收入水平不断提升,家庭财产逐步积累的越来越多,加之人们的投资理财意识也不断增强,各种利息收入、股息与红利收入、房屋租金收入以及其他投资收入等财产类收入大幅增长,成为城乡家庭收入的新型增长点。前述内容揭示出当前我国家庭财产差距确实较为严重,那城乡之间的财产差距又如何呢?表 3 – 11 列出了中国城乡家庭资产负债表,从中可知,平均来说城市家庭金融资产为 11.17 万元,非金融资产为 145.69 万元,城市家庭平均资产合计为 156.86 万元,同期城市家庭负债总额为 10.18 万元,由此可计算出城市家庭的户均财富净值为 146.78 万元。对农村家庭来说,其户均金融资产仅为 3.1 万元,非金融资产为 12.34 万元,户均资产合计为 15.44 万元,同期农村家庭户均负债总额为 3.65 万元,所计算的农村家庭户均财富净值为 11.79 万元。对比可发现,城市家庭户均财富净值是农村家庭户均财富净值的 12.45 倍,这充分显示出城乡家庭之间财产差距非常明显。

表 3 –11　中国城乡家庭资产负债表（单位：元）

资产		负债	
金融资产	111714	负债	100815
非金融资产	1456961		
城市家庭：	净值 = 资产 – 负债 = 1467860 元		
资产		负债	
金融资产	30996	负债	36504
非金融资产	123436		
农村家庭：	净值 = 资产 – 负债 = 117928 元		

数据来源：根据中国家庭金融调查数据统计测算所得。

从城乡家庭住房拥有情况来看（如图 3 – 23），城市家庭中拥有一套自有住房的比例为69.05%，拥有两套住房的比例为15.44%，拥有三套及以上自有住房的家庭比例为3.63%；相较而言，农村家庭中拥有一套自有住房者达到80.42%，拥有两套住房的比例为12.2%，拥有三套及以上住房的家庭占比为2.1%，当然，城市家庭的住房大多属于商品房，农村家庭的住房大多属于自建住房，住房市场价值相差较大。

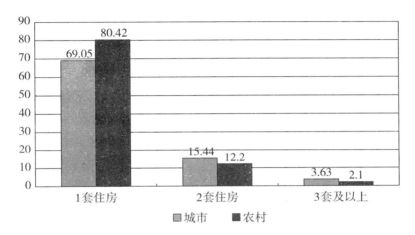

图3-23　城乡家庭住房拥有量情况（单位：%）

数据来源：《中国家庭金融调查报告》。

从城乡家庭人均住房面积来看（见图3-24），城市地区人均建筑面积为38.89平方米，人均套内使用面积为33.76平方米；农村地区人均建筑面积和人

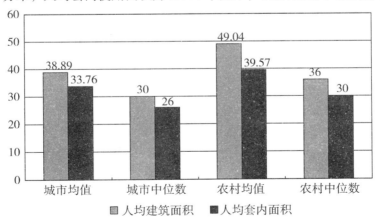

图3-24　城乡家庭人均住房面积（单位：平方米）

数据来源：《中国家庭金融调查报告》。

均套内面积分别为 49.04 平方米和 39.57 平方米,略高于城市均值,但仅从住房面积来看,我国城乡家庭差距不明显。国家统计局数据也显示,2016 年全国居民人均住房建筑面积为 40.8 平方米,比较来看两种统计数据差异不大。当然,很多人会认为使用均值来说明家庭住房面积,存在着明显高估,中位数是相对更易接受的指标。从图 3 - 24 统计结果来看,城市家庭人均建筑面积中位数为 30 平方米,人均套内面积中位数为 26 平方米,农村家庭人均建筑面积中位数为 36 平方米,人均套内面积中位数为 30 平方米。比较看来,中位数确实小于对应均值面积。根据民生证券最新发布的统计数据,尽管我国人均住房面积相对发达国家来说确实偏低(美国人均住房面积为 65.03 平方米、英国人均 49.4 平方米、德国和法国人均 40 平方米,日本人均 33 平方米,韩国人均 28 平方米),但考虑到我国近十四亿的总人口,能达到这个值对于很多家庭来说已经非常满足了,如按三口之家来计算,一个家庭平均也能拥有 100 多平方米的房子,是标准的三室两厅格局。当然,现实的情况可能并没有如此乐观,因为此处数据是平均所得,事实上住房面积在不同收入群体之间还是相差非常悬殊。

虽然从住房拥有量和人均住房面积上来看,城乡家庭差距并不明显。但如果按照房屋价值来比较,那么城乡之间的差距就非常突出了。表 3 - 12 给出了城乡家庭各套住房购房均价与现值均价。对城市家庭来说,第一套住房的购买价格均值为 19.1 万元,第二套住房购买均价为 39.33 万元,对于拥有三套住房的城市家庭而言,花在第三套房屋上的均价约为 62 万元,这主要是因为第一套住房购买时间较早,随着时间推移,商品房市场价格整体走高,导致花在二套房、三套房上的成本有所攀升。当然,房价走高对于提升房屋价值来说也非常明显,对于城市家庭所拥有的第一套住房来说,与购买价格相比,房屋现值已经是最初购买价格的 4.4 倍,即使对于购买年份较近的第三套房,其价值增值也已将近翻了两倍,说明这些年来,我国住房投资收益确实非常客观。对于农村家庭来说,第一套住房的平均成本价格为 6.28 万元,第二套住房购置均价为 16.39 万元,第三套住房的购买均价为 22.75 万元。从房屋成本价格来比较,农村家庭住房购置价格远低于城市家庭住房价格,从房屋价值增值幅度来看,虽然近年来农村家庭住房增值也颇为明显,但与城市家庭房屋价值相比,增值幅度还是相对偏低,事实上,这也是引致城乡家庭财产差距不断扩大的重要原因。

表 3-12　城乡家庭购房价格与房屋现值比较（单位：万元）

	城市家庭			农村家庭		
	第一套	第二套	第三套	第一套	第二套	第三套
购买价格	19.1	39.33	62.03	6.28	16.39	22.75
房屋现值	84.1	95.67	122.01	18.34	31.68	40.34
增值倍数	4.40	2.43	1.97	2.92	1.93	1.77

数据来源：《中国家庭金融调查报告》。

上述分析已经阐明了当前我国城乡家庭财产差距的分布现状，差距过大的主要原因还是在于长期以来的城乡二元经济体制。城乡之间的户籍壁垒和城乡之间资源配置的差异，是二元经济体制的最大特点。户籍制度所造成的城乡分割管理体制，阻碍了农村劳动力的自由流动，增加了农民对土地的依赖性，限制了农民家庭财产性收入增长的路径。同时，在城乡二元经济体制下，各种基础设施建设、教育及医疗等资源均主要集中在城市地区，农村经营和人居环境长期未得到有效改善，投资环境较差，对资本的吸引力不强，这种资源错配严重不利于农村经济发展和整个社会的进步。进一步地，如果户籍制度和城乡之间资源配置的不平等长期得不到有效改善，城乡差距很容易会产生代际传递甚至会越发恶化。可喜的是，近年来，党中央制定了系列乡村振兴战略，从政策层面已经开始在逐步引导资源向农村转移，同时，农村居民投资意识在逐步增强，投资环境在不断改善，这些对于缩小城乡家庭间财产差距具有极为重要的意义，相信在不远的将来，我国城乡家庭间财产差距会得到有效缓解和改善。

二、地区财产差距分析

改革开放初期，为了尽快使经济从长期的乏力低效中走出来，进一步激发市场活力，提高经济效率，实现经济体制从计划向市场的转变，我国实行了区域梯度发展战略，允许和鼓励一部分地区、一部分人通过诚实劳动和合法经营先富起来，从而先富带动后富，逐步实现共同富裕。为此，国家大量的资源和优惠试行政策向东部地区倾斜，东部地区经济取得跨越式发展，但与此同时，中西部地区经济增长依然乏力，东部地区的快速发展并没有对中西部地区带来明显的辐射和带动效应，反而吸引走了中西部地区的大量优质资源，导致东部地区越来越富，中西部地区越来越穷。

由于我国不同地区在资源禀赋、发展基础、产业政策及市场化水平等方面差异较大，导致不同地区经济发展水平差距明显，同时，家庭的投资意识、理财观念等也存在明显差别。东部地区家庭受环境熏陶，加之各种金融基础相对更为完善，在投资等方面拥有更强的动机，投资收益率也相对更高，而中西部地区家庭在这方面的意识略弱，最终导致不同地区家庭的财产差距颇为明显。

前述分析中已经比较了不同地区家庭的自有住房拥有率情况，总体上来看，东中西部地区的住房拥有率差异不大，图3-25进一步比较了不同地区家庭在房屋拥有数量上的差别，从中可以看出，东部地区家庭中拥有一套住房的比例为71.31%，拥有两套住房的家庭占比为15.08%，拥有三套住房的家庭占比为4.12%；中部地区中有80%以上的家庭拥有一套住房，14%的家庭拥有两套住房，1.16%的家庭同时拥有三套住房；西部地区家庭中拥有一套住房的家庭比例为84.27%，拥有两套住房的家庭比例有8.03%，只有不到1%的家庭会拥有三套住房。从这个维度来比较，东中西部地区家庭间差异不是很明显，东部地区家庭的住房拥有情况甚至更低。但如果考虑到不同地区住房价格差异以及房屋价值增值情况，那么东部地区的房产价值将明显高于中西部地区，从而导致不同地区家庭在财产方面存在很大的差距。

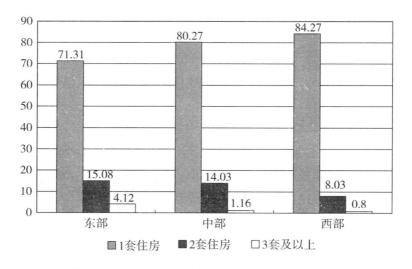

图3-25 不同地区家庭住房拥有量情况（单位:%）

数据来源:《中国家庭金融调查报告》。

第五节 城乡发展不平衡的其他表现

城乡家庭之间，除了收入和财产方面存在明显差距以外，在其他方面也存在很多发展不平衡的问题。图3-26是针对城乡家庭在支出方面所进行的统计比较。由该结果可知，总体上，城市家庭年均支出更高，达到每年59950元，是农村家庭年均支出额的1.32倍。具体来看，城市家庭在日常生活支出方面的金额为34150元，是农村家庭日常年均支出的1.61倍；在非日常生活支出（如耐用品支出等）方面，城市家庭年均支出金额为13490元，是农村家庭该方面平均支出的1.56倍，这说明从必需品的消费视角来看，城乡家庭存在着明显较大的差距。在休闲保健支出方面，城市家庭比农村家庭平均每年高出2760元，表明在休闲文化娱乐方面，城市家庭生活相对更丰富多彩。在转移支出方面，城市家庭是农村家庭的1.67倍；在除了这些支出外的其他方面，城市家庭和农村家庭无明显差异。从以上比较结果来看，无论是绝对差异还是相对差异，城市家庭支出都明显高于农村家庭，一定程度上说明城市家庭的物质生活和精神生活质量都显著高于农村家庭。

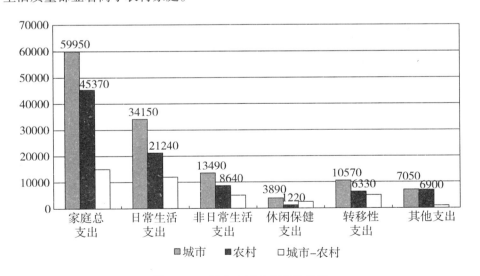

图3-26 城乡家庭支出结构差异

数据来源：根据中国家庭金融调查数据统计测算所得。

　　比较城乡家庭的受教育情况可以看出，城市家庭受教育水平明显高于农村家庭。我国农村地区的文盲和半文盲比例较高，达到 14.51%，是城市地区的 3 倍之多。在农村地区，没有接受过高中教育的比例高达 81.3%，远高于城市地区的 39.97%；农村地区上过大学的人口比例仅有 1.79%，而城市地区则有 17.16% 的人口拥有本科及以上学历。这充分说明教育在城乡之间存在着严重的不均等，城市地区拥有更多优质的教育资源，拥有更好的教育平台，而农村地区教育资源匮乏，教育水平落后，在高考的同台竞技场上，农村地区的学子明显处于劣势，再加上农村地区较为落后的教育观念和家庭沉重的教育负担，都使得很多本应该接受平等教育的学龄儿童早早地迈出了学校的大门。进一步地，比较不同地区的受教育状况可以发现，经济发展水平更高的东部地区，文盲半文盲比例更低，接受过高等教育的比例更高，而中西部地区的人口受教育程度明显与东部地区存在着较大的差距（详细的数据比较见表 3-13），这说明教育资源不仅存在着城乡差异，同时地区不平衡也非常严重。

表 3-13　学历结构与占比

学历层次	样本人数	占比	城市	农村	东部	中部	西部
文盲/半文盲	2485	10.12	4.23	14.51	7.9	11.93	11.87
小学	50922	20.7	9.88	28.81	17.97	21.86	24.44
初中	8063	32.78	25.86	37.98	31.19	34.26	33.84
高中	3543	14.4	18.84	11.07	15.23	14.64	12.47
中专/职高	1515	6.16	10.27	3.09	6.82	5.82	5.34
大专/高职	1838	7.47	13.77	2.75	8.99	5.82	6.81
本科	1838	7.47	15.09	1.76	10.31	5.35	4.91
硕士及以上	222	0.91	2.07	0.03	1.61	0.32	0.34

数据来源：《中国家庭金融调查报告》。

　　在男女性别比例上，城乡之间也存在着较大的差距（见表 3-14）。总体来看，我国人口男女比例较平衡，男女之比为 102.94:100，但体现在不同年龄阶段上，这种性别结构差异就比较大，最明显的是在少儿群体中，男女之比达到了 123.3:100。区分城乡来看，城市地区少儿人口男女之比为 118.6:100；劳动年龄人口男女之别为 96.76:100，说明女性劳动力比重更高；老年人口中女性比重也更大，这可能与女性群体的预期寿命相对更长有关（已有医学研究表明男性人口的预期寿命略短于女性人口）。在农村地区，少儿群体中的男女比例失衡颇为严重，达到了 125.1：100，这与农村地区传统上较为严重的"重男轻女"观念有关。从地区比较来看，在经济发展水平更高的东部地区，其男女性别比，尤其是少儿性别比，较中西部地区更趋平衡和合理。这说明随着市场化水平的提高，人们的观念已经逐步得到改变，过去重男轻女的思想在城市地区和经济发达的东部地区，已经在慢慢改观，越来越多的家庭已经摒弃了对子女的性别歧视，这也是社会进步的体现。

表 3 - 14　城乡人口不同年龄阶段的性别比（取女性 = 100）

	总人口	少儿人口	劳动年龄人口	老年人口
总体	102.94	123.3	100.5	96.52
城市	98.21	118.6	96.76	87.51
农村	106.5	125.1	102.8	105.5

注：根据我国对不同年龄的划分，少儿人口是指 15 岁以下的人群数量，劳动年龄人口是指 15 岁以上（包括 15 岁）和 60 岁以下的人群数量，60 岁以上为老年人口，性别比例为男性人口与女性人口的比例，女性人口以 100 为基数。表中数值表示城乡家庭在对应年龄段的男性与女性人口数量之比，如城市少儿人口所对应的数值 118.6，表示城市地区少儿人口男女之比为 118.6：100.

数据来源：《中国家庭金融调查报告》。

另外，我国城市和农村家庭的婚姻状况也存在明显的城乡差异（见表 3 - 15）。具体而言，农村地区未婚比例明显高于城市地区，城市地区的同居率、分居率和离婚率均显著高于农村地区。城市居民的婚姻状况比农村居民更不稳定，尤其是年龄阶段处在 40 - 50 岁的居民，分居和离婚比率均明显更高。从丧偶比率数据来看，城市和农村差别不大，但进一步分析发现，城市地区丧偶群体中，女性是男性的 3 倍，农村地区丧偶群体中，女性是男性的两倍，这与前述女性平均寿命更高的论断较为一致。

表 3 - 15　婚姻状况分布

	未婚	已婚	同居	分居	离婚	丧偶
总体	17.38%	76.84%	0.29%	0.08%	1.32%	4.09%
城市	15.15%	77.91%	0.39%	0.12%	1.98%	4.47%
农村	19.04%	76.01%	0.22%	0.06%	0.83%	3.79%

数据来源：《中国家庭金融调查报告》。

　　在上述比较中已经看出，农村地区的未婚群体占比更高，进一步分析发现，农村地区的 30 岁以上未婚群体中，男性居多，达到 62%（见表 3 - 16），这与当前农村地区结婚成本非常高有关（目前大多数农村地区，单彩礼就要达到 8 ~ 10 万，而大多数农村家庭的年收入却仅有 3 ~ 5 万左右），高昂的结婚成本使得大多数适婚青年望而却步。城市地区 30 岁以上未婚群体中"剩女现象"较为严重，其中 60% 的未婚群体为女性，"剩女"的存在说明很多女青年在择偶时已经不再受制于传统的父母之命，媒妁之言了，而是有了更为明晰的自我标准。同时观察这些未婚群体的受教育程度可知，城市地区未婚青年大都接受过高中及以上学历，他们拥有更理性的思维和相对更独立的择偶标准，可能秉承着宁缺毋滥的婚姻理念，在不断选择中却最终挑剩了自己。

表 3 - 16　30 岁以上未婚人群受教育年限及分布情况

性别	城市		农村	
	受教育年限	占比	受教育年限	占比
男性	12	40%	7	62%
女性	12	60%	9	38%
合计	12	45%	7.36	55%

数据来源：《中国家庭金融调查报告》。

第六节　家庭贫富差距的原因解读

　　理性来看，适度贫富差距的存在是合理且非常必要的，有差距的存在才会形成良性竞争的氛围，而竞争是市场经济区别于计划经济的重要方面，是能够促进社会发展的有效动因。但超过一定"度"的贫富差距则会对经济发展带来诸多负面效应，因此，把握好"度"，是贫富差距能否推动经济进一步发展的重要界限。进一步地，一定的干预措施能否有效缓解贫富差距，需要建立在对贫富差距形成原因的正确把握上。简单的通过限制高收入阶层的收入来平复差距，不仅达不到目的，反而会抑制社会发展，相反的，如果能让低收入阶层加快收入增长的步伐，让现有低收入阶层的收入提高两倍及以上，不仅能缩小贫富差距，同时也能维持和推进社会稳定与发展。

　　通过深入分析贫富差距的历史演变和形成过程，可将贫富差距的成因主要归结为如下几个方面。

第一，个体资源禀赋与努力程度存在差异。现实经济活动中，每个个体具有不同的成长环境和自身禀赋，成长环境差异会导致个体所接受的教育、所能获取的就业机会均有所不同，同时，个体在学习及工作方面的能力及努力程度差异也会导致他们的未来走向并非一致，所能达到的职务高度等也将存在差异。能力较强的个体比能力较弱的个体将更有机会获得更高的收入，拥有更多优质资源的群体在收入及财产的积累方面也具有天然的优势。另外，财富的代际传递也会造成个体所面临的先天条件有所不同，富裕家庭的子女可能接受的教育资源更优质，具有更高阶层的交际圈和更多的致富机会，这种贫富差距的代际传递所带来的叠加效应，会造成个体之间的贫富差距出现进一步的分化。

第二，经济发展方式转变所带来的要素报酬差异。随着计划经济体制向市场经济体制的转变，传统的以集体所有制为主的经济发展方式已经难以适应市场经济的内在要求，伴随而来的是私有制经济的不断涌现，其对宏观经济的发展起到了非常重要的推动作用，且在国民经济中的比重也日益提高。据中国社会科学院的统计数据显示，目前，私有制经济在我国第二、第三产业中的比重已经超过70%，整体就业贡献率已经接近80%。对于这些私营经营主体来说，越来越多的土地、资本等生产要素不断积累在他们手中，各种要素的回报率呈逐年增长态势，利润规模也不断提升。然而，按照我国目前所实行的以按劳分配为主体，多种分配方式并存的分配制度，那些只依靠出卖自己劳动力来获取报酬的个体，所能获得的要素报酬非常单一，加之近年来的产业结构转型，劳动密集型行业逐渐消减，资本密集型行业不断增加，整体上来看，土地、资本等非劳动力要素相对较为稀缺，而劳动力则往往呈供过于求的状态，从而导致劳动力价格的增长速度赶不上资本等非劳动力报酬的增长速度，那些拥有更多非劳动力生产要素的家庭或个人更容易积累更多的财富，而仅靠劳动力来获取报酬的个体，其财富增长速度却非常缓慢，这就导致了生产要素的不同所用者间的贫富差距分化也演变得越来越严重。

第三，地区经济发展不平衡所产生的财富积累差异。我国幅员辽阔，不同地区地理位置、资源禀赋等存在较大差异，东部地区地理位置优越，政治、文化、旅游等资源优势明显，而中西部地区尤其是西部地区，相对保守闭塞，资源储备单一，这造成不同地区的经济发展存在着天然的不平衡，呈现出东、中、西部地区阶梯式发展的格局。再加上改革开放以来，我国采取了先东后西的经济梯次推进战略，这种不平衡的发展战略又进一步拉大了东部地区和中西部地区在经济发展水平和居民收入水平方面的差距。东部地区不仅具有先天的地理位置优势，同时也具有后天的政策优势，这些都非常有助于东部地区家庭的财富积累，从而造成与中西部地区贫富差距的进一步扩大。

第四，税制不健全所造成的税收负担存在差异。众所周知，税收措施是改善贫富差距，缓解社会分配不公的重要手段。然而由于我国的个人所得税在国内生产总值和财政收入中的比重偏低，一定程度上制约了个税在调节收入分配中的作用。另外更为重要的是，在我国目前的税收征管过程中，主要采取的是分税制，重点主要集中在工资性收入的个人所得税方面，对其他类型收入的征管则相对比较薄弱。但往往富裕阶层的群体收入来源较多，工资性收入只是构成其总收入的一部分，可能还有更多的是其财产性收入和经营性收入，而工薪阶层的收入来源相对比较单一。在税收征收过程中，收入来源多样化的富裕阶层往往会通过各种手段转嫁或逃避税收，从而减轻自身的税负压力，而工薪阶层的收入往往比较透明，不能通过合理有效的手段规避税收。除此之外，我国对个人所得税的征收往往只瞄准个人，而没有考虑到不同家庭的收入异质性问题。因此总体看来，我国目前的税收制度并没有很好的起到调节收入结构的作用，反而引致了较大的贫富差距。

第五，社保制度不完善所带来的风险结果存在差异。社保制度作为促进社会公平的有效手段，目前被很多学者视为调节贫富差距的重要法宝，但纵观当前，我国的社会保障体系与发达国家相比，尚存在很明显的差距，主要表现为社保支出在财政支出中的比重偏低。统计数据显示，当前该比重仅为11%左右，大约只占国内生产总值的3%，而发达国家的社会保障支出在财政总支出中的比重在30%～50%左右，差距非常明显。另外，目前我国社会保障体系的覆盖范围尚很有限，很多农村贫困地区的家庭并没有纳入社会保障体系之中，而往往这些群体发生各种风险的概率非常高，一旦家庭中某个成员发生疾病风险，就会让整个家庭因病致贫，因病返贫。进一步地，农村地区的养老保障体系更是极为匮乏，大多数农村家庭对社会保障的认知不够，缺乏未雨绸缪的防范意识，一旦风险发生，所有的压力都只能自行承担。因此，目前我国的社会保障支出规模偏小，抑制了社保收入调节功能的发挥，加之当前城乡之间社保覆盖率和支出比例存在很大差异，这些都在一定程度上固化了城乡、地区之间的贫富差距。

除上述五个方面的原因外，还有很多会引起贫富差距的因素，诸如长期以来的户籍制度所导致的居民在教育、就业方面的机会不均等，生育政策所导致的城乡家庭人口结构差异，富裕阶层群体中的灰色收入及某些官员的寻租腐败，就业工作过程中的制度性歧视所产生的同工不同酬以及家庭财富的代际传递等均在贫富差距的格局演化中起到了推波助澜的作用，我们需要深刻认识这些原因，并采取针对性的政策措施，以期有效缓解目前较为严重的贫富差距问题。

第七节 家庭贫富差距的弱化路径

从收入与财富分配理论出发，家庭间贫富差距的原因无外乎是源自初次分配或二次分配。初次分配是由市场上"看不见的手"自动进行资源配置的结果，任何外力的干扰都有可能会扰乱市场正常运行的机制，从而降低市场运行的效率。效率与公平往往不可兼得，以牺牲市场效率来促进公平和缩小贫富差距并非明智之举。因此，在思考如何弱化贫富差距时，既需要兼顾公平，也需要关注效率。从这个视角出发，为了缩小贫富差距，我们应将主要关注的焦点聚焦在二次分配领域，通过加大对低收入家庭的转移性支付，提高针对低收入家庭的社会保障力度等方式，能够有效缩小贫富差距。这在 OECD 国家已经得到了证实，图 3 - 27 给出了 OECD 国家在转移支付前后的基尼系数变化，从中可以看出，转移支付前，主要 OECD 国家的基尼系数都很高，多数国家的基尼系数都超过了国际警戒线 0.4，但通过二次分配领域的转移支付，很多国家的基尼系数都有了明显的下降，降低幅度均超过了 25%。

相对而言，目前我国针对低收入家庭的转移支付力度不足，远低于欧美等发达国家，同时，我国的社会保障体系也尚不健全，还存在很大的提升和优化空间。因此，如果我国在二次分配领域制定有效的政策，那么贫富差距的弱化效应将更明显。为了说明这一点，甘犁（2013）提出政府可考虑在税收不增加、其他财政支出不减少的水平下，将每年的新增财政收入和国企留存利润（共计3.8 万亿元），通过合理的转移支付方式补贴给低收入家庭，这将很大程度上缩小我国收入差距，并能够拉动内需，刺激经济增长。同时，甘犁教授进行了简单的测算，提出了四种补贴方式，并比较了补贴前后基尼系数的变化，具体如表 3 - 17 所示。

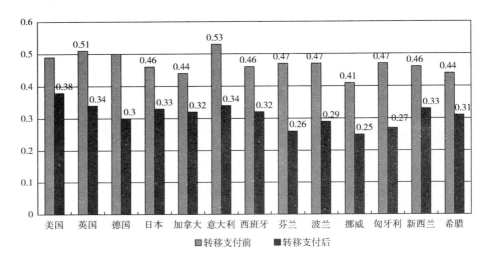

图 3 - 27 OECD 国家在转移支付前后的基尼系数变化

数据来源：甘犁（2013）经济资料译丛。

表 3 - 17 对低收入家庭采取不同补贴政策后的基尼系数比较

	补贴前	方式 1 补贴后	方式 2 补贴后	方式 3 补贴后	方式 4 补贴后
总体样本	0.61	0.49	0.46	0.42	0.4
城市样本	0.56	0.48	0.45	0.44	0.43
农村样本	0.6	0.43	0.38	0.32	0.27

注：补贴方式 1：对 4 亿户最低收入家庭补贴 3.8 万亿元，等额分配补贴额，每户获得 9500 元；补贴方式 2：对 3.2 亿户最低收入家庭补贴 3.8 万亿元，等额分配补贴额，每户获得 12800 元；补贴方式 3：对 2.4 亿户最低收入家庭补贴 3.8 万亿元，等额分配补贴额，每户获得 15800 元；补贴方式 4：对 2.4 亿户最低收入家庭补贴 3.8 万亿元，最低收入 20% 家庭获得补贴 2.35 万元，中低 20% 家庭获得补贴 1.75 万元，中等收入 60% 家庭，获得补贴 6500 元。

数据来源：甘犁（2013）经济资料译丛。

从上表可知，即便政府采取这种简单易行的方式，对低收入家庭予以补贴，我国的收入差距都将得到非常明显的改善，如果政府能够通过精细分析，制定更有针对性的差异化补贴政策，基尼系数的弱化效应可能更大。

当前，我国社会保障覆盖尚未完全普及，尤其是一些偏远农村地区，农民健康意识不够，对办理社保态度不积极。事实上，结合调查数据来看，缺乏社保是当前农村家庭生活状况无法得到有效改善的重要原因之一，图 3 - 28 给出了有无社保与农村家庭平均收入之间的关系，由该统计结果可知，相较于那些没有养老保险的家庭，拥有养老保险的农村家庭其平均收入高出 75.6%，拥有医疗保险的家庭比缺乏医疗保险的家庭，平均收入显著高出 45%。由此可知，为了进一步提高农村地区家庭收入，政府部门还需要积极推进和完善农村地区的社会保障体系，让更多贫困家庭享受到社会保障带来的实际好处。

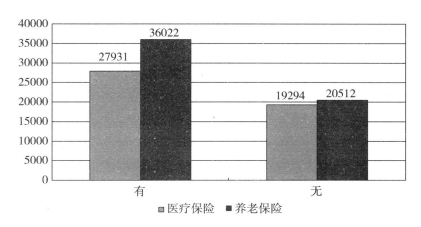

图 3 – 28　社会保障与农村家庭平均收入水平（单位：元）

数据来源：根据中国家庭金融调查数据统计测算所得。

由于农村地区家庭保险意识薄弱，如果一旦发生某种健康风险，则很容易进一步因病致贫。事实上，健康与家庭收入的关系非常直接，调查数据显示户主健康水平越高，家庭收入也相应越高，相较于户主健康状况较差的家庭，户主拥有良好健康状况的家庭，其绝对收入是前者的 2.77 倍（如图 3 – 29 所示）。因此，竭力提高农村家庭的健康意识，对于提高农村家庭收入同样具有非常显著的作用，基层政府一方面需要积极宣传和普及健康知识，引导农村家庭在思想上改变愚昧观念，小病要重视，大病不能拖；另一方面，地方政府要尽力减少那些可能会给当地家庭带来健康隐患的不利因素，同时，加强医保投入，提高农户看病报销比例，提供更多惠及当地家庭的利好政策。

当前，有些学者建言，为了有效缩小贫富差距，政府应该通过提高最低工资或改变税收结构来达到这个目的。但事实上，根据中国家庭金融调查数据测算，通过提高最低工资来弱化收入差距，不仅不会奏效，反而可能会损害低收入者的利益。表 3 – 18 给出了调整最低工资标准前后的基尼系数结果，从中可以看出，实行最低工资标准后，总体基尼系数仅仅下降了 0.03，城市样本中的

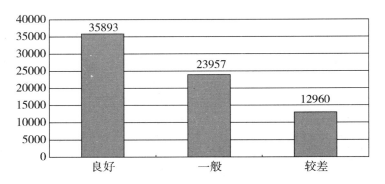

图 3 - 29　家庭户主健康状况与农村家庭平均收入（单位：元）

数据来源：根据中国家庭金融调查数据统计测算所得。

基尼系数仅下降了 0. 01，即便将最低工资标准提高一倍，基尼系数也并未发生显著变化。出现这种结果的原因可能是，最低工资的调整对于那些本身收入超过此界限的群体并未产生任何效应，而那些本身收入比较低的群体，则可能由于最低工资的提高而面临失业。因为最低工资抬高了企业的用工成本，降低了企业雇佣员工的动机，这会让那些本能够拥有工作的人失去就业的机会，反而最终降低了他们的福利水平。

表 3 - 18　经过最低工资标准调整后的基尼系数

	总体	城市	农村
调整前基尼系数	0. 61	0. 56	0. 60
实行最低工资标准后	0. 58	0. 55	0. 56
最低工资标准提高 50%	0. 58	0. 54	0. 56
最低工资标准提高 100%	0. 58	0. 54	0. 56

数据来源：中国家庭金融调查与研究中心所发布的《中国家庭收入不平等报告》。

为了说明征收税收对基尼系数的效应，表 3 - 19 测算出了针对家庭总收入和工资性收入在征税前后的基尼系数，由该结果可知，从家庭总收入来看，征税并没有改变基尼系数，从工资性收入来看，征税对基尼系数的弱化效应只有0. 01，这说明使用税收来调整贫富差距，并不是一个有效的措施。当然，目前一些学者提出的差异化税收和阶梯式税收是否能对减弱贫富差距带来较好的效果，尚需要利用更多的数据来进行详尽的分析。当前还有一些学者提出了负税收的概念，其实负税收在美国等发达国家运用的已经较为普遍，从本质上来说，负税收就是对低收入者予以补贴，关于补贴对改善收入差距的效应，表 3 - 17 已经做出了说明，很明显，负税收在缩小贫富差距方面确实能够起到很好的作用，当然，具体如何设计和实施，尚需要充分借鉴发达国家的经验，并结合我国具体国情来做出更充分的研究。

表 3 - 19　现行个人所得税政策与基尼系数

	家庭总收入		工资性收入	
	税前	税后	税前	税后
总体样本	0.61	0.61	0.49	0.48
城市样本	0.57	0.56	0.47	0.46
农村样本	0.60	0.60	0.49	0.48

数据来源：中国家庭金融调查与研究中心所发布的《中国家庭收入不平等报告》。

另外，需要指出的是加大政府转移支付和提高社会保障覆盖范围及比例等措施，虽然能在缩小贫富差距中发挥相当的作用，但这些措施还是属于治标，并非能够治本。长远来看，为了能有效改善贫富差距，还是应将重心布局在竭力提升居民人力资本层面上，随着居民人力资本的提高，他们所拥有的机会就会增加，同时，更高的技能和认知也有助于提高他们的工资水平、投资意识和创业精神，这些都能在有效改善贫富差距方面发挥更具持续性的作用。教育历来被视为人力资本的重要介质，从长远发展来看，居民教育水平的提高是缓解收入差距和财产差距的重要途径。

事实上，教育水平提高能带来收入增加已经是当前学界的共识，为了较为直观的说明教育与收入的同向关系，图 3 - 30 和图 3 - 31 分别给出了针对农村

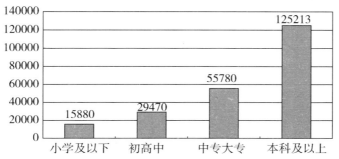

图 3 - 30　户主受教育水平与农村家庭收入水平（单位：元）

数据来源：《中国家庭金融调查报告》。

家庭和城市家庭，户主受教育层次与家庭收入之间的对应关系。从中不难看出，户主受教育程度与家庭收入之间存在明显的递增关系，相较于户主未接受初等教育的家庭，那些接受过初等教育的家庭，其收入增长近2倍之多。随着户主学历层次的提高，家庭收入会出现更高的提升，无论对农村家庭还是城市家庭，拥有本科及以上学历的户主所在家庭，其年收入都在10万元以上。教育对家庭收入的提高作用不仅在于学历越高，越能拥有高收入工作的机会，而且还在于受教育程度越高，越能拥有积极的思维和向上的态度，在这种合力的作用下，必然会拥有更多的发展空间和更高的收入水平。

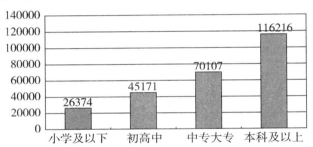

图3－31　户主受教育水平与城市家庭收入水平（单位：元）

数据来源：《中国家庭金融调查报告》。

进一步地，居民在教育层面上的不平等最终会传导到收入层面，最终引发收入不平等，利用中国家庭金融调查数据，测算教育对基尼系数的相对贡献度，结果如图3－32所示，从中可以看出，总体上教育对基尼系数的作用达到13%，尽管农村地区，这种比例相对较小，但也达到了8%这样一个不容小觑的程度。

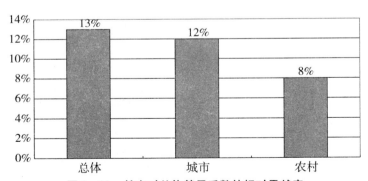

图3－32　教育对总体基尼系数的相对贡献度

数据来源：甘犁《来自中国家庭金融调查的收入差距研究》，《经济资料译丛》2013年第4期。

进一步地，为了说明教育在优化贫富差距方面的重要作用，表 3－20 给出了根据户主不同受教育层次测算的家庭基尼系数。从该结果可知，户主学历层次处在小学及以下水平时，无论是总体样本、城市样本还是农村样本，其家庭间基尼系数都很高，达到了 0.58，随着户主学历层次的提升，组内样本间的基尼系数在降低，对于户主学历在本科及以上的家庭而言，其组内基尼系数已降至 0.46 的水平。这样的分组比较结果直观的揭示出教育在改善贫富差距方面的确发挥着重要作用。当然，此处是仅考虑户主教育水平时的基尼系数结果，如果家庭内的所有成员的受教育水平都能得到进一步提升，那么对基尼系数的弱化相应将必定更为明显。

表 3－20　户主不同受教育水平的家庭基尼系数

	总体样本	城市样本	农村样本
小学及以下	0.58	0.57	0.56
初高中	0.56	0.53	0.57
中专、大专	0.48	0.47	0.49
本科及以上	0.46	0.46	0.45

数据来源：根据中国家庭金融调查数据统计测算所得。

为了说明教育水平提升对基尼系数的改善情况，表 3－21 测算了若将我国居民受教育程度提高至与发达国家相近水平时，我国家庭的贫富差距变化情况。由此结果可知，随着我国居民教育水平的提高，家庭间基尼系数会明显得到改善，如果将我国居民受教育程度提高至与美国居民水平相当时（即将居民受教育程度在初中及以下的比例控制在 11% 以下，将居民接受高中及以上教育的比例提升至 47% 以上），那么我国总体基尼系数将降至 0.42 的水平，若农村地区的居民教育水平也达到同等层次，则农村家庭间基尼系数将显著缩小至 0.34，这的确是一个非常有效的改善贫富差距的方式，更加重要的是，居民教育水平的提升，对于提升我国居民整体素养，进一步推动我国经济增长同样具有举足轻重的作用。

表 3－21　受教育水平变动与基尼系数

	未做调整	剔除教育不平等	提高受教育程度至 OECD 国家居民平均水平	提高受教育程度至美国居民平均水平
总体	0.61	0.55	0.44	0.42

	未做调整	剔除教育不平等	提高受教育程度至 OECD 国家居民平均水平	提高受教育程度至美国居民平均水平
城市	0.56	0.57	0.47	0.44
农村	0.60	0.52	0.33	0.34

注：2010 年 OECD 国家居民平均受教育分布为：初等教育 26%；中等教育 44%；高等教育 30%。2010 年美国居民平均受教育分布为：初中及以下 11%；高中 47%；大专 10%；本科及以上 31%。

数据来源：甘犁《来自中国家庭金融调查的收入差距研究》，《经济资料译丛》2013 年第 4 期。

在前述内容中，我们已经指明过高的贫富差距会阻滞消费，损害经济增长。因此，为了保证我国经济的健康持续发展，政府需要正视现状，竭力制定一些能够有效缓解贫富差距的政策措施。有鉴于已有文献，通过进一步普及义务教育，支持和鼓励更多居民参与学习或接受技能培训，同时，通过提高针对低收入群体的转移支付和社会保障支出，在一定程度上能对改善贫富差距起到重要作用，这对于我国经济保持新活力，再上新台阶也具有重要意义。

第四章

"社会网络"衡量指标的统计测度

本章利用"中国家庭金融调查与研究中心（CHFS）"所发布的 2011 年数据，使用统计学方法构建了一个涵盖多重维度的社会网络测度指标，主要从三个方面对家庭所拥有的社会网络强弱给予了衡量：静态维度的社会网络、动态维度的社会网络以及由家庭权势和地位所折射出的社会网络等。该结果恰与费孝通（1948）所描述的社会网络定义高度吻合，该描述也为此处所构造的社会网络指标提供了一个可感知的社会学基础。

第一节　引言

社会网络（即关系），作为表述社会个体之间相互联系的概念由来已久，然而成为街头巷尾热议的"新词"却并非久远。中国自古重关系网络，发展到今天，似乎整个社会已然成为一个关系网络运作模式下的载体，大到生老病亡，小则衣食住行，无一例外能脱离关系网络。升学、求职、升迁、就医等一切，如果拥有"硬关系"，都将变得无往而不利，即使是再平常不过的买东西、坐出租等，都会因为是否"熟人"而产生价格歧视，那到底什么是此处所谓的社会网络呢？社会网络得以存在和维持又需要依赖什么样的介质呢？

社会网络是一个具有典型中国化特色的词语，同时，也是中国社会的核心构件（费孝通，1948；Jacobs，1979；Gold 等，2002）。国外文献中并没有直接针对社会网络的表述，这主要是因为国情不同：国外重制度，而国内则重人情。因此，对于关系网络的研究并没有成熟的西方模式可以参考。然而，基于当前中国的现状，关系网络在人们日常生活中所发挥的作用越来越突出，这便使得对于社会网络的研究变得尤为重要。

已有文献，对于"社会网络"的衡量往往只是基于相关问卷中的一个或两个方面，如：一些文献将社会网络理解为一种社会资本（Zhang and Li，2003；Knight and Yue，2008），而另外一些则选择从亲缘网络的角度对其加以解释（Peng 2004），但这些文献均没有对如何测度社会网络给出系统的描述，基于此，本章将利用统计学方法对如何较为全面的测度社会网络做出回答。

第二节　相关文献述评

社会网络，是人们在日常生活或学习、工作过程中通过相互交往所建立起来的一种社会联系的网络（Liu，1983；Gold and Guthrie，2002），其内容比较宽泛，大致包括如下几种：亲属关系、朋友关系、同学关系、师生关系、雇佣关系、战友关系、同事关系等（张振学，2002）。Liu（1983）将关系比喻为一个可以控制开关的"电路"，很多时候，与某一个人产生了联系便有可能与他/她的整个人际圈子产生联系，复杂的人际关系犹如层层叠叠、环环相扣所形成的一个致密电网。该比喻恰如费孝通（1949）将之理解为"水纹"般形象生动，在费老的描述中，这个"水纹"的中心是自己，水纹涟漪的大小则有赖于中心点的权势，同样也决定于中心点自身为扩大其圈子所做的努力。

社会网络是一个多维度的概念，而已有的实证文献中则大多只涉猎了其中一个或两个方面。如早期研究中，社会网络被作为一种文化现象，用于考察其对于企业绩效的影响（Abramson and Ai，1999；Luo，1997；Tsang，1998；Gu等，2008），此处的社会网络主要是通过对经理人的深入采访而得出的直接衡量，同时，该种方式也广泛应用于人类学、社会学及心理学的研究中（Jacobs，1979；Hwang，1987；Yang，1994）。在经济学领域，社会网络也常被用来研究它对于创业、劳动者就业及收入等的影响（Knight and Yue，2008；Zhang and Li，2003；Bian，1997；Peng，2004；张爽和陆铭，2007；赵剑治和陆铭，2009；马光荣和杨恩艳，2011 等），这些研究主要将关系网络视为一种社会资本或亲缘网络，从而利用问卷中的相关数据来进行分析（Lin，2001；Xin and Pearce，1996）。从社会资本的角度来看，发展或维护一种关系犹如将自己的钱存入某个账户或用于购买保险，从而能在需要的时候从中获得回报和帮助，而每次交易也正如增加或支取社会资本的存量一样。

Knight and Yue（2008）利用2000年针对6个省的城市家庭调查数据，研究了社会资本对于劳动者收入的影响，该研究主要是利用劳动者是否党员、其父母是否党员及礼金收支等作为社会资本的代理变量。Peng（2004）使用来自22个县366个村的调查数据发现：亲缘网络对于农村地区私营企业的发展具有很大的促进作用，此处的亲缘网络主要是利用整个村中各自姓氏的家庭个数占比来衡量。Zhang and Li（2003）在衡量社会网络时，主要利用了调查问卷中所问及的三个问题，基于此产生了三个虚拟变量，并以此作为社会网络的度量。这三个问题是：第一：在择业过程中是否受到了来自家庭成员或亲戚的帮助，若回答是，则取值为1，否则取值为0；第二：家庭中是否有成员在外务工；第三：家庭中是否有成员在当地从政，若有则取值为1，否则取值为0。张爽、陆铭和章元（2007）利用问卷中"有几家关系亲密的亲友分别在政府、学校和医院工作？"进而将各个家庭在三种部门的亲友数量加总，以此作为社会网络的度量。赵剑治和陆铭（2009）对社会网络的衡量主要基于两个维度：第一是利用问卷中"家庭有几个关系亲密的亲友在政府部门工作"和"家庭有几个经常联系的城市亲友"，然后将这两个问题答案的人数加总起来作为衡量该家庭社会关系网络的代理变量之一；第二，采用了"去年婚丧嫁娶、生日送礼支出"和"去年春节购买礼品支出"的总和再除以该家庭日常总支出的比值作为社会关系网络的第二种度量。黄英伟和洪如玲（2011）基于CHIPS数据，同样利用亲友间的礼金往来数作为社会网络的代理变量。唐为和陆云航（2011）利用CHIPS数据中"您的家属，或与您关系比较好的亲戚朋友中，有在县城或城市里生活的吗？"作为关系的衡量指标。马光荣和杨恩艳（2011）利用中国农村调查数据，选取家庭与亲友间的礼品往来数额（既包括收到的礼品金额，也包括送给亲友的礼品金额）以及可向其借钱的总亲友数作为社会网络的代理变量。

上述文献对于家庭社会网络的测度大多都是单方面的，且多采用虚拟变量直接作为社会网络的代理变量，缺乏可参照的标准。本书则赋予社会网络多重维度的概念，使得对于社会网络的研究更加切合实际，当然，本书也试图为研究家庭社会网络提供一个可供参考的衡量范式。

第三节 数据来源与数据质量说明

一、数据来源

本研究数据来自 2011 年"中国家庭金融调查（China Household Finance Survey，CHFS）"，该调查由西南财经大学中国家庭金融调查与研究中心主办，样本遍及全国 25 个省（自治区、直辖市）的 80 个县（区、市）中 320 个居（村）委会。样本规模为 8438 户家庭，内容包含人口统计学特征、家庭资产与负债、保险与保障、收入与支出四个方面，其科学的抽样方法、较为完善的问卷设计和系统的实地入户均一定程度上保证了数据质量的代表性及可靠性。

CHFS 数据的人口统计学特征与国家统计局公布的数据非常一致，表明 CHFS 样本完全具有全国代表性。与现有其他微观调查数据相比，CHFS 数据的拒访率较低，其问卷设计主要侧重于调查家庭的收入和财产等信息，因此在这些变量上的数据相较于其他调查更加完备，对本书研究主题而言数据的代表性更好。有关数据的更多内容可参见甘犁（2013）。

二、数据质量说明

中国家庭金融调查（CHFS）作为国内首次针对家庭金融方面开展的微观调查，无论在样本抽取还是实地入户访问等方面均具有较好的科学性，一定程度上确保了数据的可靠性和代表性。

从样本抽取来看，中国家庭金融调查采用了分层、三阶段抽样与规模度量成比例（PPS）的抽样方式。第一阶段面向全国除新疆、西藏、内蒙古和港澳地区以外的 2585 个市/县展开随机抽样①；第二阶段主要面向第一阶段已抽取出的市/县，随机抽取社区和村庄；第三阶段基于已抽取出的社区和村庄，随机抽取住户。在每个阶段的抽样中，均使用 PPS 方式，选取的权重为该抽样单位的总家庭数占高一级行政区划中总家庭数的比重（如在第三阶段的城市家庭抽样中，

---

① 考虑到后续实地入户访问中的集中性和安全性，初次抽样中剔除了这些地域分布较广、距离相对较远的省市，虽然一定程度上会降低数据的全国代表性，但综合来看，这种影响相对可以容忍。

选取权重为所抽取社区的总家庭数占该市总家庭数的比重）。基于可操作性，CHFS 的首轮调查户数设定为 8000 户，各个抽取阶段的样本数按如下反向方式设定：首先，结合地区经济发展水平，将末端抽样的家庭数（即从每个社区或村庄中最终抽取的家庭数）设定在 20～50 户之间，平均抽样户数为 25 户①；其次，从每个已抽取的市/县中抽取的社区数/村庄数设定为 4；最后可以计算出总共需要抽取的市/县个数约为 8000÷（4×25）=80 个。

下表 4－1 列出了所抽取的 80 个市县样本与全国总体人均 GDP 的分位数分布统计，从中可以看出，所抽取的样本与总体在人均 GDP 方面非常接近，一定程度上说明所抽取的样本对总体具有较好的代表性。

表 4－1　80 个市县样本与总体人均 GDP 的分位数描述统计

人均 GDP	均值	标准差	Q25	Q50	Q75	峰度	偏度
样本	17809.2	19336.3	7232	11349	21143	3.5	20.41
总体	17334.8	17736.9	7173	11370	20263	3.2	17.64

注：表中 Q25、Q50 和 Q75 分别表示第 25%、50% 和 75% 分位数。
数据来源：《中国家庭金融调查报告》。

从实地入户的拒访情况来看，尽管 CHFS 的调查内容多涉及家庭收入、资产、负债等敏感信息，但其拒访率相较于国内代表性较强的中国健康与养老追踪调查（China Health and Retirement Longitudinal Survey，CHARLS），在总体、城市和农村层面分别低 3.7%、5.2% 和 6.2%（详见表 4－2）。将 CHFS 的拒访率与国外代表性数据库②比较可知，美国消费者金融调查（Survey of Consumer Finance，SCF）、美国消费者消费情况调查（Consumer Expenditure Survey，CES）和意大利家庭收入与财富调查（Survey of Household Income and Wealth，SHIW）的拒访率均高于25%，与 CHFS 在调查内容上最为相近的 SCF 调查的拒访率更是高于 30% 以上。因此无论是从国内的横向比较来看，还是与国外的相关调查比较来看，CHFS 的拒访率均处于较低水平，这一定程度上也说明了 CHFS 调查的有效性和代表性。

①　在城市地区，CHFS 收集了各个社区的平均住房价格信息，并以此作为衡量社区富裕程度的指标。基于此，将社区按照住房价格高低分为四个组，在住房价格最高的组内抽取50 户样本，在住房价格最低的组内抽取 25 户样本。对于富裕社区分配更多的样本，不是给予富裕社区更高的权重，而是为了确保在抽样时能有更高的概率获得高收入的家庭样本，从而能够比较准确的刻画家庭的收入与财富分布。

②　与 CHFS 相仿，这三个国外调查（尤其是 SCF）在内容上均不同程度的涉及了家庭收入、资产、负债和支出等信息，因此它们之间具有较好的可比性。

表 4 – 2 　CHFS 与国内外调查的拒访率比较

调查名称	调查年份	拒访率数据
CHFS	2011	总体：11.6%；城市：16.5%；农村：3.2%
CHARLS	2008	总体：15.2%；城市：20.7%；农村：10.1%
SCF	2007	AP Sample：32.2%；List Sample：67.3%
CES	2005	Interview：25.5%；Diary：29%
SHIW	2008	总体拒访率：43.9%

资料来源：来自《中国家庭金融调查报告》。

　　从调查结果的人口统计分布来看，CHFS 的人口统计特征与国家统计局公布的数据具有较高的一致性，一定程度上深化了 CHFS 的全国代表性。从下表 4 – 3 的对比数据可以看出，就家庭人口数而言，统计局公布的城市和农村家庭规模分别为 2.89 人和 3.98 人，经权重调整后的 CHFS 中的城市和农村家庭规模分别为 3.03 人和 3.76 人，在这个维度上，CHFS 与统计局数据的一致性比较明显。从人口年龄分布来看，统计局公布的我国人口平均年龄为 36.87 岁，CHFS 计算的样本人口平均年龄为 38.09 岁，两者非常接近。从男性比重来看，统计局公布的男性人口占比为 51.4%，CHFS 数据中的男性人口比重为 50.7%，二者同样相差甚微。从城市人口比例来看，统计局公布的数据为 51.3%，CHFS 数据计算的比例为 51.4%，二者几乎完全一致。从人均收入水平来看，统计局公布的全国人均收入为 14586 元，城市和农村人均收入分别为 21819 元和 6877 元，CHFS 数据计算的对应人均收入分别为 14934 元、22196 元和 7045 元，两者偏离幅度依然较小。

表 4 – 3 　CHFS 数据与国家统计局数据的比较分析

比较指标	国家统计局数据	CHFS 数据
总人口数	13.47 亿人	29324 人（样本数）
城市人口数	6.91 亿人	10403 人（样本数）
农村人口数	6.56 亿人	18921 人（样本数）
城市家庭规模	2.89 人	3.03 人
农村家庭规模	3.98 人	3.76 人
平均年龄	36.87 岁	38.09 岁
男性占比	51.4%	50.7%

比较指标	国家统计局数据	CHFS 数据
城市人口占比	51.3%	51.4%
城市人均收入	21819 元	22196 元
农村人均收入	6877 元	7045 元

注：上述 CHFS 所对应的指标均进行了抽样权重的调整，CHFS 抽样总数为 8438 户，每户家庭均代表了 45947 户家庭。

数据来源：《中国家庭金融调查报告》。

上述对比分析，充分说明了 CHFS 数据的代表性和可靠性，因此，使用这样的调查数据开展针对家庭收入和财产分布的分析，所得的结论应该会具有较好的说服力，这也是本研究选用该数据作为分析基础的主要原因。

第四节　构建家庭"社会网络"测度指标

一、"社会网络"相关变量选择

考虑到社会网络是一个多维度的概念，单个变量无法反映出所有的相关信息，因此构造一个能够囊括多个维度的综合指标便变得尤为必要。基于已有文献，本书在具体的社会网络指标构造之前，首先对社会网络相关变量的选择给出一些简要的分析。

为反映社会网络的静态维度，此处选用了两个变量对其作一概括，分别为：宗族网络和亲兄弟姐妹的个数。其中，宗族网络由"家庭中户主及其配偶的姓氏"是否属于该地大姓来衡量，Peng（2004）使用该变量来反映家庭关系网络，同样地，马光荣和杨恩艳（2011）在其研究中也利用"户主是否大姓"来作为社会网络的工具变量；户主及其配偶的兄弟姐妹个数则刻画出了家庭的"亲缘关系"，这些都属于先天的静态社会网络。

其次，选取了用于描述家庭权势大小的变量，与此相关的变量主要有如下三个：户主及其配偶是否为党员、家庭中劳动力的工作职位特征及各自所属的工作单位类型等。党员身份常被视为社会资本的有效衡量指标（Knight and Yue，2008；Morduch and Sicular，2000）。家庭中劳动力的工作职务特征则等于职务测度等级与相应职务年限开方数的乘积。职务测度等级用 Grade 表示，当其职务为（副）组/股长或村干部时，Grade = 1；当职务为（副）科长或乡镇干部时，取值为 2；当职务为（副）处长或单位部门负责人时，取值为 3；当职务为局长及以上或者单位负责人时，Grade = 4，否则取值为 0；考虑到干部任期对于其人脉关系的形成具有递增效应，而且这种效应的大小会逐渐放缓（顾海兵，2007；王海明，2012），因此，结合家庭成员在工作职务上的任职年限，此处选择将职务等级乘以任期的开方数作为衡量成员"职务关系"的变量，整个家庭的职务特征则由其中各个成员的"职务关系"加总所得。家庭成员的工作单位类型一定程度上能够刻画出家庭社会网络的相对大小，其构造方式如下：当成员所在工作单位属于政府部门或军队时，测度等级选为最高，取值为 6；当工作单位属于国有（集体）上市企业时，取值为 5；当单位属于事业单位时，取值为 4；当单位属于国有（集体）非上市企业时，取值为 3；当单位属于非国有（非集体）上市企业时，取值为 2，；当单位为非国有（非集体）未上市企业或者其他类型时，取值为 1，否则取值为 0，整个家庭的工作单位类型是将各个成员相应的测度值相加所得。

最后，为了反映出社会网络的动态维度，本书加入了诸多与社会网络的建立与维护相关的变量，其中包括：来自非家庭成员的礼金收入、婚丧嫁娶和节假日时对非家庭成员的礼金支出、在外就餐支出、文化娱乐支出、电话等通信支出、交通支出和旅游探亲支出等。Hwang（1987）指出通常社会网络的建立与维护所采用的方式不外乎如下几种：经由第三方引荐、赠送礼物、请客招待或参与一些酒宴、娱乐活动等。事实上，对于具有不同关系基础的个体而言，其社会网络维护的方式是不同的，根据 Tsang（1998）的研究，对于那些亲缘关系密切的个体而言，社会网络的维护无须符合互惠原则，这些个体之间的社会网络是先天和无条件的，而对于亲缘关系比较疏远或后天建立的社会网络而言，则需要不断的人情来往和满足互惠才能更加深入和紧密。互惠的动机促使着每个人不断的建立与发展人情关系。Hwang（1987）认为社会交换的准则除了公平、公正与需求导向准则外，人情也是一个有益的扩充。通常而言，家庭间的联系主要是基于需求导向准则，而相对短期且并不稳定的商业关系则主要依据公平准则，人情则主要在亲缘关系或社会关系较疏远的个体之间发挥作用。当一个人决定做个人情或帮他人一个忙时，人情准则往往会潜意识的促使他考虑该人情所需的成本、预期的人情回报（这往往与对方的社会地位、自有资源、名声荣誉等密切相关）以及与对方的关系程度等。

除此之外，结合调查问卷，本书还选取了其他一些可能与社会网络相关的变量，具体地，表4-4给出了此处所选取的所有社会网络相关变量及其具体含义。

表4-4　社会网络相关变量的具体含义

变量表示	变量含义
Lineage group	家庭户主及其配偶的姓氏在本村是否属于大姓
Number of siblings	家庭中户主及其配偶的亲兄弟姐妹的个数（不包括他们自己）
Party membership	家庭户主及其配偶是否属于党员
Job position	家庭成员职务特征（职务等级与相应职务年限开方数的乘积）
Work unit type	家庭成员的工作单位类型
Gift_ exp.	过去一年里因婚丧嫁娶或逢年过节给非家庭成员的人情总支出
Gift income	过去一年因婚丧嫁娶或逢年过节从其他家庭获得的人情总收入
Dining – out_ exp.	家庭过去一年在外就餐总支出
Entertainment_ exp.	家庭去年在影剧票、歌舞厅和网吧等文化娱乐方面的总支出
Communication_ exp.	家庭过去一年用于电话等通信方面的总支出
Transportation_ exp.	家庭过去一年里本地交通总支出
Visiting_ exp.	家庭过去一年旅游探亲总支出
Channel debt	面临融资需求时的解决途径
Debt refused reasons	银行贷款被拒是否由于无熟人或无人为其担保
Bank choice	选择该家银行是否出于之前的业务往来或私人关系
Stock owned inf.	家庭所持有的股票中，是否有成员在该公司工作或曾经工作过
Stock decision	家庭股票决策是由近亲、远亲还是朋友同事制定
Information source	家庭获取信息的渠道，是否经由亲戚朋友等获得信息
Luxury_ exp.	家庭过去一年用于名牌箱包、字画等奢侈品方面的总支出
Number_ cars	家庭所拥有自有汽车的个数
Car grade	受访户所在小区车辆等级，其值越大，表示小区车辆等级越高
Play income	家庭成员过去一年从打牌、打麻将中获得的收入
Physical appearance	访员所观察的家庭户主相貌测度，1为差，依次递进，10为好

针对上述所选择的社会网络相关变量，表4-5给出了统计描述结果：

表4-5 社会网络相关变量的统计描述结果

变量名	样本数	均值	标准差	最小值	最大值
Lineage group	4532	0.999	0.705	0	3
Number of siblings	8438	5.699	3.439	0	24
Party membership	8438	0.236	0.493	0	2
Job position	8438	0.532	2.064	0	22.14
Work unit type	8438	1.345	2.414	0	12
Gift_ exp.	6151	8173	16918	0	472000
Gift_ income	4147	4298	13511	0	330000
Dining – out_ exp.	8361	3616	24787	0	132000
Entertainment_ exp.	8406	476.6	4728	0	288000
Communication exp.	8386	1724	2217	0	48000
Transportation_ exp.	8373	2052	5389	0	120000
Visit_ exp.	3674	3550	7818	3.64	181818
Channel debt	2252	0.836	1.007	0	3
Debt refused reasons	169	0.266	0.668	0	2
Bank choice	348	0.147	0.491	0	2
Stock owned inf.	745	0.0322	0.177	0	1
Stock decision	745	0.0497	0.338	0	3
Information source	8438	0.324	0.468	0	1
Luxury_ exp.	178	10074	4240	1.94	8.1818
Num of cars owned	1225	1.11102	.3844413	1	4
Car grade	3790	2.432	0.958	1	4
Play_ income	123	6211	21507	0	200000
Physical appearance	8438	6.429	1.633	1	10

通过重复对比分析，结合聚类分析和因子分析结果，最终从上述23个变量中，选取出如下9个变量作为构建社会网络指标的基础，这些变量具体包括：Gift_ exp，Party membership，Job position，Work unit type，Number of siblings，Dining – out_ exp，Communication _ exp 和 Transportation _ exp。下面将基于这9个变量构造社会网络测度指标。

二、变量缺失值的处理

上述所选择的 9 个变量中，除变量 Gift_ exp 外，其他相关变量的有效样本个数均超过 8350 个，而变量 Gift_ exp 则存在约 2000 多个缺失值，占总样本个数的 26% 。如果将缺失样本弃之不用，则将大大降低有效样本的个数，而简单地将缺失值处理为 0，也会损失很多信息，因此需要有一种可行的处理方法对这些缺失数据加以估算，以期得到更为合理的分析结果。

对于缺失值的处理，文献中往往有三种方法，第一种是直接将存在缺失值的样本剔除，其最大的缺陷是会明显减少样本个数，根据 Little and Rubin（2002）的经验法则，当变量缺失值超过总体样本的 5% 时，该方法不宜适用；第二种是通过较简单的插值处理对缺失数据加以补充，包括均值插补、中位数插补、同类均值插补和同类中位数插补等；第三种方法是多重插补，其思想主要来源于贝叶斯估计方法，当缺失数据属于完全随机缺失时可以选用这种方法，另外，对于不完全随机缺失的数据，也可选用极大似然估计法进行相应的插值处理。

因此，在缺失值处理过程中，一个很重要的问题是要明确样本缺失值是否随机，不同类型的缺失对应着不同的估算和插值方法。因此有必要来考察，为什么该变量会出现缺失，是因为受访者防范心理造成的不愿意回答还是因为问卷过长让受访者失去了耐心，抑或是出现了随机的缺失？为了回答这些问题，表 4 - 6 给出较为直观的比较。

表 4 - 6　"人情支出"变量的数据缺失组与非缺失组的直观对比

"人情支出"变量数据缺失组				"人情支出"变量数据非缺失组		
变量	样本数	均值	标准差	均值比较	样本数	均值	标准差
家庭总收入	2198	28162	87493	<	6240	47667	114966
家庭平均年龄	2198	43.48	16.33	>	6240	40.29	14.42
人情收入	2198	1044	7395	<	6240	2525	10437
党员信息	2198	0.143	0.396	<	6240	0.269	0.519
职务信息	2198	0.309	1.679	<	6240	0.611	2.178
工作类型	2198	0.883	1.918	<	6240	1.507	2.547
在外就餐支出	2198	2344	26686	<	6240	3570	20683

续表

"人情支出"变量数据缺失组				"人情支出"变量数据非缺失组		
本地交通支出	2198	1057	2865	<	6240	2132	5394
通信支出	2198	1073	1723	<	6240	1727	2078
风险厌恶程度	2196	4.212	1.413	>	6237	3.832	1.364
总体幸福程度	2197	2.454	0.991	>	6239	2.252	0.820
农村样本个数	1020	占比46.4%			2224	占比35.65%	
城市样本个数	1178	占比53.6%			4016	占比64.35%	

由上述结果可知：平均来看，未报告人情支出的家庭，其收入水平更低，风险厌恶程度更高，且其他与社会网络相关的变量数值也较低，数值缺失组和非缺失组存在着明显差异，这间接说明，该变量的缺失并非完全随机，这些样本的人情支出也并非为0。为提供更为有利的证据，下面利用 Probit 模型对该结果加以检验。

表4-7　家庭是否报告"人情支出（Gift_ exp）"的 Probit 回归

被解释变量：家庭是否报告"人情支出"数值，是为1，否则为0	
是否报告人情收入	0.687 * * *
	(0.0324)
家庭平均年龄	-0.00560 * * *
	(0.00111)
家庭户主及其配偶是否党员	0.247 * * *
	(0.0384)
家庭户主及其配偶的兄弟姐妹个数	0.0284 * * *
	(0.00461)
家庭成员的工作类型	0.0352 * * *
	(0.00833)
本地交通费用	1.13e - 05 * *
	(5.26e - 06)
通信费用	7.01e - 05 * * *
	(1.10e - 05)
是否从事工商业生产经营	-0.240 * * *

续表

被解释变量：家庭是否报告"人情支出"数值，是为1，否则为0	
	(0.0520)
是否持有股票账户	-0.138**
	(0.0674)
是否拥有汽车	-0.0861
	(0.0586)
是否有定期存款	-0.396***
	(0.0458)
常数项	1.842***
	(0.209)
样本量	8,293

注：括号内为变量系数所对应的稳健标准误，***、**和*分别表示系数在1%、5%和10%的水平上显著。

从上述回归模型可以看出，家庭选择是否报告"人情支出"与自身特征存在着一定程度的相关性，且统计检验结果拒绝变量Gift_exp随机缺失的原假设。考虑到缺失数据的存在将使得有效样本的个数明显减少，且会降低所构建指标的稳健性，因此，对于这些缺失值的估算变得尤为必要。

本书采用了两种方法对变量Gift_exp的缺失值加以处理。第一种方式是较为简单的同类均值插补（Nardo and Saltelli，2005）。根据上述Probit模型，将所有样本按照以上辅助信息的不同取值进行分组，以尽可能使得组内各样本的主要特征相似，进而分别计算出各组目标变量Gift_exp的均值，利用该均值作为相应组内缺失项的替补值。此处，我们将样本划分为15组，分别利用各个组内均值替代了变量Gift_exp中2198个缺失值。第二种是利用极大似然估计的插值方法（Melvyn，1999），根据极大似然迭代及收敛准则，最终对每个缺失值赋予不同的值，这也是该方法较第一种方式的优势所在。

分别利用上述两种方法对缺失值加以处理，同时进行聚类分析和因子分析，构造出各自对应的社会网络指标。结果发现：缺失值的不同处理对最终所构建的社会网络指标特征并未产生明显的影响，两种方式所构造的社会网络指标除了统计结果有些许差异外，其基本的趋势和图形是趋于一致的。但考虑到均值处理方式可能会低估变量的方差，因此，下文将选取基于极大似然估计的插值方法处理后的变量 Gift_ exp 来描述社会网络指标的构造。而将均值替代后的结果作为社会网络指标统计测度的稳健性分析。

对于其他几个存在着少许缺失值的变量（包括 Dining – out _ exp, Transportation _ exp, Communication _ exp 和 Entertainment exp），由于缺失值个数不多，所以采用"热卡填充（Hot deck imputation）的方法（Nardo and Saltelli, 2005），对照数据中家庭特征相似的样本，用相似样本组的均值替代相应缺失值，最终使得上述九个变量的个数均与总样本个数保持一致。

三、变量标准化及聚类分析

聚类分析是统计学中用以数据分类的一种分析方法，所谓"物以类聚"就是聚类分析实质的最好写照，它是按照数据在性质上的亲疏程度在尚没有先验知识的条件下对其进行分类的一种处理方式，此处所说的类指的是一个相似个体组成的集合，同类之间具有同质性，不同类型数据之间则有着明显的区别。利用聚类分析方法，我们可以将繁多的观测变量加以分类，从而确定各类中所包含的典型变量以达到降维的目的。

聚类分析属于一种探索性分析方法，在具体的分类过程中，我们不必事先规定一个分类标准，它能够从样本实际数据出发，自动实现分类的目的，之所以说它是一种探索性分析方法，是因为对于同一组数据，不同学者由于欲要实现的目的不同，从而最终所得的聚类个数未必完全一致。聚类分析有两种主要的分析方法，第一种是"快速聚类分析方法（K – Means Cluster Analysis）"，另外一种是"层次聚类分析方法（Hierarchical Cluster Analysis）"，快速聚类分析方法适用于观测值个数较为庞多时（通常观测值个数在 200 个以上），因为在观测值数目众多时，层次聚类分析的判别图形会显得过于分散，因而不易解释；层次聚类分析方法根据变量或观测值的亲密程度，将颇为相似的对象放在一起，运用逐次聚合（Agglomerative Clustering）的方式将变量或观测值分类直到全部样本都被聚成一类。层次聚类分析方法具体又分为两种形式，一种被称为 Q 型聚类，是对样本（case）分类常用的方法，它将具有共性的样本聚合在一起，以对不同类型的样本进行分析；另一种是所谓的 R 型聚类，是对变量（Variables）进行分类的一种分析方法，它将存在共同特征的变量划分在一起，以方便从不同类别中分别选出具有代表性的变量进行分析，最终起到减少分析变量个数的目的。

快速聚类分析方法是指定类别个数的大样本逐步聚类分析方法，其具体步骤可概述如下：首先将全部观察单位划分为 K 类，并确定每类的初始中心，其次按照最小欧式距离原则，将其他的观测单位向初始中心聚集，由此便得到一个初始的分类样本，进而计算出每个初始分类样本的中心（即均值），最后使用此处计算的中心重新再对样本进行聚类直至聚集点位置改变达到收敛标准。层次聚类分析方法的聚类步骤则涉及两类数据亲疏程度的计算方式：第一种是样本数据自身之间的亲密程度；第二种是样本数据与小类以及小类与小类之间的亲密程度。下面具体展开简要概述一下。关于第一种样本数据自身之间亲疏程度的测量方法主要是通过计算样本之间的距离以及样本之间的相关系数来衡量，根据数据类型的差异，主要有八种测量样本距离或相关系数的方法，即欧氏距离（Euclidean Distance）、Chebychev 距离、Block 距离、Minkowski 距离、欧式距离平方（Squared Euclidean Distance）、用户自定义距离（Customized 距离）、皮尔森相关系数（Pearson Correlation Coefficient）以及 Cosine 相似度等。对于第二种根据样本数据与小类以及小类与小类之间亲密程度的测量方法，则主要有如下六种衡量类与类亲疏程度的方法：最长距离法（Furthest Neighbor）、最短距离法（Nearest Neighbor）、类内平均链锁法（Within‑groups Linkage）、类间平均链锁法（Between‑groups Linkage）、离差平方和法（Ward's Method）和重心法（Centroid Clustering）。层次聚类分析方法的具体步骤可描述为：首先将所有变量看成 N 类，然后对性质最相近或相似程度最大的两类进行合并，从而所有变量共被分为了 N–1 类，进而再从这 N–1 类中寻找性质最为相近的两类再做合并，将所有变量分成 N–2 类，依此同理进行类推，直至最终将所有变量全部聚集成一类。

关于聚类分析的具体实施可由统计软件 SPSS，SAS 或 Stata 完成，本书运用的主要是 SPSS 和 Stata 软件。

为了消除变量的量纲差异对后续分析的影响，此处对上述九个变量加以标准化，使得每个变量的均值为 0，方差为 1，这也是因子分析对于变量的基本要求，表 4–8 给出标准化后变量的统计描述结果。

表 4 - 8　标准化后的变量统计描述结果

变量名	样本数	均值	标准差	最小值	最大值	变量含义
Gift_ exp	8438	0	1	-0.524	31.95	礼金支出
Party membership	8438	0	1	-0.479	3.577	家庭党员信息
Job position	8438	0	1	-0.258	10.47	家庭成员工作职位
Work unit type	8438	0	1	-0.557	4.413	家庭成员工作类型
Number of siblings	8438	0	1	-1.657	5.321	兄弟姐妹的个数
Dining - out_ exp.	8438	0	1	-0.146	53.41	在外就餐支出
Communication _ exp	8438	0	1	-0.78	20.95	通信支出
Transportation _ exp.	8438	0	1	-0.382	21.96	交通支出
Entertainment _ exp.	8438	0	1	-0.101	60.92	娱乐支出

对上述九个变量进行聚类分析，结果如图 4 - 1 所示。

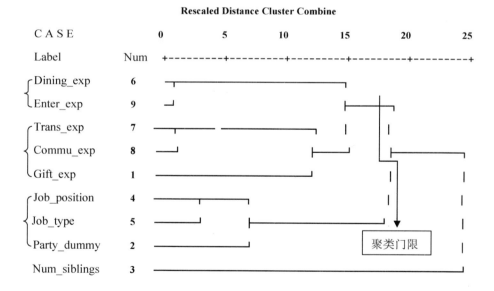

图 4 - 1　变量聚类分析树状图

由聚类分析结果可以发现：表示在外就餐支出和娱乐支出的变量可归为一类；表示家庭人情支出、本地交通支出和通信支出的变量可聚为一类；表示家庭户主及配偶党员特征、家庭成员工作单位类型及家庭成员职务信息的变量可归为一类；家庭户主及其配偶的兄弟姐妹个数被单列出来，自成一类。

四、主成分分析/因子分析的可行性分析

主成分分析（Principal Component Analysis）和因子分析（Factor Analysis）均是利用降维的思想，将多个变量利用线性变换的方式转化成少数几个综合类指标的一种多元统计学分析方法。

通常情况下，我们都会遇到如下类似的情况：对同一个样本进行多次观测时，会涉及多个随机变量 X_1，X_2，$\cdots$，X_p，这些变量均是相关的，我们往往希望能有一个或少数几个代表性的综合指标来尽可能多的囊括这些信息，并且这些综合指标均能相互独立的各自代表该变量某一方面的性质，此时就需要借助此处所讲的主成分分析或因子分析方法了，这种方法能够将多个变量转化为少数几个综合类变量（即一种综合指标），而这几个综合变量均可以对原来多个变量的大部分信息做出反映，且各自所含的信息互相不发生重叠，亦即这几个综合指标之间互相独立互不相关。

设存在一组随机变量 X_1，X_2，$\cdots$，X_p，对应的样本均值分别记为 $\overline{X_1}$，$\overline{X_2}$，$\cdots$，$\overline{X_p}$，相应的标准差为 S_1，S_2，$\cdots$，S_p，对该变量组进行标准化处理后得到：$x_i = \dfrac{X_i - \overline{X_i}}{S_i}$，从而有如下定义：

（4.1）如果 $Y_1 = a_{11}X_1 + a_{12}X_2 + \cdots + a_{1p}X_p$，且满足 $a_{11}^2 + a_{12}^2 + \cdots + a_{1p}^2 = 1$，同时 $Var（Y_1）$ 是所有方差序列中最大的，那么 Y_1 就成为该组随机变量的第一个主成分；

（4.2）如果 $Y_2 = a_{21}X_1 + a_{22}X_2 + \cdots + a_{2p}X_p$，$a_{21}^2 + a_{22}^2 + \cdots + a_{2p}^2 = 1$，同时向量 $（a_{21}，a_{22}，\cdots，a_{2p}）$ 与向量 $（a_{11}，a_{12}，\cdots，a_{1p}）$ 正交，且同时满足 $Var（Y_2）$ 最大，则此时 Y_2 就是该组变量的第二个主成分；

（4.3）同样地，我们可以找出第三、第四、第五……第 p 个主成分。

上述方法所得的主成分列 Y_1，Y_2，$\cdots$，Y_p 满足以下几个性质：

（4.1）各个主成分间是相互独立的，互不相关，亦即对 $\forall i$ 和 j，Y_i 与 Y_j 的相关系数满足 $Corr（Y_i，Y_j）= 0$

（4.2）各个主成分所对应的方差具有依次递减的性质，即

$$Var（Y_1）\geqslant Var（Y_2）\geqslant \cdots \geqslant Var（Y_p）$$

（4.3）各个主成分的方差之和与原始随机变量的方差之和相等，即总方差始终保持不变。

$$Var(Y_1) + Var(Y_2) + \cdots + Var(Y_p) = Var(X_1) + Var(X_2) + \cdots + Var(X_p)$$

该性质告诉我们，主成分只是对原有变量的一种改组，是由它们的线性组合构成的，主成分并不改变原有变量的信息量。

（4.4）在主成分的线性组合中，系数向量组满足 $a_{i1}^2 + a_{i2}^2 + \cdots + a_{ip}^2 = 1$。

（4.5）各个主成分与原先变量的相关系数由如下公式给出：

$$Corr(Y_i, X_j) = a_{ij}\sqrt{Var(Y_i)} = a_{ij}\sqrt{\lambda_i}$$

此处，定义 $Var(Y_i) = \lambda_i$，若设原始随机变量 X_1，X_2，$\cdots$，X_p 的相关系数矩阵为 R，那么主成分的系数向量组（a_{i1}，a_{i2}，$\cdots$，a_{ip}）就是该矩阵 R 的第 i 个特征向量，λ_i 为该矩阵的第 i 个特征值，它满足性质 $\lambda_1 \geqslant_2 \geqslant \cdots \geqslant_p \geqslant 0$。

上面已经提到，若共有 p 个随机变量，则便会产生 p 个主成分，在具体的分析中，往往只是选取前面几个方差较大的主成分，而忽略后面较为次要的主成分，关于具体主成分个数的选取则主要取决于所保留主成分的累计方差在方差总和中所占的百分比（被定义为主成分的累计贡献率），其标志着这几个所选取主成分所囊括信息的多寡。一般来说，经验的做法是选取能使累计贡献率达到65%及以上的前几个主成分，另外，通常也选取特征值λ大于1所对应的前几个主成分。

因子分析与主成分分析在本质上是相同的，都是利用降维思想对数据进行处理和简化的一种统计学分析方法，但二者也存在着区别，单就本书的研究来看，二者所产生的效果是完全相同的，因此此处不再对其赘述。

为了构造能涵盖多重维度的社会网络测度指标，本书将采用基于降维思想的因子分析方法（关于该方法的更多介绍和应用，可参见傅德印（1992、2000、2007等））。通过该方法，能在尽可能损失较少信息的前提下，将上述九个变量转化为一个综合性的指标。当然，并不是所有的变量都能够运用因子分析的思想实现降维和综合，统计学中，在判断一些变量是否适合因子分析时，存在着一些相关的判别指标，常用的主要有 KMO 指标和 SMC 指标。

KMO 是关于抽样充分性的测度指标，用于衡量变量间相关关系的强弱，它主要通过比较两变量间的相关系数和偏相关系数而得到。其数值介于 0 与 1 之间，取值越高，表明变量间的共性越强，若值较低，则说明利用因子分析并不能产生较好的数据约束化效果。基于 Kaiser（1974）的经验法则，当 KMO 的取值超过 0.6 时，说明这些变量适用于因子分析，当然，该取值越高，分析结果将越可信。

SMC 指标用以表示复回归方程的可决系数，即一个变量与其他所有变量复相关系数的平方。同 KMO 指标一样，SMC 的取值越高，则选择因子分析就越合理。

表 4 - 9 给出了上述九个变量的 KMO 指标和 SMC 指标的取值。

表 4 - 9   社会网络相关变量的 KMO 指标和 SMC 指标

变量名	KMO 指标	SMC 指标
Gift exp.	0. 784	0. 799
Party membership	0. 689	0. 581
Job position	0. 664	0. 669
Work unit type	0. 702	0. 457
Number of siblings	0. 653	0. 891
Dining – out exp.	0. 612	0. 871
Communication_ exp.	0. 662	0. 416
Transport _ exp.	0. 679	0. 479
Entertainment_ exp.	0. 592	0. 908
Overall	0. 760	

从该结果不难发现，除了变量 Entertainment_ exp 的 KMO 取值低于 0. 6 外，其他八个变量的 KMO 值均超过 0. 6，并且总体的 KMO 指标为 0. 76，说明这九个变量适用于因子分析，另外，SMC 指标的取值均超过门限值，同样说明了本书使用因子分析的可行性。

克隆巴赫系数（Cronbach Coefficient Alpha）是反映变量内部一致性信度的常用指标（Cronbach, 1951），该系数值越高，表明变量之间的信度越高。Nunnally（1978）认为 0. 7 可以作为该系数的门限值，也有一些学者认为该系数值可放松到 0. 6，即可说明变量内部间的信度可被接受（Boscarino 等，2004；Raykov, 1998）。

利用上述九个变量标准化后的结果，可计算出变量的克隆巴赫系数如表 4 - 10 所示。

表 4 - 10　社会网络相关变量的克隆巴赫系数

变量名	样本数	总体相关性	克隆巴赫系数
Gift exp.	8438	0.432	0.691
Party membership	8438	0.462	0.682
Job position	8438	0.51	0.667
Work unit type	8438	0.527	0.661
Number of siblings	8438	−0.338	0.717
Dining − out_ exp.	8438	0.501	0.670
Communication_ exp.	8438	0.614	0.632
Transportation_ exp.	8438	0.536	0.659
Entertainment_ exp.	8438	0.482	0.676
全部变量			0.702

上表给出了社会网络相关变量的克隆巴赫系数及各自变量的总体相关度，总体的克隆巴赫系数值为 0.702，恰与 Nunnally（1978）所认定的门限值一致，这说明上述九个变量间存在着较好的信度。由上表还发现：变量Communication_ exp 具有最高的总体相关度，当将其剔除后，克隆巴赫系数值由之前的 0.67 降至 0.632，所降低的比例是最高的，说明该变量与其他变量间的信度最大；而变量 Number of siblings 的总体相关系数最小且为负值（−0.338），且当剔除该变量后，克隆巴赫系数值由原来的 0.661 增至 0.717，说明该变量与其他变量间的信度最低，该结果也在聚类分析和后续的因子分析结果中得到了体现，聚类分析和因子分析的结果均表明，变量 Number of siblings 并未与其他变量划归为一组，而是自成一类。

上述的结果均表明，因子分析的方法适用于此处的九个变量，因此下面将基于该方法阐释社会网络指标的具体构造。

五、因子分析法构造"社会网络"总体测度指标

文献中关于指标构建的方式颇多，且各自对于相关问题和变量的要求较为苛刻。结合此处的具体问题和已有的变量，本书选取因子分析方法来构建社会网络指标，而将其他可用的方式作为后续的稳健性检验，对比效果易知，因子分析所产生的结果更为直观且说服力更强。

基于上述标准化后的九个变量，对其进行因子分析，所得结果如表 4 - 11

所示。

表 4 – 11 社会网络相关变量因子分析的结果

Factors	特征值	贡献率	累计贡献率
Factor1	2.256	0.251	0.251
Factor2	1.505	0.167	0.418
Factor3	1.099	0.122	0.540
Factor4	1.000	0.111	0.651
Factor5	0.828	0.092	0.743
Factor6	0.684	0.076	0.819
Factor7	0.585	0.065	0.884
Factor8	0.552	0.061	0.946
Factor9	0.490	0.055	1

根据因子分析的经验判别法则（何晓群，2007），此处所选择的主因子个数应为 4 个（此时，特征值等于 1，且累计贡献率超过 65%），当主因子个数再增加一个时，其边际贡献率尚不足 10%，因此，从上述结果来看，选取四个主因子最为占优。表 4 – 12 给出相应的因子分析载荷矩阵。

表 4 – 12 因子分析的载荷矩阵

变量名	Factor 1	Factor2	Factor 3	Factor4
Gift exp.	0.446	– 0.036	– 0.466	0.188
Party membership	0.438	0.541	0.186	0.221
Job position	0.510	0.518	0.144	0.039
Work unit type	0.519	0.561	0.213	– 0.120
Number of siblings	– 0.213	0.045	– 0.095	0.930
Dining – out _ exp.	0.499	– 0.508	0.454	0.119
Communication_ exp	0.687	– 0.197	– 0.356	– 0.025
Transportation _ exp.	0.586	– 0.211	– 0.475	– 0.071
Entertainment _ exp.	0.475	– 0.534	0.462	0.124

载荷矩阵反映了每个变量在各主因子中的相对重要性，为了更清楚地看出这种作用，也为了能使得每个主因子具有一个合理的经济学意义，需要对上述

因子分析的结果加以旋转，如表 4 - 13 所示。

表 4 - 13 旋转后的因子分析结果

主因子	方差	贡献率	累计贡献率
Factor1	1.707	0.1896	0.1896
Factor2	1.615	0.1794	0.3691
Factor3	1.508	0.1675	0.5366
Factor4	1.031	0.1145	0.6512

此时，旋转后默认生成的主因子有四个，累计贡献率约为 65%，与未旋转之前的结果一致，旋转后的因子载荷矩阵如表 4 - 14 所示。

表 4 - 14 旋转后的因子分析载荷矩阵

变量名	Factor 1	Factor 2	Factor 3	Factor 4
Gift exp.	0.1033	0.6443	-0.0206	0.1646
Party membership	0.7353	0.0463	0.0321	0.1544
Job position	0.7303	0.1233	0.0235	-0.0304
Work unit type	0.7754	0.0649	0.0174	-0.1941
Number of siblings	-0.0357	-0.0506	-0.0307	0.9573
Dining - out _ exp.	0.0371	0.1086	0.8446	-0.0292
Communication_ exp.	0.1314	0.7493	0.2236	-0.0993
Transportation_ exp.	0.0237	0.7707	0.1035	-0.1174
Entertainment _ exp.	0.0064	0.0931	0.8548	-0.0231

相对于未加以旋转的因子载荷矩阵，此处每个主因子均具有各自主导占优的变量，且上述九个变量在各个主因子中的主导作用是非重复的，为了更进一步的显示出每个变量在各主因子中的相对重要性，表 4 - 15 给出基于上述旋转后载荷矩阵的方差单位化的因子平方载荷矩阵，它用以说明每个主因子的单位方差中，各个变量可解释的比例。

表 4 - 15 方差单位化的因子平方载荷矩阵

变量名	Factor 1	Factor 2	Factor 3	Factor 4
Gift_ exp.	0.01	0.26	0.00	0.03
Party membership	0.32	0.00	0.00	0.02

续表

变量名	Factor 1	Factor 2	Factor 3	Factor 4
Job position	0.31	0.01	0.00	0.00
Work unit type	0.35	0.00	0.00	0.04
Number of siblings	0.00	0.00	0.00	0.89
Dining – out _ exp.	0.00	0.00	0.48	0.00
Communication_ exp.	0.01	0.35	0.03	0.01
Transport_ exp.	0.00	0.38	0.01	0.01
Entertainment_ exp.	0.00	0.00	0.48	0.00
Sum of Column	1	1	1	1

由此结果，可以更容易地看出每个主因子中占主导作用的变量，除此之外，每个主因子也具有较为合理的实际意义。

在第一个主因子中，变量 Party membership、Job position 连同 Work unit type 解释了单位方差的 98%，这三个变量反映了家庭的社会地位及职业发展所积累的社会网络资源，是对家庭所拥有社会资本的良好概括。在第二个主因子中，变量 Gift_ exp、Communication_ exp 以及 Transport_ exp 联合解释了其中的 99%，这是社会网络动态维度的反映，主要表示家庭为了维护已有的社会网络所做的努力。与此相仿，第三个主因子也是家庭社会网络动态维度的映像，但其中起主要作用的变量是 Dining – out _ exp 和 Entertainment_ exp，更侧重于发展新的社会网络。Number of siblings 是第四个主因子中起主导作用的唯一变量，与之前的克隆巴赫系数所反映的信息相似，该变量有别人其他八个变量，是社会网络静态维度的良好概括。此处的四个主因子可视为是社会网络的四个子指标，在具体经济问题的分析中也可利用此处的四个社会网络子指标对目标问题加以解释。

对比之前聚类分析的结果和此处因子分析的结果，不难发现，此处的四个主因子刚好完全对应于聚类分析的四个子聚类组，这在一定程度上说明了因子分析结果的可信性，也为社会网络指标的合理性提供了有益的佐证。

基于旋转后的因子分析结果，可以计算出上述每个主因子所对应的相对权重，具体结果如表 4 – 16 所示。

表 4 - 16　主因子方差贡献率与相对权重

主因子信息	Factor 1	Factor 2	Factor 3	Factor 4
方差贡献率	1.707	1.615	1.508	1.031
相对权重	0.29	0.27	0.26	0.18

从而，最终的社会网络指标可以由下式计算得出：

Guanxi_ index = 0.29 * Factor1 + 0.27 * Factor2 + 0.26 * Factor3 + 0.18 * Factor4

最终所构建的社会网络指标与上述四个社会网络子指标的统计描述结果由表 4 - 17 给出。

表 4 - 17　社会网络指标的统计描述结果

社会网络指标	样本数	均值	标准差.	最小值	最大值
Guanxi_ index	8438	5.77e - 11	0.507	- 0.679	14.36
Sub_ index1	8438	0	1	- 3.252	6.877
Sub_ index2	8438	0	1	- 6.234	22.34
Sub_ index3	8438	0	1	- 3.857	61.36
Sub_ index4	8438	0	1	- 2.333	6.033

为了实际经济问题中解释上的方便，此处将上述社会网络指标加以线性变换，将其值域控制在 [0, 100] 内，这种简单的线性变换不会改变指标的相对大小，因而对具体经济问题的分析也不会产生实质的影响。变换值域后社会网络指标的统计描述如表 4 - 18 所示。

表 4 - 18　社会网络指标的统计描述结果（限定值域在 [0, 100] 内）

社会网络指标	样本数	均值	标准差.	最小值	最大值
Guanxi_ index	8438	4.518	3.371	0	100
Sub_ index1	8438	32.11	9.873	0	100
Sub_ index2	8438	21.81	3.499	0	100
Sub_ index3	8438	5.914	1.533	0	100
Sub_ index4	8438	27.89	11.95	0	100

综上所述，通过聚类分析和因子分析，最终所选择的社会网络相关变量有 9 个，总体上来看，这九个变量恰对应于社会网络的三个维度。具体而言，变量 Number of siblings 反映了家庭的亲缘关系，用来解释社会网络的静态维度；变量

Party membership，Job position 和 Work unit type 则反映了家庭的社会地位和权势大小，属于社会资本的范畴；用于反映家庭社会网络动态维度的变量有如下五个：Gift_ expenditure，Dinning－out_ expenditure，Communication_ expenditure，Local transportation expenditure 以及 Entertainment expenditure 等，它们用来反映家庭在不断建立和维护社会网络时所做出的努力和耗费的成本。聚类分析所产生的四个子类也正好与此处的分类完全一致，由此也说明了因子分析在构造社会网络指标时的可行性和稳健性，本书也通过使用不同的处理方法对上述过程进行了反复验证，结果均发现，处理方法的不同并不会改变最终所构造社会网络指标的现有特征，这说明，上述关于社会网络指标的构建具有相当程度的稳健性。

第五节 稳健性分析

上述分析描述了本章关于社会网络指标的建构方法，为了进一步考察此处社会网络测度指标的可信性，我们利用不同方式进行了相应的稳健性分析，限于篇幅，下文只从几个方面作一简要概述。

直观的数据比较和图形分析发现，上述社会网络指标值较大的样本所对应的 23 个可能的社会网络变量值均明显大于较小的社会网络指标值所对应样本的各自取值，这说明上述社会网络指标确实能够对家庭的社会网络大小做出一定程度上的概括。

表 4－19　社会网络指标大小与家庭社会网络强弱对比

社会网络指标均值以上		社会网络指标均值以上	
变量名	均值	Comparison	均值
家庭收入	25442	<	70495
家庭资产	376074	<	1.503e＋06
家庭负债	24938	<	153775
家庭平均年龄	42.10	>	39.52
家庭中劳动力个数	1.805	<	1.948
家庭中男劳力个数	1.004	<	1.093

社会网络指标均值以上		社会网络指标均值以上	
变量名	均值	Comparison	均值
劳动力平均教育年限	4.250	<	6.152
家庭礼金支出	3008	<	10940
家庭礼金收入	1638	<	2954
家庭党员个数	0.0417	<	0.553
家庭成员职务	0.0487	<	1.320
成员工作类型	0.628	<	2.511
兄弟姐妹个数	4.781	<	7.195
在外就餐支出	1390	<	6357
本地交通支出	783.3	<	3631
通讯支出	990.6	<	2503
娱乐支出	101.0	<	974.9
麻将等收入	23.61	<	191.2
奢侈品支出	45.12	<	485.2
旅游探亲支出	702.1	<	2924
信息来源	0.322	<	0.328
股票信息	0.000574	<	0.00654
股票决策	0.00230	<	0.00779
银行贷款被拒原因	0.00631	<	0.00374
选择银行原因	0.00230	<	0.0121
融资途径	0.234	<	0.206
汽车个数	0.0775	<	0.298
样本个数	5227		3211

　　具体地，通过比较各个可能的社会网络变量与主成分旋转产生的得分因子，可以发现：较之得分系数较平均值以下的样本来说，各个得分因子的均值水平以上的数据对应的样本具有如下的特征：家庭总收入越高、家庭总资产和总负债水平越高、家庭成员平均受教育水平越高、礼金支出水平更高、礼金收入水平更高；家庭中户主及其配偶是党员的比率更高；家庭成员的任职越高且任期越久；家庭成员工作的单位类型更倾向于政府单位、上市企业单位或事业单位；

打牌或打麻将的概率更高且从中获得的收入更高；在外就餐花费更多；本地交通花费更多；电话费支出更多；在舞厅、网吧等娱乐场所的花费更多；用于名牌箱包、字画等奢侈品方面的支出也更多；旅游探亲方面的支出越多；往往更倾向于从亲友中获得信息（得分系数在均值水平以上的33.6%的家庭倾向于通过亲友获得信息，均值水平以下的家庭，约31.8%的家庭信息渠道来自亲友）；股票决策更多地倾向于询问亲友、往往与银行有更多的业务往来等。

从上述结果可知，在已有的衡量社会网络的可能变量中，家庭在这些变量上的报告值越大，所对应的利用上述因子分析所计算的社会网络指标也越大，这一定程度上说明了上述所构造的社会网络指标确实刻画了家庭实际所拥有的社会网络的大小。

对上述用以衡量社会网络的可能变量与主成分中产生的因子得分分别作图，来考察是否变量所衡量的社会网络越好，因子得分越大。通过分别对这些变量和社会网络指标作拟合图，结果显示属于递增类型（涉及图形较多，图形从略），因此从图形的角度也说明了社会网络变量与得分因子存在看正相关关系。

基于上述因子分析的结果，将总体样本按社会网络指标构建时所最终选取的9个变量来进行聚类，结果发现，那些被认为具有更多社会网络的样本所对应的社会网络指标值更大，而另外一些样本的社会网络指标则具有较小的值。

选用 Min – Max 的标准化方式（Nardo, 2005），对变量进行上述分析，除因子权重有所改变外，最终的社会网络指标相对大小和图形趋势与之前的较为一致，但考虑到主成分分析和因子分析要求变量"均值为0，方差为1"，因此此处不适宜选用其他的标准化方式。

对于变量家庭礼金支出、Outdiningexp、Communication_ exp、Transport_ exp、Entertainment_ exp 分别取对数后标准化，再进行上述的因子分析，所产生的效果与前述结果并无太大差异。

利用变量缺失值的不同处理方式，得出各自对应的社会网络指标，结果发现，无论是利用变量家庭礼金支出剔除缺失值后的样本、缺失值直接处理为0后的样本还是利用组内均值替代确实值后的样本，最终所构建的社会网络指标都具有相似的散点分布图，且统计描述上也并无明显差异。

在利用不同的处理方式构造社会网络指标时，因子分析所选择的变量都没有发生大的差异，而且在最终的每个主因子中，起主导作用的变量都是完全一样的。

下面给出利用上述几种不同处理方式所产生的社会网络指标的统计描述结果，从中可以看出无论采用哪种方式，最终所产生的社会网络指标都是高度一致的。

表4-20　利用不同方式所构建的社会网络指标

变量名	样本数	均值	标准差.	最小值	最大值
Guanxi_ index	8438	$5.77e-11$	0.507	-0.679	14.36
Guanxi_ another	8438	$3.21e-10$	0.454	-0.590	13.43
Guanxi_ mean	8438	$1.39e-10$	0.507	-0.679	14.38
Guanxi_ exclude	8438	0.0567	0.492	-0.701	14.30
Guanxi_ zero	8438	0	0.507	-0.666	14.41
Guanxi_ log	8438	$6.02e-09$	36.00	-131.2	252.1
Guanxi_ mlog	8438	$1.73e-08$	40.00	-124.5	143.8

上述各变量含义如表4-21所示。

表4-21　利用不同方式所构建社会网络指标的解释

变量名称	变量含义
Guanxi_ index	本书所构造的社会网络指标
Guanxi_ another	利用另外一种方式所构造的社会网络指标
Guanxi_ mean	缺失值均值替代后的社会网络指标
Guanxi_ exclude	利用剔除缺失值后的样本所构造的社会网络指标
Guanxi_ zero	缺失值以0替代后产生的社会网络指标
Guanxi_ log	缺失值处理同 Guanxi_ index，此处对变量"家庭礼金支出"取对数
Guanxi_ mlog	缺失值处理同 Guanxi_ index，此处对正数较大的5个变量均取对数

注：此处的社会网络指标均是未对其进行线性变换前的原始指标值。

分别利用上述七个社会网络指标对样本进行排序，发现不同社会网络指标对应的样本顺序是高度一致的，因此这也说明了社会网络指标的构造不会因数据处理的不同或者构造方式的不同而产生变化，因此利用它来说明家庭所拥有的社会网络是可行且可靠的。

将上述社会网络指标加以线性化处理，进而对样本排序，所产生的结果也是与上述一致的。

基于上述分析，本书关于社会网络指标的构建具有相当程度的稳健性，因此，利用文中所构造的社会网络指标，对具体的经济问题加以分析也具有较之已有文献的明显进步性。

第六节 "社会网络"指标离群值比较

分析上述所构造的总体社会网络指标，不难发现，对于大多数样本来说，其所对应的社会网络指标是落在集群范围内的，然而，也有近5%的样本所对应的社会网络指标显得异常大或异常小，基于此，我们有必要对这些社会网络指标离群值所对应的样本特征加以分析，以从中找到一些可能存在的迹象或规律。

为了考察这些离群值样本的特征，下面分别列出了社会网络指标值最大的前100个、50个、20个及前10个样本所对应的变量均值特征。同样的，也同时给出了社会网络指标值最小的前100个、50个、20个及前10个样本所对应的变量均值特征，并将之与总体样本的变量均值加以对比，从中不难发现这些样本所存在的一些共性。

表4-22 社会网络指标值最大前100个、50个、20个及前10个所对应样本特征描述

变量名	总体均值	均值	均值	均值	均值
家庭收入	42586	218414	355078	387671	452751
家庭资产	804969	1.500e+07	2.790e+07	1.100e+07	1.730e+07
家庭负债	73965	2.252e+06	4.355e+06	1.050e+07	2.040e+07
家庭平均年龄	41.12	35.56	33.68	33.86	32.12
家庭中劳动力个数	1.859	2.070	1.960	1.750	1.700
家庭中男劳力个数	1.038	1.140	1.060	0.800	0.700
劳动力平均教育年限	4.973	8.900	8.286	7.646	7.192
家庭礼金支出	6027	54007	78227	116005	151500
家庭礼金收入	2139	4844	6495	4700	7800
家庭党员个数	0.236	1.020	0.920	0.850	0.500
家庭成员职务	0.532	7.912	5.783	3.569	1.344
工作类型	1.345	4.730	3.500	2.500	0.900
兄弟姐妹个数	5.699	5.980	5.200	4.750	2.900

续表

变量名	总体均值	均值	均值	均值	均值
在外就餐支出	3280	64086	112768	215318	394909
本地交通支出	1867	14834	20193	23755	26618
通讯支出	1566	7916	10730	14580	14455
娱乐支出	433.6	11655	20830	39540	67298
麻将等收入	87.39	620	1200	500	1000
奢侈品支出	212.6	2724	3962	4859	8182
旅游探亲支出	1548	14098	19636	25205	31364
信息来源	0.324	0.310	0.320	0.450	0.400
股票信息	0.00284	0.0100	0.0200	0	0
股票决策	0.00438	0.0100	0.0200	0	0
银行贷款被拒原因	0.00533	0	0	0	0
选择银行原因	0.00604	0.0200	0.0200	0	0
融资途径	0.223	0.110	0.0400	0	0
汽车个数	0.161	0.880	1.240	1.400	1.500
城市样本数	5194	90	46	19	10
东部样本数	3980	72	42	19	9
中部样本数	2517	17	6	1	1
西部样本数	1941	11	2	0	0
观测值个数	8438	100	50	20	10

首先，将社会网络指标值最大的前 100 个、50 个、20 个及前 10 个样本所对应各个变量的均值与第一列中总体样本的变量均值加以对比可以发现：社会网络指标最大的这些样本，往往家庭收入均值越高、资产与负债额更大、家庭成员的平均年龄更小、家庭中劳动力的平均受教育年限越高、家庭的礼金收支数额更高，在就餐/通讯/交通/娱乐/奢侈品/旅游方面的支出水平也更高。另外，一个很明显的特征是，社会网络指标值最大的这些样本往往大多比例集中在东部地区，且多数均属于城市样本，西部地区中社会网络指标值异常大的样本个数很少。

同样的，对社会网络指标值最小的前 100 个、50 个、20 个及前 10 个样本所对应的上述变量值与总体样本均值对比后可以发现：社会网络指标值最小的这些样本，往往其家庭收入均值越低、资产与负债额越低、家庭成员平均年龄越高、家庭中劳动力的平均受教育年限更高、家庭的礼金收支额也明显偏低、家庭成员中往往无人为党员且均无正式工作和工作职务、家庭在外就餐/通讯/交通/娱乐/奢侈品/旅游方面的支出水平也更低，往往没有任何金融资产，也不能从银行等正规渠道获得融资、家庭中也无轿车等。另外，社会网络指标值最低的这些家庭往往集中在农村，且家庭地处中西部的比例更高。

表4-23　社会网络指标值最小前100个、50个、20个及前10个所对应样本特征描述

变量名	总体均值	均值	均值	均值	均值
家庭收入	42586	7837	6231	4988	6859
家庭资产	804969	164372	126664	215387	109787
家庭负债	73965	10585	2610	1400	700
家庭平均年龄	41.12	58.39	63.94	65.55	65.50
家庭中劳动力个数	1.859	1.010	0.860	0.950	0.900
家庭中男劳力个数	1.038	0.550	0.460	0.650	0.500
劳动力平均教育年限	4.973	2.167	1.587	1.942	1.350
家庭礼金支出	6027	403.2	238	102.5	205
家庭礼金收入	2139	457.2	629	782.5	905
家庭党员个数	0.236	0	0	0	0
家庭成员职务	0.532	0	0	0	0
工作类型	1.345	0.0100	0	0	0
兄弟姐妹个数	5.699	0.0500	0	0	0
在外就餐支出	3280	158.2	10.91	0	0
本地交通支出	1867	111.4	24.87	12.55	16.36
通讯支出	1566	229.6	105.2	22.36	36
娱乐支出	433.6	2.400	0.436	1.091	0
麻将等收入	87.39	0	0	0	0
奢侈品支出	212.6	0	0	0	0
旅游探亲支出	1548	133.6	145.5	72.73	145.5
信息来源	0.324	0.230	0.340	0.500	0.400
股票信息	0.00284	0	0	0	0

续表

变量名	均值	均值	均值	均值	均值
股票决策	0.00438	0	0	0	0
银行贷款被拒原因	0.00533	0	0	0	0
选择银行原因	0.00604	0	0	0	0
融资途径	0.223	0.100	0.140	0	0
汽车个数	0.161	0.0100	0	0	0
城市样本数	5194	52	36	15	5
东部样本数	3980	31	10	2	2
中部样本数	2517	34	22	10	4
西部样本数	1941	35	18	8	4
观测值个数	8438	100	50	20	10

第七节　城市家庭"社会网络"测度指标

与总体样本下对于家庭社会网络指标的构建方式一样，此处以城市样本为对象，利用因子分析的方式构建用以反映城市家庭中社会网络大小的指标。

经过不断地试算分析，最终所选择的用以构造城市家庭社会网络指标的基础变量有如下九个。

表 4-24　城市社会网络指标的备选变量及表示

变量表示	变量解释
Gift_ exp.	过去一年里因婚丧嫁娶或逢年过节给非家庭成员的人情总支出
Gift income	过去一年因婚丧嫁娶或逢年过节从非家庭成员处获得的人情总收入
Party membership	家庭户主及其配偶是否属于党员
JobPosition	家庭成员职务特征（职务等级与相应职务年限开方数的乘积）
Work unit type	用以衡量家庭成员的工作单位类型
Dining-out_ exp.	家庭过去一年在外就餐总支出
Communication_ exp.	家庭过去一年用于电话等通信方面的总支出
Transportation_ exp.	家庭过去一年本地交通总支出
Entertainment_ exp.	家庭去年在影剧票、歌舞厅和网吧等文化娱乐方面总支出

　　上述九个变量的 KMO 指标、SMC 指标以及克隆巴赫系数均表明,对上述变量进行因子分析是可行的,限于篇幅,此处对于这些指标值不再赘述。下文主要对上述变量的因子分析结果加以详述。

　　对上述九个变量进行因子分析,结果如表 4 – 25 所示。

表 4 – 25　城市家庭社会网络相关变量因子分析的结果

Factors	特征值	贡献率	累计贡献率
Factor1	2.173	0.241	0.241
Factor2	1.537	0.171	0.412
Factor3	1.180	0.131	0.543
Factor4	1.015	0.113	0.656
Factor5	0.772	0.0858	0.742
Factor6	0.671	0.0745	0.816
Factor7	0.620	0.0689	0.885
Factor8	0.555	0.0617	0.947
Factor9	0.478	0.0532	1

　　由此,根据前面提到的主因子选取准则,此处将选择前四个主因子作为后续分析的基础,由表 4 – 25 可知此时累计贡献率达到 65.6% 且当主因子个数再增加一个时,其边际贡献率尚不足 10%,因此选取 4 个主因子是最为合理的,下面给出该因子分析的载荷矩阵。

表 4 – 26　因子分析载荷矩阵

变量名	Factor 1	Factor2	Factor 3	Factor4
Gift_ exp.	0.469	− 0.057	0.559	0.196
Gift income	0.255	− 0.043	0.548	0.622
Party membership	0.359	0.592	− 0.142	0.175
JobPosition	0.457	0.571	− 0.126	− 0.025
Work unit type	0.410	0.629	− 0.193	0.031
Dining – out_ exp.	0.518	− 0.427	− 0.465	0.252
Communication_ exp.	0.693	− 0.187	0.156	− 0.397
Transportation_ exp.	0.614	− 0.179	0.235	− 0.508
Entertainment_ exp.	0.507	− 0.459	− 0.446	0.280

　　基于该载荷矩阵的结果，我们尚不能明确地判断出在上述四个主因子中起主导作用的变量，为了使因子分析的结果具有更合理的经济学解释，亦即：对每个主因子赋予一个合理的命名，通常需要对第一步因子分析中的载荷矩阵加以旋转，以期得到更具有经济学意义的结果。

　　对上述因子载荷矩阵加以旋转，得到如表 4 - 27 所示的结果。

表 4 - 27　旋转后的因子分析结果

Factor	方差	贡献率	累计贡献率
Factor1	1. 65323	0. 1837	0. 1837
Factor2	1. 55696	0. 1730	0. 3567
Factor3	1. 49474	0. 1611	0. 5228
Factor4	1. 19944	0. 1333	0. 6560

　　此时，因子旋转默认产生的主因子有上述四个，对应的载荷矩阵如表 4 - 28 所示。

表 4 - 28　旋转后的因子分析结果对应的载荷矩阵

变量名	Factor 1	Factor 2	Factor 3	Factor 4
Gift_ exp.	0. 0564	0. 3696	0. 0017	0. 6593
Gift income	0. 0129	− 0. 0557	0. 0527	0. 8648
Party membership	0. 7199	− 0. 0411	0. 0285	0. 0975
JobPosition	0. 7239	0. 1634	0. 0045	0. 0086
Work unit type	0. 7727	0. 0629	0. 0125	− 0. 0187
Dining − out_ exp.	0. 0303	0. 1176	0. 8458	0. 0159
Communication_ exp.	0. 0935	0. 8030	0. 1986	0. 0648
Transportation_ exp.	0. 0313	0. 8458	0. 0670	0. 0232
Entertainment_ exp.	− 0. 0035	0. 1044	0. 8553	0. 0451

　　相对于第一步下的因子载荷矩阵，此处旋转后的载荷矩阵中每个主因子均具有各自主导占优的变量，且上述九个变量在各个主因子中的作用是非重复的，基于此，我们可以对每个主因子赋予一个唯一的命名。

　　为了更清楚地看出每个主因子中各个变量的相对大小，表 4 - 29 给出旋转后载荷矩阵的 Squared factor loading，它表示在每个主因子的单位方差中，每个变量可解释的比例。

表4-29 方差单位化的因子平方载荷矩阵

变量名	Factor 1	Factor 2	Factor 3	Factor 4
Gift_ exp.	0.00	0.09	0.00	0.37
Gift income	0.00	0.00	0.00	0.62
Party membership	0.32	0.00	0.00	0.01
JobPosition	0.32	0.02	0.00	0.00
Work unit type	0.36	0.00	0.00	0.00
Dining-out_ exp.	0.00	0.00	0.49	0.00
Communication_ exp.	0.00	0.43	0.02	0.00
Transportation_ exp.	0.00	0.46	0.00	0.00
Entertainment_ exp.	0.00	0.00	0.49	0.00
Sum of Column	1	1	1	1

　　与总体样本下社会网络指标构建的结果类似，在第一个主因子中，表征家庭成员党员身份的变量Party_ membership和表示成员工作职务及工作类型的变量Job Position及Work unit type起着明显最大的作用，几乎可解释第一主因子的全部信息，该因子主要是说明了家庭可能拥有的社会网络资源，可以看作是家庭所拥有的社会资本。

　　在第二个主因子中，起主导作用的变量是：表示家庭用以通信方面的支出和用以本地交通方面的支出。这两个变量能解释第二个主因子中89%的部分，主要是反映家庭用以维持已有社会网络时的花费。

　　在第三个主因子中，表示家庭在外就餐支出的变量Dining-out_ exp.，连同表示家庭用以娱乐方面支出的变量Entertainment_ exp，共解释了该主因子的98%，它所主要反映的是家庭为了结识新的社会网络或更好的维持已有的社会网络所需要的支出。

　　第四个主因子中起绝对主导作用的变量是：家庭的礼金收入和礼金支出，刻画了家庭在结交和维持关系时礼尚往来的相关信息，约能解释该主因子的99%。

　　基于因子载荷矩阵旋转后的结果，可以求得每个主因子的相对权重大小如表4-30所示：

表4-30　主因子所对应的方差贡献率及其相对权重

变量名	Factor 1	Factor 2	Factor 3	Factor 4
Explained Variance	1.653	1.557	1.495	1.199
Weight	0.28	0.27	0.25	0.20

由此，最终构造出反映家庭社会网络的指标如下所示：

Urban_ Guanxi = 0.28 * Factor1 + 0.27 * Factor2 + 0.25 * Factor3 + 0.20 * Factor4

表4-31给出由此所产生的社会网络指标的统计描述结果。

表4-31　社会网络指标的统计描述结果

社会网络指标	样本数	均值	标准差.	最小值	最大值	偏度	峰度
Urban_ Guanxi	5194	-2.54e-10	0.504	-0.444	10.88	5.163	67.83
UrbSub_ index1	5194	5.49e-11	1	-2.494	5.753	1.998	7.511
UrbSub_ index2	5194	3.59e-10	1	-5.175	21.89	5.509	69.08
UrbSub_ index3	5194	-4.48e-10	1	-2.466	48.92	32.08	1313.4
UrbSub_ index4	5194	-2.63e-10	1	-1.772	21.31	9.461	133.5

与总体样本下对社会网络指标的线性处理方式相同，此处，对于城市样本下所构建社会网络指标的值域也作一同样的处理，线性变换后社会网络指标的统计描述结果如表4-32所示。

表4-32　线性变换后社会网络指标的统计描述结果

社会网络指标	样本数	均值	标准差.	最小值	最大值	偏度	峰度
Urban_ Guanxi	5194	3.926	4.449	0	100	5.163	67.83
UrbSub_ index1	5194	30.24	12.12	0	100	1.998	7.511
UrbSub_ index2	5194	19.12	3.695	0	100	5.509	69.08
UrbSub_ index3	5194	4.798	1.946	0	100	32.08	1313.4
UrbSub_ index4	5194	7.678	4.332	0	100	9.461	133.5

关于社会网络指标的稳健性分析与总体样本下并无差异，详细的分析仍证实了此处关于社会网络指标构建的稳健性和可靠度，具体内容此处不再赘述。

关于离群值的特征，也与总体样本下的情况相似，下面分别给出城市社会网络指标值最大的和最小的前100个、50个、20个及前10个样本所对应的变量均值特征。

表 4 – 33　城市社会网络指标最大前 100 个、50 个、20 个及前 10 个对应样本特征描述

变量名	总体均值	均值	均值	均值	均值
家庭收入	54624	285974	382528	374463	407251
家庭资产	1.127e + 06	1.530e + 07	2.790e + 07	1.070e + 07	1.620e + 07
家庭负债	105453	2.265e + 06	4.365e + 06	1.050e + 07	2.010e + 07
家庭平均年龄	40.78	33.71	33.37	33.83	33.72
家庭中劳动力个数	1.493	2	1.900	1.800	1.500
家庭中男劳力个数	0.854	1.060	0.920	0.700	0.600
劳动力平均教育年限	5.206	8.979	8.331	7.692	7.425
家庭礼金支出	7379	54297	77229	108000	134200
家庭礼金收入	2535	28097	43720	48475	22000
家庭党员个数	0.311	0.730	0.740	0.550	0.500
家庭成员职务	0.760	5.358	4.350	2.802	1.978
工作类型	1.863	3.920	2.800	1.650	0.900
兄弟姐妹个数	5.213	4.340	4.080	3.100	3.100
在外就餐支出	4382	66573	106920	210682	393055
本地交通支出	2230	18453	20297	24436	24655
通讯支出	1874	8401	10153	14078	14345
娱乐支出	634.9	12381	19355	38782	67833
麻将等收入	119.9	600	1200	3000	1000
奢侈品支出	310.2	2381	2944	4859	7273
旅游探亲支出	2037	16318	16391	24341	35545
信息来源	0.301	0.350	0.340	0.350	0.400
股票信息	0.00462	0.0100	0.0200	0.0500	0.0100
股票决策	0.00578	0.0100	0.0200	0	0
银行贷款被拒原因	0.00424	0	0	0	0
选择银行原因	0.00847	0.0100	0	0	0
融资途径	0.222	0.110	0.140	0.100	0
汽车个数	0.212	1.030	1.180	1.500	1.400
东部样本数	2959	83	47	19	9

续表

变量名	具体均值	均值	均值	均值	均值
中部样本数	1297	9	3	1	1
西部样本数	938	8	0	0	0
观测值个数	5194	100	50	20	10

通过简单的对比即可发现：与总体样本下的情况类似，此处，城市社会网络指标值最大的前100个、50个、20个及前10个样本具有的特征是：家庭收入均值越高、资产与负债额更大、家庭成员的平均年龄更小、家庭中劳动力的平均受教育年限越高、家庭的礼金收支数额更高、在就餐/通讯/交通/娱乐/奢侈品/旅游方面的支出水平也更高，另外，一个很明显的特征是，社会网络指标值最大的这些样本往往大多比例集中在东部地区，中西部地区中社会网络指标值异常大的样本个数很少。

同理，城市社会网络指标值最小的前100个、50个、20个及前10个样本所对应的变量均值特征如表4-34所示。

表4-34 城市社会网络指标最小前100个、50个、20个及前10个对应样本特征描述

变量名	总体均值	均值	均值	均值	均值
家庭收入	54624	8418	6337	4362	2685
家庭资产	1.127e+06	193918	193041	323645	110111
家庭负债	105453	5284	7430	9750	0
家庭平均年龄	40.78	54.02	55.40	54.37	51.93
家庭中劳动力个数	1.493	1.080	1.040	0.850	1.100
家庭中男劳力个数	0.854	0.590	0.580	0.500	0.700
劳动力平均教育年限	5.206	2.337	2.056	1.824	2.308
家庭礼金支出	7379	500.8	410.3	333.5	269
家庭礼金收入	2535	374.7	384.4	291	282
家庭党员个数	0.311	0	0	0	0
家庭成员职务	0.760	0	0	0	0
工作类型	1.863	0	0	0	0
兄弟姐妹个数	5.213	5.930	5.740	5.750	6.800
在外就餐支出	4382	29.45	4.364	0	0

变量名	总体均值	均值	均值	均值	均值
本地交通支出	2230	36	42.55	51.27	48
通讯支出	1874	142.4	103.6	79.09	57.82
娱乐支出	634.9	2.509	5.018	5.455	0
麻将等收入	119.9	0	0	0	0
奢侈品支出	310.2	0	0	0	0
旅游探亲支出	2037	107.4	23.27	30.91	57.27
信息来源	0.301	0.240	0.240	0.300	0.400
股票信息	0.00462	0	0	0	0
股票决策	0.00578	0	0	0	0
银行贷款被拒原因	0.00424	0	0	0	0
选择银行原因	0.00847	0	0	0	0
融资途径	0.222	0.140	0.220	0.200	0
汽车个数	0.212	0.0100	0	0	0
东部样本数	2959	42	20	6	2
中部样本数	1297	29	15	5	5
西部样本数	938	29	15	9	3
观测值个数	5194	100	50	20	10

具体比较结果与总体样本相类似，此处不再赘述。

第八节 农村家庭"社会网络"测度指标

与城市家庭相比，农村地区由于受传统风俗和习惯的影响更为深远，农村家庭往往更重视人情关系，其中不仅包括亲友关系，更重要的还有邻里关系。结合调查数据分析发现（见图4-2），城市家庭的礼金支出中，节假日人情支出高于婚丧嫁娶等礼金支出，而农村家庭则刚好相反，这在一定程度上表明城市家庭更重视亲戚朋友间的往来，邻里关系相对淡漠，而农村家庭的邻里关系相对更为亲密，农村地区的家庭间交往中，蕴含着"远亲不如近邻"的传统观念。

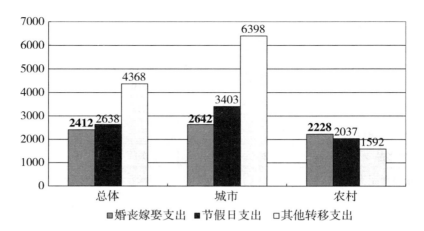

图 4 - 2   中国家庭转移性支出结构
数据来源：根据中国家庭金融调查数据统计测算所得。

从家庭礼金收支方面来看，城市家庭花在婚丧嫁娶等方面的平均支出为2642元，平均收入为7199元，平均净收入为4557元；农村家庭花在婚丧嫁娶等方面的平均支出为2228元，平均收入为4847元，平均净收入为2619元。由此可以计算城乡家庭在婚丧嫁娶等方面的收支弹性（见表4 - 35）。由该结果可知城市家庭的婚丧嫁娶弹性值为0.72，说明城市家庭花在婚丧嫁娶等方面的礼金支出增加1%，其在该方面的收入仅增加0.72%，对于城市家庭来说，婚丧嫁娶等方面的支出不能弥补他们在该方面的支出，因此，礼金支出对城市家庭来说，是一种负担。而对于农村家庭来说，其弹性值为1.08，说明农村家庭花在婚丧嫁娶等方面的礼金支出每增加1个百分点，其收入会增加1.08个百分点，收入增加量超过支出量，因此对农村家庭而言，婚丧嫁娶等礼金支出是一种投资。

表 4 - 35   中国家庭婚丧嫁娶收支情况

	婚丧嫁娶		婚丧嫁娶收支弹性	婚丧嫁娶对家庭而言属于
	收入	支出		
总体	5722	2412	0.9 * * *	负担
城市	7199	2642	0.72 * * *	负担
农村	4847	2228	1.08 * * *	投资

注：＊＊＊表示该数值在1%的水平上统计水平上显著。

数据来源：《中国家庭金融调查报告》。

与总体样本和城市样本中对于社会网络指标的构建方式相同，下面给出基于农村样本所产生的社会网络指标。

经过分析，最终选择出的用以构造农村家庭社会网络指标的基础变量有如下十个。

表 4-36　农村社会网络指标的备选变量及表示

变量表示	变量解释
Gift_ exp.	过去一年里因婚丧嫁娶或逢年过节给非家庭成员的人情总支出
Gift_ income	过去一年因婚丧嫁娶或逢年过节从其他家庭获得的人情总收入
Party membership	家庭户主及其配偶是否属于党员
JobPosition	成员职务特征（职务等级与相应职务年限开方数的乘积）
Dining-out_ exp.	家庭过去一年在外就餐总支出
Communication_ exp.	家庭过去一年用于电话等通信方面的总支出
Transportation_ exp.	家庭过去一年本地交通总支出
Entertainment_ exp.	去年在影剧票、歌舞厅和网吧等文化娱乐方面的总支出
Number of siblings	户主及其配偶的亲兄弟姐妹的个数（不包括他们自己）
Lineage group	家庭户主及其配偶的姓氏在本村是否属于大姓

同样的，上述这些变量的 KMO 指标、SMC 指标以及克隆巴赫系数均肯定了利用它们来进行如下因子分析的可行性。

针对上述十个变量的因子分析结果如表 4-37 所示。

表 4-37　农村社会网络相关变量因子分析的结果

Factors	特征值	贡献率	累计贡献率
Factor1	2.205	0.221	0.221
Factor2	1.307	0.141	0.362
Factor3	1.141	0.134	0.496
Factor4	1.062	0.116	0.612
Factor5	0.866	0.087	0.699
Factor6	0.753	0.075	0.774
Factor7	0.736	0.064	0.838
Factor8	0.717	0.061	0.899
Factor9	0.661	0.056	0.955
Factor10	0.552	0.045	1

结合前述主因子选取准则可知，此处最优的主因子个数仍为四个。

表 4 - 38　因子分析载荷矩阵

变量名	Factor 1	Factor2	Factor 3	Factor4
Gift_ exp.	0.496	0.220	-0.292	0.446
Gift income	0.349	-0.013	-0.444	0.621
Party membership	0.349	0.367	-0.425	-0.429
JobPosition	0.372	0.270	-0.435	-0.475
Dining - out_ exp.	0.689	-0.127	0.220	0.031
Communication_ exp.	0.714	0.028	0.262	0.015
Transportation_ exp.	0.585	-0.083	0.366	-0.058
Entertainment_ exp.	0.475	-0.153	0.248	-0.172
Number of siblings	-0.143	0.701	0.293	0.169
Lineage group	-0.062	0.716	0.300	0.069

对上述载荷矩阵加以旋转，可得如表 4 - 39 所示的结果。

表 4 - 39　旋转后的因子分析结果

Factor	方差	贡献率	累计贡献率
Factor1	1.890	0.199	0.199
Factor2	1.283	0.138	0.337
Factor3	1.280	0.138	0.475
Factor4	1.261	0.137	0.612

此时，因子旋转默认产生的主因子有上述四个，对应的载荷矩阵如表 4 - 40 所示。

表 4 - 40　旋转后的因子载荷矩阵

变量名	Factor 1	Factor 2	Factor 3	Factor 4
Gift_ exp.	0.206	0.116	0.159	0.706
Gift income	0.020	-0.107	-0.012	0.833
Party membership	0.051	0.057	0.782	0.065
JobPosition	0.080	-0.045	0.785	0.033
Dining - out_ exp.	0.707	-0.092	0.058	0.169

变量名	Factor 1	Factor 2	Factor 3	Factor 4
Communication_ exp.	0.733	0.059	0.115	0.163
Transportation_ exp.	0.697	−0.002	0.010	−0.008
Entertainment_ exp.	0.559	−0.120	0.079	−0.086
Number of siblings	−0.061	0.788	−0.040	0.001
Lineage group	0.015	0.779	0.053	−0.046

为了更清楚地看出每个主因子中各个变量的相对大小，表 4 - 41 给出旋转后载荷矩阵的 Squared factor loading，它表示在每个主因子的单位方差中，每个变量可解释的比例。

表 4 - 41 方差单位化的因子平方载荷矩阵

变量名	Factor 1	Factor 2	Factor 3	Factor 4
Gift_ exp.	0.02	0.01	0.02	0.40
Gift income	0.00	0.01	0.00	0.55
Party membership	0.00	0.00	0.49	0.00
JobPosition	0.00	0.00	0.48	0.00
Dining - out_ exp.	0.26	0.01	0.00	0.02
Communication_ exp.	0.28	0.00	0.01	0.02
Transportation_ exp.	0.26	0.00	0.00	0.00
Entertainment_ exp.	0.18	0.01	0.00	0.01
Number of siblings	0.00	0.49	0.00	0.00
Lineage group	0.00	0.47	0.00	0.00
Sum of Column	1	1	1	1

在第一个主因子中，表示家庭在外就餐支出、通讯支出、交通支出以及娱乐支出的变量成了最为主导的四个变量，可解释该主因子的98%，这些均可用于反映农村家庭在交流感情与发展关系方面的显性成本。

第二个主因子主要刻画了农村家庭中血缘关系的重要性，主要由两个代理变量：家庭中户主及其配偶兄弟姐妹的个数和户主及其配偶是否大姓来反映，二者合起来共解释了该因子的96%。

表征家庭成员党员身份的变量 Party_ membership 和表示家庭成员工作职务

的变量 Position 成了第三个主因子中最为关键的变量，约能解释该主因子的97%，该因子主要用以说明家庭可能拥有的社会网络资源，可以看作是家庭所拥有的社会资本。

在第四个主因子中，起主导作用的两个变量是家庭每年的礼金支出和礼金收入，二者联合可解释第四个主因子的95%，这说明了礼尚往来在农村的重要性，这也是农村家庭维护与发展关系的一个最显而易见的方式。

基于因子载荷矩阵旋转后的结果，可以求得每个主因子的相对权重大小如表4–42所示。

表4–42　主因子所对应的方差贡献率及其相对权重

变量名	Factor 1	Factor 2	Factor 3	Factor 4
Explained Variance	1.890	1.283	1.280	1.261
Weight	0.33	0.23	0.22	0.22

由此，最终构造出反映家庭社会网络的指标如下所示：

Index = 0.33actor1 + 0.23Factor2 + 0.22Factor3 + 0.22Factor4

表4–43 给出由此所产生的社会网络指标的统计描述结果。

表4–43　社会网络指标的统计描述结果

社会网络指标	样本数	均值	标准差.	最小值	最大值	偏度	峰度
Rural_ Guanxi	3244	0	0.509	− 0.817	5.758	2.543	16.581
RurSub_ index1	3244	0	1	− 1.792	14.64	5.173	44.757
RurSub_ index2	3244	0	1	− 3.748	3.206	− 0.111	2.590
RurSub_ index3	3244	0	1	− 2.410	11.71	5.076	39.675
RurSub_ index4	3244	0	1	− 6.047	16.41	6.694	75.882

与总体样本和城市样本下对社会网络指标的线性处理方式相同，此处，对于农村样本下所构建社会网络指标的值域也做一同样的处理，线性变换后社会网络指标的统计描述结果如表4–44所示。

表4–44　线性变换后社会网络指标的统计描述结果

社会网络指标	样本数	均值	标准差.	最小值	最大值	偏度	峰度
Rural_ Guanxi	3244	12.42	7.734	0	100	2.543	16.581
RurSub_ index1	3244	10.91	6.086	0	100	5.173	44.757

续表

社会网络指标	样本数	均值	标准差.	最小值	最大值	偏度	峰度
RurSub_ index2	3244	53.90	14.38	0	100	−0.111	2.590
RurSub_ index3	3244	17.07	7.081	0	100	5.076	39.675
RurSub_ index4	3244	26.93	4.453	0	100	6.694	75.882

第九节　本章研究结论

关系网络，作为颇具特色的词语，正逐渐成为影响多个经济变量的关键因素，因此建立一个涵盖多维度的社会网络测度指标，对于分析诸多经济问题具有现实的必要性和重要性。已有的文献对于社会网络的探讨往往只聚焦于单个维度的解释，这种片面的测度方式从而也在很大程度上限制了利用其来解释其他经济变量的能力。本书基于社会学领域对社会网络的权威界定，利用中国家庭金融调查中心的微观数据，构建了一个具有多维度概念的社会网络衡量指标，该指标不仅囊括了已有经济学文献中对于社会网络的静态描述，更扩展了家庭权势等层面的社会网络概念，同时，对于社会网络的动态维度也做出了相应的诠释，从而对于进一步分析社会网络对其他经济活动的作用奠定了相应的基础。

第五章

"社会网络" 与家庭收入

第一节 引言

改革开放 40 年来，居民收入水平大幅提高，与此同时，家庭间收入差距也不断拉大，且呈现出不断扩大的态势（陆铭和陈钊，2004；王小鲁和樊纲，2005；李实和罗楚亮，2011；王少平和欧阳志刚，2008；甘犁，2013 等）。过高的收入差距会抑制投资，阻滞消费（韩立岩和杜春越，2012），抑制人力资本积累，进而导致整体经济效率下降（田新民等，2009）。立足于新时代背景，为进一步优化经济发展格局，需要积极探寻能够缩小收入差距的路径，而要实现此愿，则需要探明哪些因素会扩大收入差距。

传统的经济学理论在阐释收入增长的影响因素时，主要集中在对物质资本和人力资本的分析上，但结合我国经济发展实际，不难发现，作为社会资本的"社会网络"对家庭收入增长也发挥着举足轻重的作用。

社会网络对收入差距的影响已经引起了一些学者的关注。Mogues 和 Carter（2005）、Knight 和 Yuel 等（2008）、赵剑治和陆铭（2009）、李晓嘉和蒋承（2018）认为社会网络扩大了农村收入不平等；McKenzie 和 Rapoport（2007）、郭云南和姚洋（2014）认为社会网络能够缓解村庄内部收入差距，Terrence（2005）、Abdul – Hakim（2010）则认为以社会网络为主要表现的社会资本能够在减少贫困和缩小收入差距方面发挥积极作用。由此可见，已有研究针对社会网络如何影响收入差距的结论尚存在分歧，究其原因，可能在于社会网络的衡量指标和样本选取存在差异所致。已有文献中用以衡量社会网络的指标包括："礼金支出""亲友数量""社会职务"以及"宗族网络"等，但正如 Fan

（2002）所述：社会网络是一个多维度的概念，包含静态性（亲缘联系）、动态性（社会交往）、政治资本以及礼物经济等内容。因此，上述文献中所采用的社会网络衡量指标过于单一，未能较为全面的刻画中国社会的关系形态。

本书将主成分分析和聚类分析方法应用于中国家庭金融调查数据，构建了一个多维度社会网络指标。该指标由 9 个变量构成，"户主及配偶兄弟姐妹个数"衡量亲缘所体现的静态层面社会网络，"礼金支出""在外就餐支出""娱乐支出""通信支出"和"交通支出"等刻画用以建立和维护关系的投入（动态维度社会网络），"是否党员""工作职务"和"单位类型"等度量了家庭权势。该社会网络指标完全印证了费孝通（1948）对关系的经典描述，即关系始于亲缘，其大小由家庭权势决定，建立及维护关系需要投入成本。

使用此指标，本书细致讨论了社会网络在家庭收入中的作用，比较了这种作用的城乡差异和地区差异，并讨论了社会网络影响家庭收入的微观机制。进一步地，基于模型回归结果，本书通过夏普里值分解方法对社会网络在家庭收入差距中的相对贡献度进行了分解分析，并做出了较多的异质性比较。结果表明，社会网络是扩大家庭间收入差距的重要变量。总体来看，社会网络对收入差距的贡献达到 12.89%，在各种影响因素中，位居第 2。分城市和农村样本的分解结果表明，社会网络在城市中的收入差距扩大作用更加显著，该结果意味着，在经济资源更加集中的城市，社会网络在要素配置及收入分配方面所起的作用更明显。分地区分解结果表明，社会网络对收入差距的贡献在东部地区更明显，这与东部地区样本中社会网络指标值分布更分散有关。分户主教育程度的分解结果表明，在受过高等教育的群体中，社会网络对收入差距的影响更加明显，其对收入差距的贡献高达 12.35%，远远高于其对未受过高等教育群体的影响。区分不同收入类别的分解结果表明，社会网络在转移性收入、工资性收入和工商业经营收入差距中的相对贡献度更明显，社会网络主要是通过这三类收入对最终收入差距产生影响。

第二节　相关文献述评

中国是一个典型的关系型社会（梁漱溟，2005），关系作为一种增进成员信任，促进沟通与协作的有效途径，在正式制度缺失的情况下，能够发挥非正式保险制度的作用，被视为"穷人的资本"（申云和贾晋，2016）。已有文献对社会网络的经济效应做出了很多分析，得出了一些有益的结论。具体而言，关系能够促进农民工就业（Zhang and Li，2003），缓解贫困（张爽和陆铭，2007），提高正规融资或民间借贷（马光荣和杨恩艳，2011），促进家庭创业（胡金焱和张博，2014）提高金融市场参与度（朱光伟等，2014），提升农村居民幸福感（李树和陈刚，2012）等。

纵观已有的相关研究，影响家庭收入的因素颇多。如王晶（2013）研究发现户主性别、年龄、受教育程度、党员身份、实物资产等均是影响农户收入差异的解释要素。同时，王晶（2013）利用2002年CHIP数据，研究发现家庭社会资本对家庭总收入具有显著为正的影响，家庭网络规模会显著提高非农经营性收入。迟巍和蔡许许（2012）利用1988－2009年国家统计局全国入户调查数据，研究了我国城市居民财产性收入的规模、组成、变化及其对收入差距的贡献。基尼系数分解发现：在组成总收入的各个部分中，财产性收入的基尼系数最高，对总体收入差距的贡献逐年增大。同时分东、中、西部分析发现，财产性收入主要集中在东部地区。王克强和张忠杰（2012）基于我国1997－2010年31个省级面板数据，通过构建面板Durbin模型，对影响城乡居民收入差距的因素进行了实证分析，研究发现：城镇化水平、经济发展、人力资本、金融发展等对城乡居民收入差距的直接效应为正。宁光杰（2014）运用2011年中国家庭金融调查数据，对居民财产和财产性收入的影响因素进行了分析，研究发现高学历者在金融财产和财产性收入获得方面更有优势，党员身份等政治因素也会影响财产和财产性收入的获得。孙敬水和黄秋虹（2013）研究发现户主个人与家庭基本特征、人力资本、地区差异与城乡差异对居民家庭收入具有显著影响。

在众多针对社会关系网络如何影响经济运行的文献中，对于社会关系网络的收入效应研究无疑受到了更多的关注。Granovetter（1973）认为社会关系网络能起到信息桥梁的作用，从而为求职者提供更好的工作和收入。边燕杰和张文宏（2001）认为社会网络对收入具有显著正向效应，它能有效促进就业和增加居民收入。章元和陆铭（2009）使用2002年CHIP数据，研究发现社会网络会通过影响农民工工作类型，从而间接影响他们的工资水平。张顺和郭小弦（2011）认为社会网络与收入之间存在着正向关系，社会网络的收入效应随制度环境与竞争条件的改变而有所差异。王晶（2013）利用2002年CHIP数据，探讨了农村市场化进程中社会资本的收入效应，研究发现家庭网络规模能显著提高家庭非农经营收入。虢超和丁建军（2014）利用全国综合社会调查数据（CGSS）研究发现：社会关系网络对中国居民收入具有正向促进作用，对于农村居民而言，社会关系网络的回报率随收入增加而上升，对城镇居民来说，社会关系网络的回报率呈"U"型。另外，Grootaert（2001）、李爽等（2008）、Ishise and Sawada（2009）、叶静怡和周晔馨（2010）、张振和徐雪高等（2016）等研究也都认为社会网络能增加收入。然而这些研究大多直接选用家庭礼金收支、亲友个数或成员是否党员等来衡量家庭关系网络，测度方式单一，忽视了社会网络的多维性概念，并不能全面刻画社会网络的作用。

尽管已有文献在社会关系网络能够增加家庭收入这个结论上颇为一致，但大多数研究均未对社会关系网络如何影响家庭收入的机制做出说明。综合少数相关研究的结论，可大致将社会关系网络影响家庭收入的机制总结为如下三种：社会关系网络增加了家庭成员的就业机会，提高了成员进入更高工作行业的可能性（武岩和胡必亮，2014）；社会关系网络通过提高居民所拥有的人力资本，进而提高家庭收入（Goldin 等（1999）和 Bjmskov（2006）讨论了社会资本和人力资本的互动关系，均认为社会资本对人力资本起到了补充和促进作用）；社会关系网络提供了一种融资途径，提高了家庭从事自我雇佣的概率（胡金焱和张博，2014）等。

纵观已有相关文献，尽管对社会网络的收入效应做出了较多分析，但仍存在许多需要进一步完善和探讨的地方。首先，已有研究主要集中在农村地区，缺乏对社会网络在城市层面的分析，城乡间差异的比较更是少有涉及。其次，大多数文献在说明社会网络影响家庭收入的作用时，忽视了对社会网络内生性问题的讨论，且缺乏对社会网络影响家庭收入机制的说明。另外，已有文献关于社会网络对收入差距影响的结论尚存在分歧。基于此，本书采用中国家庭金融调查数据，在综合包含已有研究所提及的影响收入差距因素的基础上，使用两种不同分解方法加以分析，以期得到更为稳健的结论。

与已有研究不同：第一，本书采用了利用主成分分析构建的多维度指标来衡量社会网络的强弱，比单纯选用家庭礼金支出测度社会网络更具说服力；第二，本书实证分析中所采用的样本量更充裕，不仅考察了社会网络在农村家庭收入中的作用，同时也讨论了社会网络在城市家庭收入形成中的作用，并比较了社会网络影响家庭收入的城乡差异；第三，本书讨论了社会网络影响家庭收入的机制，并选择两种不同分解方法对社会网络在收入差距中的贡献度进行了说明；第四，本书在对社会网络影响收入差距的分解分析中，进行了较多的异质性分析，得出了一些有益的结论。

第三节　社会网络指标的优化与重构

第四章所构建的社会网络指标是一般化的指标概念，考虑到本章和下一章所讨论的对象是家庭收入和财产，而在第四章的社会网络指标构建中，直接包含了五种家庭支出（包括礼金支出、通信支出、娱乐支出、在外就餐支出和交通支出），这些支出与家庭收入和财产具有明显的相关性，因此，如果在本章和下一章的分析中，不加讨论的直接选用第四章中所构建的社会网络指标，则会引起明显的内生性问题。因此，为了有效缓解可能存在的内生性问题，此处结合本章研究主旨，对第四章中所构建的社会网络指标加以优化和重构。

沿用前述方法，首先从中国家庭金融调查问卷中选取了 23 个与家庭"社会网络"有关的变量（涵盖了已有相关文献中所采用的大多数变量），然后对变量对应数据进行处理（包括极端值、遗漏变量处理等），进而利用聚类分析和主成分分析等方法，筛选出了 9 个变量，作为最终构建社会网络指标的基础。这 9 个变量包括：家庭礼金支出、在外就餐支出、通信支出、交通支出、娱乐支出、家庭中党员个数、劳动力职务类型、劳动力单位类型、户主及其配偶的兄弟姐妹个数等。

考虑到上述五个方面的家庭支出中，并非全部支出都与家庭新建或维护关系网络有关，因此，在具体分析时，将每种支出分解为了两个部分：第一部分是由家庭经济状况、家庭消费偏好及家庭自身结构所决定的正常类支出；第二部分则视为是家庭用于新建或维护关系网络的非常规支出。

具体分解方法为：分别将五类支出变量进行回归（控制变量中涵盖了已有文献在分析家庭消费水平时所包含的解释变量，如家庭收入、家庭规模、家庭成员年龄、受教育年限、家庭消费意愿、是否拥有自有住房、家庭所在地经济发展水平等）。具体回归方程为：

$$Ln\, \exp_{ij}^{k} = X_{ij}^{k}\beta_{k} + c_{i}^{k} + u_{ij}^{k}$$

其中，i，j 分别表示家庭所在社区（村）和家庭，k 表示第 k 类支出变量（$k = 1$，$2,3,4,5$），X_{ij}^{k} 为第 k 类支出变量方程中的解释变量，β_{k} 为第 k 个回归方程中的参数向量，c_i^k为第k类支出变量方程中所控制的社区（村）固定效应，u_{ij}^k为误差项。由此便得到了剔除家庭常规支出后的残差项$\hat{r}_{ij}^k = \hat{c}_i^k + \hat{u}_{ij}^k$，将其视为家庭用以新建和维护关系时的非常规支出。

基于此，将上述五类支出变量加以回归后所得的残差项$\hat{r}_{ij}^k$与其他四个变量进行主成分分析，进而构造出社会网络测度指标，该指标由四个社会网络子指标构成，具体结果如表5－1所示。

表5－1 家庭社会网络指标的构成

社会网络指标	变量名	变量定义
社会网络子指标1	党员信息	户主及配偶是否属于党员（均非党员=0，一人是党员=1，均为党员=2）
	职务特征	反映家庭成员职务信息（职务测度等级ª与相应职务任期年限开方数的乘积）
	工作单位类型	根据家庭成员所在工作单位的不同类型进行分类测度ᵇ
社会网络子指标2	礼金支出	家庭在过去一年中因婚丧嫁娶或逢年过节给非家庭成员的礼金支出（单位：元）
	通信支出	家庭在过去一年用于电话、网络等通信方面的非常规支出（单位：元）
	交通支出	家庭在过去一年用于本地交通方面的非常规支出（单位：元）
社会网络子指标3	在外就餐支出	家庭在过去一年用于在外就餐方面的非常规支出（单位：元）
	娱乐支出	家庭在过去一年用于影票、舞厅等文化娱乐方面的非常规支出（单位：元）
社会网络子指标4	兄弟姐妹个数	户主及其配偶的亲兄弟姐妹个数（不包括他们自己）

注：a 家庭成员职务测度等级界定如下：当职务为局长及以上或单位负责人时，取值为4；当职务为（副）处长或单位部门负责人时，取值为3；当职务为（副）科长或乡镇干部时，取值为2；当职务为（副）组/股长或村干部时，取值为1；否则取值为0。

b 家庭成员工作单位类型界定如下：当工作单位属于政府部门或军队时，取值为6；当单位属于国有（集体）上市企业时，取值为5；当单位属于事业单位时，取值为4；当单位属于国有（集体）非上市企业时，取值为3；当单位属于非国有（非集体）上市企业时，取值为2,；当单位属于非国有（非集体）未上市企业或其他类型时，取值为1；否则取值为0。

　　如表 5 - 1 所示，社会网络子指标 1 主要由变量"党员信息""职务特征"及"工作单位类型"构成，这 3 个变量反映了家庭的社会地位及家庭成员在职业发展中所积累的社会网络资源；社会网络子指标 2 由变量"礼金支出""通信支出"及"交通支出"构成，这 3 个变量是社会网络动态维度的概括，主要反映出家庭为了维护已有社会网络资源所做的努力；社会网络子指标 3 由变量"在外就餐支出"和"娱乐支出"构成，同样从动态维度反映了家庭社会网络的强弱，但该子指标更侧重于家庭发展新的社会网络资源；"兄弟姐妹个数"是社会网络子指标 4 中起主导作用的唯一变量，该变量是社会网络静态维度的良好反映。

　　最终所构造的社会网络指标的统计描述结果如表 5 - 2 所示。

表 5 - 2　社会网络指标的统计描述结果

社会网络指标	样本数	均值	标准差.	最小值	最大值
Guanxi_ index	6044	39. 18	12. 81	0	100
Sub_ index1	6044	13. 72	13. 09	0	100
Sub_ index2	6044	49. 80	15. 06	0	100
Sub_ index3	6044	48. 60	11. 49	0	100
Sub_ index4	6044	38. 31	12. 22	0	100

　　事实上，在构建社会网络指标的过程中，主成分分析会赋予每个变量一个权重，利用该权重可以将最终所构造的社会网络指标表述为上述九个变量的线性表达式：

$$Guanxi_{ij} = 1.82 \times Lngiftout_{ij} + 0.287 \times Lnoutdining_{ij}$$
$$+ 0.096 \times Lnentertainment_{ij}$$
$$+ 1.12 \times Lntransport_{ij} + 1.46 \times Lncommunication_{ij}$$
$$+ 8.71 \times Party_{ij} + 1.61 \times Position_{ij} + 0.415 \times Jobtype_{ij}$$
$$+ 3.92 \times number\_ bs_{ij}$$

　　其中，Guanxi 为社会网络指标；Lngiftout、Lnoutdiniing、Lnentertainment、Lntransport、Lncommunucation 分别表示家庭礼金支出、非常规在外就餐支出、娱乐支出、交通支出和通信支出等的对数；Party 表示家庭党员数量；Position 表示家庭成员工作职务类型；Jobtype 表示家庭成员工作单位类型；number_ bs 表示户主及其配偶兄弟姐妹的个数。

具体地，在保持其他变量不变的条件下，除去常规支出外，家庭礼金支出、在外就餐支出、娱乐支出、交通支出和通信支出每增加1%，家庭社会网络指标将分别增加约1.82%、0.287%、0.096%、1.12%和1.46%。家庭中党员人数增加1人，社会网络指标将提高约8.71%；相比于无任何职务的个人，任期满3年的处长会使社会网络指标提高8.36%；家庭成员中若有政府部门工作人员，社会网络指标将提高约2.49%；户主及其配偶的亲兄弟姐妹个数增加1人，家庭社会网络指标值将增加3.92%。

第四节 变量的选取与说明

收入，无论对于微观家庭还是宏观经济都是一个至关重要的变量，如何提高家庭收入，不仅是政府部门长期致力研究的核心，同时也是每个家庭竭力追寻的目标。家庭收入既依赖于整体经济，也取决于自有资本的多寡。对于微观家庭而言，宏观的经济发展态势无疑是外因，单个家庭并无力改变，因此，家庭欲提高收入水平只能从改变内因开始。本书主要基于微观视角，考察家庭收入的影响因素，并着重研究家庭所拥有的社会网络在收入决定中所发挥的相对作用。

基于收入决定理论及已有文献，下文基本涵盖了影响家庭收入的主要微观因素。总体而言，这些因素可分为如下五类：关系（即本书所指的社会网络）、人力资本（家庭劳动力平均年龄、平均受教育年限、户主及其配偶的健康状况和户主专业技术职称等）、物质资本（家庭所拥有的农业机械价值、非金融资产价值和金融资产价值等）、家庭特征（家庭规模、男性劳动力比重、户主风险偏好程度等）以及影响家庭收入的其他不可观测或不易量化的因素，如家庭所处地理位置、周边资源状况、风俗习惯、时空便利性等，为此，本书在具体分析时控制了表示家庭所在社区（村）的虚拟变量，以能够对这些信息做出一定程度的反映。上述变量的含义及统计描述结果①由表5－3给出。

---

① 限于篇幅，此处只报告了总体样本的变量统计描述结果，而略去分城市和农村的变量统计描述。

表5-3 变量定义及基本统计描述

变量名	样本数	均值	标准差	变量含义
家庭总收入	6044	9.958	2.584	家庭所报告滞后一期收入[a]（单位：元）的对数值
社会网络总指标	6044	39.18	12.81	用于衡量家庭社会网络大小的总体指标[b]
社会网络子指标1	6044	13.72	13.09	用来反映家庭社会地位及与职业相关的社会网络资源
社会网络子指标2	6044	49.80	15.06	家庭礼金支出及用于社交的通信和交通支出
社会网络子指标3	6044	48.60	11.49	家庭非常规性在外就餐和娱乐消遣等社交支出
社会网络子指标4	6044	38.31	12.22	家庭亲缘社会网络（主要由户主及配偶兄弟姐妹个数构成）
家庭规模	6044	3.692	1.490	家庭人口数
家庭规模平方	6044	15.85	13.90	家庭规模的平方项
男劳力比重	6044	0.565	0.274	家庭中男性劳动力占总劳动力人口的比重
户主健康程度	6044	1.252	0.665	差=0，一般=1，良好=2
配偶健康程度	6044	1.216	0.633	差=0，一般=1，良好=2
户主风险偏好	6044	0.740	0.689	厌恶=0，中性=1，偏好=2
劳动力年龄	6044	41.91	10.14	家庭中劳动力的平均年龄
劳动力年龄平方	6044	1860	949.4	劳动力平均年龄的平方项
户主技术职称	6044	0.729	0.675	户主专业技术职称[c]
受教育年限	6044	6.197	3.282	家庭中劳动力的平均受教育年限（单位：年）
受教育年限平方	6044	49.18	52.77	劳动力平均受教育年限的平方项
农业机械价值	6044	0.883	2.376	家庭所拥有农业机械总价值（单位：元）的对数

变量名	样本数	均值	标准差	变量含义
非金融资产价值	6044	12. 26	11. 34	非金融资产价值的对数值（此处不包含第一套房产）
金融资产价值	6044	5. 564	4. 964	金融资产价值（单位：元）的对数值
是否大姓（IV1）	3457	1. 024	0. 705	户主及其配偶的姓氏在当地是否为大姓[d]
社会网络均值（IV2）	6044	4. 673	1. 442	除自家外的社区（村）社会网络指数均值[e]
礼金比重（IV3）	6044	0. 152	0. 176	家庭礼金支出占日常总支出的比重

注：a 本调查的全部样本为 8438 个，但考虑到上述所引入的变量可能存在内生性，尤其对本书最为关注的社会网络指标而言，往往一个家庭的收入水平会在一定程度上影响其社会网络的建立和维系，富裕家庭经济实力强，能够在社会网络的确立和维护上投入更多。因此，为了减弱因社会网络指标的内生性导致回归结果产生偏误，本书选择家庭所报告的滞后 1 期收入作为被解释变量，但由于该变量缺失较严重，最终所得样本数为 6839 户，同时，由于其他变量中也存在部分缺失，剔除缺失值后最终有效样本个数为 6044 户。

b 本书沿用何金财等（2016）及孙永苑等（2016）中的方法，构建了一个多维度社会网络测度指标。

c 专业技术职称赋值如下：无职称 =0，技术员 =1，初级职称 =2，中级职称 =3，高级职称 =4，荣誉职称 =5。

d 若户主及其配偶姓氏在本地均非大姓，取值为 0，若其中之一为本地大姓，取值为 1，若两人姓氏均为大姓，则取值为 2。

e 第 i 个社区（村）中剔除第 j 个家庭的社区（村）社会网络指数均值为

$$Aver\_ Guanxi = \left[\left(\sum_{j=1}^{J_i} G_{ij} \right) - G_{ij} \right] / (J_i - 1)$$

其中，G_{ij} 为第 i 个社区（村）中第 j 个家庭的社会网络指标值，J_i 为第 i 个社区（村）中的家庭总数。

第五节 "社会网络"影响家庭收入的实证分析

一、家庭收入决定方程

结合研究实际和上述所选取的相关变量，本书所采用的收入决定模型可表述如下：

$$Ln(income_{i,j}) = \beta_0 + \beta_1 Guanxi_{i,j} + \beta_2 X_{i,j} + c_i + u_{i,j} \qquad (1)$$

（1）式中，i、j 分别表示家庭所在社区（村）和家庭；$income$ 表示家庭所报告的滞后一期收入水平；$Guanxi$ 为衡量家庭"社会关系网络"强弱的指标；X 为其他控制变量，包括家庭特征、家庭人力资本和物质资本；c 表示家庭所在社区（村）的固定效应，由于受到当地经济发展水平及风俗习惯等的影响，各个社区（村）的家庭收入可能会存在一个平均值水平（瞄点），为了控制社区（村）的不可观测因素，文献中常用的做法是加入地区虚拟变量，如马光荣和杨恩艳（2011）、Yuan and Gao（2012）等，然而，直接加入大量地区虚拟变量[1]，会影响回归自由度且不利于后续分位数分析，此处参考孙永苑等（2016）和何金财等（2016）的做法，在模型中加入表示社区（村）的固定效应[2]。

二、实证估计结果

基于上述计量模型，表5–4给出了估计结果。为了重点考察社会网络对家庭收入的影响及其城乡差异，表5–4第（1）、（3）、（5）列分别给出了对应总体样本、城市样本和农村样本在未加入社会网络变量时的回归结果，并将其作为基准结果。第（2）、（4）、（6）列是对应样本加入社会网络指标后的估计结果。

表5–4 家庭收入决定模型估计结果

解释变量	总体样本		城市样本		农村样本	
	（1）	（2）	（3）	（4）	（5）	（6）
关系总指标		0.0181 ＊＊＊		0.0149 ＊＊＊		0.0252 ＊＊＊
		(0.0028)		(0.0033)		(0.0053)
家庭规模	0.302 ＊＊＊	0.248 ＊＊	0.236 ＊	0.161	0.325 ＊	0.295 ＊
	(0.115)	(0.112)	(0.132)	(0.132)	(0.175)	(0.172)
家庭规模平方	－0.023 ＊	－0.019 ＊	－0.017	－0.010	－0.025	－0.022

---

① 本调查中表示社区（村）的虚拟变量有320个。

② 本书验证了在不考虑社区（村）固定效应，而直接在回归中加入地区虚拟变量的情况，发现两种方式所得的结果完全一致。

解释变量	总体样本		城市样本		农村样本	
	（1）	（2）	（3）	（4）	（5）	（6）
	（0.012）	（0.010）	（0.014）	（0.014）	（0.018）	（0.018）
男劳力比重	0.336 ***	0.301 **	0.408 ***	0.372 ***	0.119	0.107
	（0.127）	（0.128）	（0.139）	（0.141）	（0.293）	（0.291）
户主健康程度	0.201 ***	0.196 ***	0.156 **	0.146 **	0.251 ***	0.253 ***
	（0.051）	（0.051）	（0.065）	（0.065）	（0.083）	（0.083）
配偶健康程度	0.138 **	0.129 **	0.166 **	0.148 *	0.114	0.120
	（0.058）	（0.057）	（0.083）	（0.082）	（0.080）	（0.079）
户主风险偏好	0.105 **	0.092 **	0.034	0.025	0.208 ***	0.183 **
	（0.046）	（0.046）	（0.058）	（0.057）	（0.076）	（0.077）
劳动力年龄	0.063 **	0.048 *	0.097 ***	0.087 **	0.033	0.015
	（0.027）	（0.027）	（0.037）	（0.037）	（0.041）	（0.041）
劳动力年龄平方	−0.001 ***	−0.0009 ***	−0.0014 ***	−0.0013 ***	−0.0006	−0.0005
	（0.0003）	（0.0003）	（0.0004）	（0.0004）	（0.0004）	（0.0004）
户主技术职称	0.236 ***	0.163 ***	0.232 ***	0.177 ***	0.252	0.126
	（0.048）	（0.052）	（0.050）	（0.054）	（0.178）	（0.180）
受教育年限	0.087 **	0.071 *	0.063 **	0.048 **	0.131 **	0.113 **
	（0.038）	（0.038）	（0.024）	（0.024）	（0.058）	（0.058）
受教育年限平方	−0.002 **	−0.002 *	−0.001 ***	−0.0005 *	−0.005	−0.004
	（0.0008）	（0.0008）	（0.0002）	（0.0002）	（0.005）	（0.005）
农业机械价值	0.028 *	0.028 *	0.049	0.052	0.023 *	0.019 *
	（0.014）	（0.014）	（0.033）	（0.033）	（0.010）	（0.010）

续表

解释变量	总体样本		城市样本		农村样本	
	（1）	（2）	（3）	（4）	（5）	（6）
非金融资产价值	0.011 ＊＊＊	0.007 ＊＊	0.012 ＊＊＊	0.009 ＊＊	0.008	0.004
	（0.003）	（0.003）	（0.004）	（0.004）	（0.007）	（0.007）
金融资产价值	0.036 ＊＊＊	0.029 ＊＊＊	0.039 ＊＊＊	0.033 ＊＊＊	0.029 ＊＊	0.025 ＊
	（0.007）	（0.007）	（0.009）	（0.009）	（0.013）	（0.013）
社区（村）效应	已控制	已控制	已控制	已控制	已控制	已控制
常数项	6.773 ＊＊＊	6.823 ＊＊＊	6.554 ＊＊＊	6.653 ＊＊＊	6.990 ＊＊＊	6.840 ＊＊＊
	（0.581）	（0.582）	（0.741）	（0.741）	（0.969）	（0.976）
样本数	6044	6044	3621	3621	2423	2423
修正的 R^2	0.067	0.073	0.064	0.068	0.076	0.084
社区（村）个数	320	320	161	161	159	159

注：括号内为稳健标准误，＊＊＊、＊＊和＊分别表示变量对应系数在1%、5%和10%的统计水平上显著，下同。

由表5-4可知，与未加入社会网络指标时相比，加入该指标后，其他解释变量的系数和显著性并未发生明显改变。总体来看，社会网络指标每提高1个百分点，家庭收入将显著增加约1.81%[1]，说明社会网络在提高家庭收入中确实发挥了重要作用。对比城乡差异可知，社会网络对农村家庭收入的提高作用显著高于城市家庭。[2] 具体地，社会网络指标每提升1个百分点，城市家庭收入

---

[1] 根据本书构建社会网络指标的线性表达式及解释，在保持其他变量不变的条件下，家庭礼金支出、非常规在外就餐支出、娱乐支出、交通支出和通信支出等每增加1%，家庭社会网络指标将分别增加约1.82%、0.287%、0.096%、1.12%和1.46%，从而能使家庭收入对应增加约3.29%、0.52%、0.17%、2.03%和2.64%。具体地，家庭中党员人数增加1人，社会网络指标将提高约8.71%，从而能使家庭收入增加约15.76%；相比于无任何职务的个人，任期满3年的处长会使社会网络指标提高8.36%，从而家庭收入会增加约15.13%；家庭成员中若有政府部门工作人员，社会网络指标将提高约2.49%，家庭收入将增加约4.51%；户主及其配偶的亲兄弟姐妹个数增加1人，家庭社会网络指标值将增加3.92%，家庭收入将增加约7.09%。

[2] 为了考察社会网络对家庭收入的影响是否存在城乡差异，本书也采用了另外一种方法进行了检验，即在总体回归模型中，以乘法形式引入社会网络与城乡虚拟变量的交互项，回归结果发现，农村家庭的差异截距系数显著高于城市家庭，说明社会关系网络对农村家庭的收入提高作用确实更明显。

将增加约1.49%，农村家庭收入将增加约2.52%，且这种效应均在1%的统计水平上显著。产生这种差异的原因可能是社会网络的收入提高作用存在着边际报酬递减的现象①，本书通过对城乡家庭社会网络指标的比较发现，城市家庭的社会网络指标均值显著高出农村家庭社会网络指标均值约20%。

下面对除社会网络指标外的其他控制变量加以说明。第一，家庭规模对家庭收入具有显著为正的影响，且这种影响在农村样本中表现得更为明显，进一步分析发现，家庭规模对收入的提高作用存在一个拐点值，总体来看，家庭人口数为5人时，对家庭收入的提高作用达到最大，随着人口数继续增多，家庭收入将开始下降，这主要是因为人口数增加，提高了家庭抚养比，从而致使家庭收入下滑。当然，由于上述回归中并未完全涵盖影响家庭收入的所有因素，故而此处家庭规模对收入的影响可能被高估了，但家庭规模系数为正，其平方项系数为负的结果仍较为符合直觉。第二，户主及其配偶的健康状况对收入具有显著正效应，总体而言，户主的健康水平对家庭收入的提高作用更为突出，在城市样本中，户主及其配偶的健康程度对家庭收入的影响差异相对较小，可能的原因是大多数城市家庭中男女双方均有工作，健康对家庭收入的影响无明显性别效应。第三，户主的风险偏好程度越大，家庭收入越高，具体而言，相较于户主风险厌恶性的家庭，风险偏好由厌恶提高到中性，家庭收入将显著增加约9.16%，可能的原因是，相对于风险厌恶性的家庭决策者来说，风险偏好者的家庭更愿意创业或从事其他高回报的投资。第四，总体来看，家庭中劳动力平均年龄及其平方项均统计显著，且平方项系数为负，说明劳动力平均年龄与家庭收入之间存在着具有峰值的拐点，尽管家庭收入会随劳动力平均年龄的增加而提高，但这种提高效应不会持续存在。另外，农村样本中年龄对于家庭收入的影响较小且统计不显著，可能的原因是农村家庭劳动力往往无固定工作，而从事农业活动对年龄的限制相对较弱。第五，家庭中劳动力的平均受教育年限对家庭收入具有显著为正的影响，总体来看，平均受教育年限每增加1年，家庭收入将显著增加约7.1%，教育对家庭收入的促增作用在农村样本中更为明显。

另外，家庭成员平均受教育年限的平方项在总体样本和城市样本中的系数估计值都为负且具有统计显著性，说明教育对家庭收入的提高作用存在着边际

---

① 通过将关系指标排序后，进行分位数回归发现，随着关系指标分位数的不断增加，其对家庭收入的提高作用在逐渐降低。

报酬递减效应，总体来看，最优受教育年限为 18 年，对应学历为硕士研究生。针对这个结论，结合已有数据，图 5 - 1 做出了进一步的说明，从中可知，随着受教育水平的提高，工资收入水平也不断增加，接受过本科学历的群体，其工资水平是只有高中学历水平群体的 3 倍。拥有硕士学位的群体，工资是本科学历群体的 1.73 倍，不过学历也存在着拐点，拥有博士学历的群体，其工资水平只有硕士学位群体的 70%。

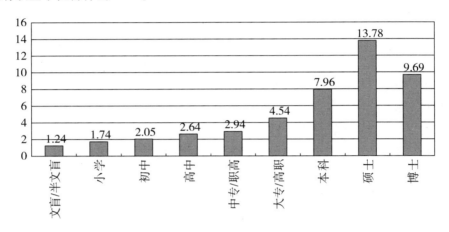

图 5 - 1　不同受教育层次的年均工资收入分布（单位：万元）

数据来源：根据中国家庭金融调查数据统计测算所得。

从表 5 - 4 可知，户主技术职称在城市样本中具有显著为正的效应，而在农村样本中，该变量并不显著，原因在于相较于农村家庭，城市家庭中的户主大多具有固定工作，收入往往会随着技术职称的提升而增加。最后，家庭所拥有的农业机械价值、非金融资产价值和金融资产价值对于家庭收入均具有显著为正的影响。对于农业机械价值来说，在城市样本中该变量并不显著，这与城市家庭大多并不从事农业生产有关，该变量在农村样本中具有统计显著性，体现了农业机械在农村家庭中的重要性。对比城市和农村家庭中资产价值对其收入的影响，可以发现，非金融资产的价值对于城市家庭收入具有显著为正的影响，而该变量在农村家庭的收入方程中并不显著，这是因为城市家庭所拥有的非金融资产更多（如一套以上房产、自有汽车、黄金首饰等），而农村家庭中非金融资产价值较小，尚不能对收入起到决定性影响；金融资产在农村地区主要表现为活期存款和定期存款，而在城市地区则还有诸如股票、债券及其他金融衍生品等，因此金融资产价值对家庭收入的影响在城市地区更大且统计上表现得也更显著。

三、分位数回归分析

以上分析主要是基于 OLS 法所得出的结论，但由于该方法假设解释变量对被解释变量的影响不存在样本差异，因此所反映的也只是解释变量对被解释变量的均值影响。为了得到解释变量对被解释变量在不同分位数下的具体影响，本书采用 Koenker and Passett（1978）所提出的分位数回归方法，对上述模型加以进一步分析。

分位数回归（Quantile Regression）是在普通最小二乘法的基础上扩展而来的，传统的线性回归模型反映的是被解释变量的条件分布受自变量影响的过程，描述的是自变量 X 对因变量 Y 的均值影响，通常用普通最小二乘法（OLS）来对其进行估计，如果回归模型的误差项满足均值为零且同方差的条件，则回归后的估计系数便是最优线性无偏的（BLUE），如果误差项进一步再服从正态分布，那么此时回归系数便是具有最小方差的无偏估计。然而实际经济分析中，这些假设均显得过于苛刻，从而估计系数并不能达到理论般最优，比如数据往往会出现尖峰或者后尾的情况，亦或者存在显著的异方差，此时若使用最小二乘法来进行估计便不能得到稳健性较好的结果，为了弥补这种缺憾，Koenker 和 Bassett 在 1978 年提出了分位数回归的思想，此后的几十年里，这种回归方法得到了广泛的应用，它不仅深化了人们对传统回归思想的理解，同时也对回归模型的类型和应用做出了推广，从而使得模型与数据的拟合更加准确。分位数回归依据因变量的条件分位数来对自变量 X 进行回归，从而能够得到任意分位数下的回归结果，正是由于这种优势，使得分位数回归相比 OLS 更能对自变量 X 对因变量 Y 的变化范围和条件分布特征的影响做出更加精确的描述，而 OLS 则只能对自变量相对于因变量的局部变化影响做出说明。与此同时，分位数回归的方法能够对数据分布的尾部特征做出刻画，当自变量 X 对不同部分因变量 Y 的分布所产生的影响不同时，比如在左偏或者右偏的情况下，它能对分布的特征做出更加全面的刻画，并且分位数回归后的系数相较于普通最小二乘后的回归系数显得更加稳健和可靠。

分位数回归的基本原理可描述如下。

设一般的线性回归模型形式为：

$$y = a_0 + a_1 x_1 + \cdots + a_k x_k + u,$$

其中 u 为模型的随机扰动项，a_0，a_1，$\cdots a_k$ 为待估系数。

若满足高斯—马尔科夫假定，则可表示为：

$$E(y \mid x) = a_0 + a_1 x_1 + \cdots + a_k x_k$$

事实上，上式是对原回归模型在方程两边同取数学期望后的结果，为回归模型的均值表达式，类似的，我们也可设定中位数回归模型为：

$$M(y \mid x) = a_0 + a_1 x_1 + \cdots + a_k x_k + M(u),$$

其中，$M(y \mid x)$ 为 y 关于 x 的条件中位数，$M(u)$ 为线性回归模型中随机扰动项 u 的中位数。

同样，分位数回归模型设定如下：

$$Q_y(\tau, x) = a_0 + a_1 x_1 + \cdots + a_k x_k + Q_u(\tau)$$

对于上述均值回归模型，我们可以采用 OLS 方法对参数进行估计，对于中位数回归模型，可采用最小绝对偏差法（LAD，或称之为最小一乘法）进行估计，而分位数回归模型则可采用线性规划法（LP）来对其最小加权绝对偏差做出估计，进而得到每个解释变量所对应的回归系数，具体地，各个方法回归结果可表示为：

OLS 法：$\min E (y - a_0 - a_1 x_1 - a_2 x_2 - \cdots - a_k x_k)^2$，

求解得：$\widehat{E}(y \mid x) = \widehat{a_0} + \widehat{a_1} x_1 + \widehat{a_2} x_2 + \cdots + \widehat{a_k} x_k$

LAD 法：$\min E \mid y - a_0 - a_1 x_1 - a_2 x_2 - \cdots - a_k x_k \mid$

求解得：$\widehat{M}(y \mid x) = \widehat{a_0} + \widehat{a_1} x_1 + \widehat{a_2} x_2 + \cdots + \widehat{a_k} x_k$

QR 法：$\min E \rho_\tau (y - a_0 - a_1 x_1 - a_2 x_2 - \cdots - a_k x_k)$

求解得：$\widehat{Q}_y(\tau \mid x) = \widehat{a_0} + \widehat{a_1} x_1 + \widehat{a_2} x_2 + \cdots + \widehat{a_k} x_k$，

其中 $\rho_\tau(t) = t(\tau - I(t < 0))$，$\tau \in (0, 1)$

下面再简单列举下普通最小二乘估计方法与分位数回归估计方法的相似性和差异，直观起见，用表 5 - 5 做出说明。

表 5 - 5　普通最小二乘法与分位数回归法的比较

	普通最小二乘法	分位数回归法
基本思想	尽可能使所构建的模型与样本之间的距离最短	与普通最小二乘基本思想相同
目的	借助模型对客观世界所存在的事物间不确定性关系进行量化描写	与 OLS 基本思想相同
原理	以均值为基础，求解最短距离	以分位数为基准，求解最短距离
具体算法	最小二乘法（OLS）	加权最小一乘法

续表

	普通最小二乘法	分位数回归法
前提假设	独立性、同方差、正态	独立
假设要求	强假设	弱假设
检验类型	参数检验	非参数检验
承载信息	描述平均的总体信息	能体现整个分布的各部分信息
极端值	无法考虑极端值影响	可以充分考虑极端值的影响
异方差	影响较大	影响小
拟合曲线	只能拟合一条曲线	可以拟合一簇曲线
计算方法	求偏导，解行列式，具有完备的算法	多种算法求解目标函数

分位数回归能够减轻异常值的影响，结论更为稳健。Grootaert（1999）使用分位数回归分析发现，社会资本的回报率随着分位数的提高而降低，在最低收入群体（1%分位）中的回报是最高收入群体（90%分位）的两倍。

为了考察对于不同收入层次的家庭，社会网络所发挥的作用是否一致，本部分将讨论家庭收入决定方程的分位数回归结果，如表5-6所示。

表5-6　收入决定方程的分位数回归结果

变量名	(1) q10	(2) q25	(3) q50	(4) q75	(5) q90
总体样本					
社会网络总指标	0.015 ***	0.011 ***	0.009 ***	0.008 ***	0.008 ***
	(0.00263)	(0.00154)	(0.00124)	(0.00145)	(0.00143)
样本数	6044	6044	6044	6044	6044
城市样本					
社会网络总指标	0.013 ***	0.011 ***	0.009 ***	0.007 ***	0.009 ***
	(0.002)	(0.001)	(0.001)	(0.001)	(0.002)
样本数	3621	3621	3621	3621	3621
农村样本					
社会网络总指标	0.025 ***	0.015 ***	0.011 ***	0.010 ***	0.009 ***
	(0.007)	(0.004)	(0.003)	(0.003)	(0.003)
样本数	2423	2423	2423	2423	2423

注：括号内数字为稳健标准误；＊＊＊、＊＊和＊分别表示在1%、5%和10%的统计水平上显著。限于篇幅，此处只列出回归结果中社会网络指标的相关数值，而略去其他解释变量的结果。

该结果表明，社会网络对家庭收入的提高作用在不同收入水平的家庭之间存在着差异。对于收入最低10%分位数水平处的家庭，社会网络所发挥的作用最大，它每提高1个百分点，家庭收入将显著增加约1.5%。随着分位数水平的提升，社会网络的收入提高效应逐渐减弱，说明社会网络对低收入家庭的收入增加作用更为明显。进一步比较分位数回归的城乡差异可知，在收入的同一分位数水平上，社会网络对农村家庭的收入提高作用更为明显，这与表5-4中的结果具有一致性，可能的原因是社会网络在低收入家庭中的边际报酬率更高。这个结论一定程度上印证了已有研究中对社会网络是"穷人资本"的论断，为了进一步研究这种效应在经济发展水平不同的地区间是否存在，文章也分东部地区、中部地区和西部地区分别考察了社会网络对家庭收入的影响，结果发现，该效应在西部地区农村家庭中表现得最为明显，分位数考察发现，在同一地区样本中，社会网络对家庭收入的作用在低收入水平的家庭中表现得更明显（具体结果从略）。

四、异质性分析

为了进一步考察社会网络影响家庭收入的地区效应、表5-7给出了家庭收入决定模型的分区域估计结果，由该结果可知，无论是东部地区，还是中、西部地区，社会网络都能显著提高家庭收入，这种作用在中部地区家庭中表现得更为明显。与表5-2结果相仿，分区域回归结果中，社会网络对农村家庭的收入促增作用相对更明显。

表5-7　社会网络对家庭收入影响的分区域回归结果

解释变量	东部地区		
	总体	城市	农村
社会网络总指标	0.017＊＊＊	0.014＊＊＊	0.030＊＊＊
	(0.004)	(0.004)	(0.010)
样本数	2911	2120	791
社区（村）个数	128	80	48
	中部地区		
解释变量	总体	城市	农村
社会网络总指标	0.023＊＊＊	0.021＊＊＊	0.027＊＊＊
	(0.005)	(0.006)	(0.008)

续表

解释变量	中部地区		
	总体	城市	农村
样本数	1860	903	957
社区（村）个数	108	47	61
解释变量	西部地区		
	总体	城市	农村
社会网络总指标	0.013＊＊	0.011	0.018＊＊
	（0.005）	（0.006）	（0.008）
样本数	1273	598	675
社区（村）个数	84	34	50

为了考察户主受教育程度不同的家庭中，社会网络的作用是否有差异，表5－8给出了将户主学历区分为初中及以下、初中以上大专以下、大专及以上等三个层次时，社会网络对不同家庭收入的作用，从中可以看出，社会网络对家庭收入的促增作用在户主受教育程度在初中以上、大专以下的家庭中表现得更为明显，具体地，对于这样的家庭，社会网络指标每提高一个百分点，家庭收入水平向显著增加约1.95%。当然，不管户主的受教育程度在哪个层次，社会网络对家庭收入都具有明显的提升作用。

表5－8　户主不同学历水平处社会网络对家庭收入影响的估计结果

解释变量	户主学历水平		
	初中及以下	初中以上，大专以下	大专及以上
社会网络总指标	0.0187＊＊＊	0.0195＊＊＊	0.0126＊＊
	（0.00455）	（0.00591）	（0.00520）
样本数	3，848	1，215	938
社区（村）个数	319	280	155

为了说明社会网络在不同职业类型中的影响差异，表5－9将所有样本按照户主职业类型划分成了五种类别，分别是户主为农民、户主为个体业、户主就职于企事业单位、户主离退休和户主无工作（主要包括全职家庭主妇、丧失劳动能力者、无意愿工作者等），进而分别针对五类家庭，考察了社会网络对其家庭收入的影响。从该结果可知，对于户主无工作的家庭而言，社会网络对收入

的促增作用最大，达到了 2.68%，这主要是由于对于这类家庭，一部分是自身已经拥有比较宽泛的社会网络，家庭收入已经位于高收入行列，另一部分则主要靠政府和社会救助，收入的主要来源就是借助于社会网络所获得。对于户主在企事业单位工作的家庭，社会网络的作用仍然很明显，家庭社会网络水平提高 1%，家庭收入将显著增加约 1.05%。对于户主为农民的家庭，社会网络会通过信息共享或增加就业渠道等提高家庭收入水平，社会网络水平每提高 1%，家庭收入将显著增加约 1.82%。从该回归结果可知，对于户主从事个体业的家庭和户主已经离退休的家庭，社会网络的影响不具有显著性。

表 5 - 9　户主不同职业类型下社会网络对家庭收入影响的估计结果

解释变量	户主职业类型				
	农民	个体业	企事业单位	离退休	无工作
关系总指标	0.0182 * *	0.00140	0.0105 * * * *	0.0155	0.0268 * * * *
	(0.00703)	(0.0108)	(0.00340)	(0.0127)	(0.00902)
样本数	1911	818	2010	507	967
社区（村）个数	208	240	278	159	264

五、稳健性检验

为了进一步检验表 5 - 4 结果的稳健性，本书也采取了文献中常用的衡量家庭关系网络的方式，即"家庭在节假日及婚丧嫁娶等方面的礼金支出占日常总支出的比重"（赵剑治等，2009）直接作为社会网络的测度指标，对收入决定方程（1）加以估计，结果如表 5 - 10 所示：

表 5 - 10　变换社会网络测度指标后家庭收入决定模型估计结果

解释变量	总体样本		城市样本		农村样本	
	（1）	（2）	（3）	（4）	（5）	（6）
礼金支出比重		0.355 *		0.349 * *		0.343 *
		(0.195)		(0.142)		(0.181)
家庭规模	0.302 * * *	0.305 * * *	0.236 *	0.239 *	0.325 *	0.329 *
	(0.115)	(0.114)	(0.132)	(0.131)	(0.175)	(0.173)

续表

	总体样本		城市样本		农村样本	
家庭规模平方	− 0.023 *	− 0.023 *	− 0.017	− 0.017	− 0.025	− 0.026
	(0.012)	(0.012)	(0.014)	(0.014)	(0.018)	(0.018)
男劳力比重	0.336 ***	0.335 ***	0.408 ***	0.407 ***	0.119	0.120
	(0.127)	(0.127)	(0.139)	(0.138)	(0.293)	(0.292)
户主健康程度	0.201 ***	0.200 ***	0.156 **	0.155 **	0.251 ***	0.251 ***
	(0.051)	(0.051)	(0.065)	(0.065)	(0.083)	(0.083)
配偶健康程度	0.138 **	0.136 **	0.166 **	0.164 *	0.114	0.112
	(0.057)	(0.057)	(0.083)	(0.083)	(0.080)	(0.079)
户主风险偏好	0.105 **	0.101 **	0.034	0.030	0.208 ***	0.203 ***
	(0.0466)	(0.0465)	(0.0580)	(0.057)	(0.076)	(0.076)
劳动力年龄	0.063 **	0.061 **	0.097 ***	0.096 **	0.033	0.032
	(0.027)	(0.026)	(0.037)	(0.037)	(0.041)	(0.040)
劳动力年龄平方	− 0.001 ***	− 0.001 ***	− 0.001 ***	− 0.001 ***	− 0.0007	− 0.0006
	(0.0003)	(0.0003)	(0.0004)	(0.0004)	(0.0004)	(0.0004)
劳动力技术职称	0.236 ***	0.235 ***	0.232 ***	0.231 ***	0.252	0.246
	(0.048)	(0.048)	(0.050)	(0.050)	(0.178)	(0.179)
受教育年限	0.087 **	0.085 **	0.063 **	0.063 **	0.131 *	0.127 *
	(0.038)	(0.038)	(0.026)	(0.026)	(0.071)	(0.071)
受教育年限平方	− 0.002	− 0.002	− 0.001	− 0.001	− 0.005	− 0.005
	(0.002)	(0.002)	(0.002)	(0.002)	(0.005)	(0.005)
农业机械价值	0.0278 *	0.0267 *	0.0487	0.0476	0.023 *	0.022 *
	(0.014)	(0.014)	(0.033)	(0.033)	(0.011)	(0.011)
非金融资产价值	0.011 ***	0.010 ***	0.012 ***	0.012 ***	0.008	0.008
	(0.003)	(0.003)	(0.004)	(0.004)	(0.007)	(0.007)
金融资产价值	0.036 ***	0.035 ***	0.039 ***	0.039 ***	0.029 **	0.029 **

续表

	总体样本		城市样本		农村样本	
	(0.007)	(0.007)	(0.009)	(0.009)	(0.013)	(0.013)
社区（村）效应	已控制	已控制	已控制	已控制	已控制	已控制
常数项	6.773 ＊＊＊	6.764 ＊＊＊	6.554 ＊＊＊	6.542 ＊＊＊	6.990 ＊＊＊	6.979 ＊＊＊
	(0.581)	(0.581)	(0.741)	(0.742)	(0.969)	(0.966)
样本数	6044	6044	3621	3621	2423	2423
社区（村）个数	320	320	161	161	159	159

在表 5 - 10 中，除用以表示家庭社会网络的变量外，其他控制变量的估计系数及显著性均与表 5 - 4 无明显差异。以总体样本为例，家庭礼金支出占日常总支出的比重上升 1%，家庭收入将显著增加约 0.355%，该结果与赵剑治和陆铭（2009）中的结果一致（在他们的研究中，该变量系数值为 0.372%），说明社会网络对家庭收入确实起到了显著提升作用。但考虑到社会网络是一个多维度的概念，单纯选用礼金支出比重来测度家庭社会网络，会导致估计结果存在遗漏变量偏误，从而低估社会网络在家庭收入中的作用，因此与表 5 - 10 相比，表 5 - 4 中的估计结果更能综合反映社会网络对家庭收入的影响。

根据本书构建社会网络指标的方法，社会网络总指标实际上由四个子指标构成，其中，社会网络子指标 1 主要反映家庭的社会地位及家庭成员在职业发展中所积累的资源；社会网络子指标 2 是动态维度的概括，主要反映家庭为了维护已有社会网络资源所做的努力；社会网络子指标 3 同样从动态维度刻画家庭社会网络强弱，但该子指标更侧重于衡量家庭所发展的新资源；社会网络子指标 4 是对家庭中亲缘社会网络的测度，属于静态维度。为了更清楚的考察社会网络结构差异对家庭收入的不同影响，表 5 - 11 给出了利用上述四个社会网络子指标对模型（1）的估计结果①：

表 5 - 11　社会网络子指标对应的家庭收入决定模型估计结果

解释变量	(1)	(2)	(3)	(4)	(5)
社会网络子指标 1	0.009＊＊＊				0.012＊＊＊

---

① 此处只针对总体样本做出分析且仅保留了关系子指标所对应的估计结果，其他控制变量的系数和显著性与表 5 - 4 相近，此处从略。

续表

解释变量	（1）	（2）	（3）	（4）	（5）
	（0.002）				（0.002）
社会网络子指标2		0.011＊＊＊			0.014＊＊＊
		（0.003）			（0.003）
社会网络子指标3			0.008＊＊＊		0.009＊＊＊
			（0.002）		（0.002）
社会网络子指标4				0.004＊	0.001
				（0.002）	（0.002）

表5-11前四列是在表5-4基准结果的基础上分别加入四个社会网络子指标时的回归结果，第五列是同时含有四个社会网络子指标时的估计结果。与基准结果相比，上述五列中的其他控制变量系数和显著性均未发生明显改变，但回归结果的R平方均有所提高，说明每个社会网络子指标对家庭收入均具有明显的解释作用。具体地，若家庭中的党员个数、劳动力职务类型或工作单位类型等的改变使得社会网络子指标1每增加1%，家庭收入将显著增加约0.9%；若家庭中的礼金支出、用于社交方面的通信或交通方面的支出变化使得社会网络子指标2每增加1%，家庭收入将显著增加约1.1%；若家庭花在在外就餐或娱乐方面的非常规支出增加使得社会网络子指标3提高1%，则家庭收入将显著增加约0.8%；若户主及其配偶所拥有的亲兄弟姐妹个数，使得社会网络子指标4比其他家庭高1%，则家庭收入将增加约0.4%，这种效应在10%的统计水平上显著。表5-11第五列结果显示，当同时包含四个社会网络子指标时，前三个子指标的系数较单独加入时均有一定程度的增加，且仍在1%的统计水平上显著，说明社会网络在家庭收入中确实发挥着重要作用，社会网络子指标4不再具有统计显著性的原因可能是在同时含有四个子指标时，它的效应已经在其他三个子指标中有所反映。

照此方法，针对城市样本和农村样本分别回归发现，在城市家庭中，社会网络子指标1和社会网络子指标3的收入提高作用更明显，在农村样本中，社会网络子指标2和社会网络子指标4的作用相对更为明显，这说明城市家庭中社会网络对收入的促增作用更多的有赖于家庭权势和社交互动，而农村家庭中该作用则主要通过礼金往来和亲缘关系得以发挥。

六、工具变量检验

在前述家庭收入决定方程中，由于可能存在的遗漏变量或反向因果问题，社会网络指标可能存在着内生性，从而导致所估计的参数不再具有一致性。为此，需要借助工具变量来对该问题加以说明。借鉴马光荣等（2011）、赵剑治等（2009）以及孙永苑等（2016）的方法，本书分别选用了"户主及其配偶的姓氏是否为所在地大姓""家庭在节假日及婚丧嫁娶等方面的礼金支出占日常总支出的比重①"和"除自家以外的社区（村）社会网络指数均值"作为社会网络指标的工具变量。选取上述工具变量的原因在于：第一，上述工具变量与家庭社会网络指标具有相关性，以第三个变量为例，由于处在同一个社区（村）的家庭之间更容易相互熟识，具有发生联系的基础，而且可能具有相似的社交网络，因此，家庭所在地其他家庭的平均社会网络水平会影响到家庭自身的社会网络大小，弱工具变量检验也证实了这一点；第二，在控制了家庭所在社区（村）虚拟变量后，影响家庭收入的其他变量并不会影响到家庭姓氏、家庭礼金支出占日常总支出比重和所在地其他家庭的社会网络指标均值。因此，选取上述三个变量作为工具变量具有合理性。

本书使用工具变量的两阶段回归分析模型可表述如下：

$$Guanxi_{i,j} = \alpha_1 GuanxiIV_{i,j} + \alpha_2 X_{i,j} + c_j + \mu_{i,j} \tag{2}$$

$$Ln(\text{income}_{i,j}) = \lambda_1 Guanxi_{i,j} + \lambda_2 X_{i,j} + c_j + \varepsilon_{i,j} \tag{3}$$

其中，（2）式为第一阶段回归模型，其中 $GuanxiIV$ 为社会网络总指标的工具变量，μ 和 ε 分别为模型（2）和（3）的随机扰动项，其他变量含义同（1）式。对上述三个 IV 分别进行弱工具变量检验后发现，各自所对应 Kleibergen – Paap rk 的 Wald F 统计量分别为 18.48、138.74 和 87.06，均高于该统计量在 1% 水平下的临界值 16.38，从而拒绝原假设，表明上述三个变量不存在弱工具变量问题。

表 5 – 12 中第 2 – 4 列分别给出了使用"户主及其配偶的姓氏是否为所在地大姓"（简称"是否大姓"）、"家庭在节假日及婚丧嫁娶等方面的礼金支出占日常总支出的比重"（简称"礼金比重"）和"除自家以外的社区（村）社会网络

---

① 与赵剑治和陆铭（2009）相仿，日常支出包括食品、粮食、蔬菜、烟酒、书报、日常交通、电话费、水电费等，剔除了教育、住宅建设及装修、电器购买等年度偶然性支出。

指数均值"（简称"社会网络均值"）作为社会网络指标工具变量的估计结果。结果显示，使用工具变量后社会网络总指标所对应的系数均为正且依然统计显著。以第（3）列为例，社会网络总指标的系数为 0.023，这与表 5 - 4 第（2）列估计结果相差不大，并且依然在 1% 的统计水平上显著。因此，表 5 - 4 的分析结果具有较好的稳健性。

表 5 - 12　社会网络影响家庭收入的 2SLS 估计结果

解释变量	以"是否大姓"作为 IV	以"礼金比重"作为 IV	以"关系均值"作为 IV
	（1）	（2）	（3）
关系总指标	0.049 * *	0.035 *	0.023 * * *
	（0.019）	（0.019）	（0.004）
家庭规模	0.159	0.199 * *	0.234 * *
	（0.083）	（0.101）	（0.110）
家庭规模平方	- 0.008	- 0.014	- 0.017
	（0.012）	（0.012）	（0.011）
男劳力比重	0.452 *	0.270 * *	0.292 * *
	（0.236）	（0.136）	（0.130）
户主健康程度	0.229 * * *	0.191 * * *	0.195 * * *
	（0.075）	（0.053）	（0.052）
配偶健康程度	0.173 * *	0.121 * *	0.126 * *
	（0.073）	（0.055）	（0.054）
户主风险偏好	0.116	0.079 *	0.088 *
	（0.101）	（0.043）	（0.046）
劳动力年龄	0.049	0.035 *	0.044 *
	（0.066）	（0.018）	（0.024）
劳动力年龄平方	- 0.0009	- 0.0007 * *	- 0.0008 * * *
	（0.0006）	（0.0003）	（0.0003）
户主技术职称	0.095	0.096 * *	0.144 * * *
	（0.233）	（0.045）	（0.053）
受教育年限	0.071	0.057 * *	0.067 *

续表

	以"是否大姓"作为 IV	以"礼金比重"作为 IV	以"关系均值"作为 IV
	(0.084)	(0.026)	(0.038)
受教育年限平方	−0.003	−0.001	−0.001
	(0.005)	(0.002)	(0.002)
农业机械价值	0.022	0.027 *	0.027 *
	(0.017)	(0.014)	(0.014)
非金融资产价值	0.005	0.004 *	0.006 * *
	(0.013)	(0.002)	(0.003)
金融资产价值	0.014	0.024 * *	0.028 * * *
	(0.018)	(0.010)	(0.007)
社区（村）效应	已控制	已控制	已控制
样本数	3430	6044	6044
社区（村）个数	285	320	320

第六节　"社会网络"影响家庭收入的机制分析

上述分析已经证实社会网络会显著提高家庭收入，那么，社会网络发挥这种作用的渠道有哪些呢？借鉴已有相关文献并结合现实依据，本书将这种影响机制归结为如下两种：第一，社会网络犹如家庭所拥有的人力资本和物质资本一般，作为一种特殊的隐形资本——社会资本的重要表现形式，对家庭收入起到了直接提升作用；第二，社会网络通过影响家庭所拥有的人力资本和物质资本，进而在家庭收入形成中发挥重要的间接作用，如图 5-2 所示。

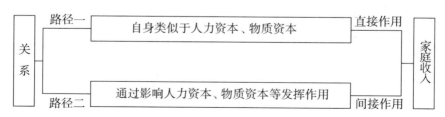

图 5-2　社会网络影响家庭收入的路径分析

　　从直接作用机制来看，社会网络主要通过影响家庭收入构成中的哪一部分，从而最终影响家庭总收入呢？为说明该问题，收入决定方程仍沿用（1）式，控制变量也基本一致，主要区别是将方程（1）中的被解释变量由表5－13中的五种类别收入分别加以替换，最终估计结果如表5－13所示。

表5－13　分收入类别考察社会网络对各类收入的影响

	总体样本	城市样本	农村样本
工资性收入	0.009＊＊＊ （0.001）	0.012＊＊＊ （0.001）	0.006＊＊＊ （0.001）
农业经营收入	0.006＊＊ （0.002）	0.006 （0.005）	0.009＊＊＊ （0.002）
工商业经营收入	0.011＊＊ （0.005）	0.015＊＊ （0.006）	0.008 （0.014）
财产性收入	0.009＊＊＊ （0.003）	0.010＊＊＊ （0.004）	0.005＊＊ （0.002）
转移性收入	0.018＊＊＊ （0.002）	0.022＊＊＊ （0.003）	0.013＊＊＊ （0.004）

　　总体来看，社会网络主要通过增加家庭的转移性收入、工商业经营收入和工资性收入来提高家庭总收入。对于城市家庭来说，社会网络在提高家庭财产性收入方面也发挥了重要作用，但对家庭农业经营收入的影响不显著；对于农村家庭而言，社会网络主要是增加了家庭的转移性收入和农业经营收入，对于农村家庭工商业经营收入的影响并不显著，这主要是因为农村家庭主要依赖农业生产获得收入，从事工商业经营的家庭数量占比不高。

　　从间接作用机制来看，拥有较强社会网络的家庭，往往其物质资本和人力资本可能更高。为直观起见，选取表5－14中的五个变量作为被解释变量，在尽可能多的包含了其他影响这些对象的控制变量后，重点考察社会网络对各自的影响，估计结果如表5－14所示。

表5－14　社会网络对人力资本和物质资本的影响①

	总体样本	城市样本	农村样本
家庭成员平均受教育年限	0.019＊＊＊ （0.003）	0.025＊＊＊ （0.004）	0.014＊＊ （0.005）
家庭从事农业经营的可能性	－0.022＊＊＊ （0.002）	－0.023＊＊＊ （0.003）	－0.012＊＊＊ （0.003）

---

① 本书对关系指标在下述回归中的内生性问题进行了检验，并利用前述的 IV 进行了 2SLS 估计，估计结果仍具有稳健性，回归结果此处从略。

续表

	总体样本	城市样本	农村样本
家庭从事工商业经营的概率	0.016＊＊＊ （0.002）	0.022＊＊＊ （0.002）	0.003 （0.003）
家庭所拥有金融资产的价值	0.052＊＊＊ （0.005）	0.063＊＊＊ （0.006）	0.032＊＊＊ （0.008）
家庭所拥有非金融资产的价值	0.142＊＊＊ （0.013）	0.150＊＊＊ （0.017）	0.117＊＊＊ （0.017）

注：括号内为稳健标准误，＊＊＊、＊＊和＊分别表示变量对应系数在1%、5%和10%的统计水平上显著。限于篇幅，此处只报告了社会网络指标的估计系数和显著性。

由表5-14可知：（1）社会网络能显著提高家庭成员的平均受教育年限，这种作用在城市家庭中表现得更为明显；（2）社会网络越强的家庭，从事农业生产经营的可能性越低，可能的原因是社会网络越强的家庭，拥有的收入渠道更多，从而降低了从事农业生产的积极性；（3）社会网络会显著提高家庭从事工商业经营的可能性，这个结论与胡金焱和张博（2014）的研究一致；（4）社会网络越强的家庭参与股市和购买其他理财产品的可能性越大，且收益率相对较高，从而增加了这些家庭所拥有的金融资产价值；（5）社会网络越强的家庭，更容易购买到物美价廉的汽车及其他非耐用品，同时这些家庭拥有更多信息，能够在合适的时机购买到房屋等重要资产，这都增加了家庭的非金融资产价值。因此，表5-14的结果一定程度上说明了社会网络会通过影响家庭所拥有的人力资本和物质资本，从而最终影响家庭收入。

第七节　本章研究结论

社会网络是一个具有典型中国化特色的词语，也是我国社会的核心构件，越来越多的研究证实了社会网络在经济活动中的重要作用。本书利用中国家庭金融调查数据，系统论证了社会网络对家庭收入的影响作用、机制以及社会网络在收入差距中的相对贡献度。研究发现：社会网络能显著提高家庭收入，且这种作用在农村样本中表现得更为明显。在选取有效工具变量对社会网络的内生性问题加以调整后，结果依然稳健。社会网络作为家庭重要的社会资本，既能够通过提高家庭的转移性收入、工资性收入和工商业经营等增加总收入，也能够通过提升家庭人力资本和物质资本等间接增加家庭总收入。进一步地，本书利用两种不同的收入差距分解方法，发现社会网络是引起收入差距扩大的重要原因之一，在家庭收入的各种决定因素中，社会网络对收入差距的相对贡献度排在第2位，仅次于家庭所在社区（村）虚拟变量所发挥的作用。

与已有文献相比，本章可能的贡献主要体现在如下几个方面。首先，文献中对社会网络影响经济活动的讨论主要集中在农村地区，本章的讨论纳入了城市样本，并比较了社会网络对收入影响的城乡差异。其次，已有文献在讨论社会网络对家庭收入的影响时，缺乏对社会网络在收入决定方程中内生性问题的讨论，本章选取了有效的工具变量，对社会网络影响家庭收入的因果关系提供了较为可靠的证据。再次，本章讨论了社会网络影响家庭收入的两种途径，并进行了实证说明。最后，本章在收入差距分解过程中，选用了两种不同的分解方法，均得到了较为一致的结论，说明结论具有较好的稳健性。另外，通过对收入差距的多种异质性分解分析，得出了不同区域、不同收入类别中社会网络相对作用的一些有益结论。

本章结果表明社会网络对提升农村家庭和低收入水平家庭的收入具有重要作用，这对于当前精准扶贫政策的制定具有一定的启示意义。传统的扶贫政策主要集中在物质资本扶贫和人力资本扶贫方面，事实上，着力构建家庭联系与交流的社会网络和互动平台，对于改善贫困，提升家庭收入能够起到重要的作用。

另外，本书研究发现社会网络业已成为继人力资本和物质资本外，又一引起家庭间收入差距的关键因素，由于不同家庭的关系网络存在差异，这种关系不平等最终引致家庭间收入不平等，因此，为了能有效缩减我国目前不断扩大的收入差距，政策制定者除了需要继续推进义务教育、制定更多有利于经济发展的惠民政策外，还需要构建更多的公共网络、社区平台等，使不同居民共同享有共有网络带来的好处，同时要不断加强市场环境的公平性，完善信息透明度和传递渠道，努力营造一个公平的竞争环境，让每一个家庭尽可能平等地共享市场赋予的机遇。

第六章

"社会网络"与收入差距分解

第一节　引言

随着市场经济体制改革的逐步深入，在短短的35年时间里，我国经济取得了突飞猛进的发展，人民生活日益改善，居民收入水平也得到了大幅度提升，我国已从一个贫穷的弱国跃入世界第二大国的位置，备受世界瞩目。然而，我们在肯定这些可喜成果的同时，也必须正视改革开放以来我国经济中出现的诸多问题，在所有这些问题中，近年来备受人们关注的最大问题是日益演化的贫富差距问题，在近两年的两会提案调查中，收入分配问题始终高居榜首，这标志着我国收入差距态势已经困扰民心，成了亟待需要解决的关键问题。回首计划经济时期，在政府大一统的平均主义政策下，我国收入差距的基尼系数始终维持在0.2到0.3的水平，均等化程度明显较高（赵人伟和李实，1997），然而短短35年光景，基尼系数已远远超出0.4的国际警戒线水平，2011年已达到0.61（数据来自中国家庭金融调查中心所发布的《收入不平等报告》，2012）。诚然，我们并不期盼重回穷困潦倒的计划经济时期，而是想借此说明我国的收入差距演化速度之快，如果再不竭力遏制，照此速度任其发展，那么必将对我国经济和社会的稳定发展产生无法估量的后果。贫富差距问题不仅关系到人民的切身福祉，同时也是建立和谐社会和实现伟大中国梦的最大障碍，因此，无论学者还是政策层，都需要积极的探讨其成因，从而提出有针对性的可行建议来遏制态势的扩大。

李实、魏众和丁赛（2005）认为，贫富差距具有两重含义：一是不断扩大的收入差距，二是逐步拉开的财产分布差距。国内学者对我国贫富差距问题的探讨重点集中在对我国收入差距问题的分析上，具有代表性的如李实（1999）、赵人伟和李实（1997，1999）、Xinzheng、Terry 和 Yaohui Zhao（2002）、李实（2003）、陆铭和陈钊（2004）、周浩和邹薇（2008）以及刘涵（2010）等，他们从收入差距的度量方法、产生原因以及如何治理等方面均做出了相应的分析研究。然而，针对我国财产分布差距的研究，目前尚很缺乏，当然这也可能与两方面因素甚为相关：一是很多学者认为我国贫富差距持续拉大的主要原因是收入差距问题，而财产分布差距只是其次；另外一方面是因为相较于财产数据，居民的工资和收入数据更容易获得。

正如在本书第四章中所提到的，家庭社会网络在我国的经济生活中扮演着重要的角色，因此在我们分析相关经济问题时，对于该因素应该给予足够的重视。就家庭收入与财产状况而言，在日常的经济行为与家庭决策过程中，社会网络向来发挥着其他因素无法替代的作用，基于此，在分析家庭收入与财产分布状况时，就更有必要对社会网络这个因素给予更多的"关照"，我们相信选择从该视角出发来研究这个问题，对于我们深入了解当前不断扩大的收入与财产分布差距势必会带来更多有益的启发，这也是本章及后面章节选择该主题进行分析的初衷。

第二节　文献综述

伴随着中国经济的增长，居民收入差距不断扩大。根据世界银行的排名，在全球多数国家中，我国贫富差距居于第 27 位，收入不平等现象已经非常严峻。过高的收入差距会导致各种负面的社会效应，例如引发贫困问题加剧（Wan and Zhang，2006），削弱居民收入增长动力（Jalan and Ravallion，2001）等。因此，深入讨论居民收入差距不断扩大的原因，进而制定合理的优化政策，对于改善贫富差距，提高居民家庭收入，减少贫困具有十分重要的理论和现实意义。

当前，越来越多的学者开始专注于研究中国的收入差距问题，大致看来，已有研究主要集中在三个方面：一是收入差距的测度及分解；二是收入差距的影响因素研究；三是收入差距的成因分析。针对收入差距的影响因素，已有研究主要从宏观层面入手，探讨了国家政策、区域发展不平衡以及产业结构差异等对收入差距的影响，也有一些研究基于微观层面分析了人力资本、物质资本、政治资本、金融资产等对收入差距的影响（邹薇和张芬，2006；高梦滔和姚洋，2006；杨新铭和罗润东，2008；Knight and Yueh，2008；徐舒，2010；高连水，2011；Zhang 等，2012；王弟海，2012；程名望和史清华等，2015；刘林和李光浩等，2016）。

此外，韩其恒和李俊青（2011）考察了城乡收入差距的动态演化过程，认为影响城乡收入差距的机制在于人力资本回报和实物资本回报相对大小的长期动态调整过程。程名望和史清华等（2015）基于 2003－2010 年全国农村固定观察点微观住户调查数据，研究发现人力资本、物质资本、金融资产和非农就业等缩小了收入差距，而社会资本、金融负债、制度与政策和区域发展水平等拉大了农户收入差距。高梦滔和姚洋（2006）研究认为教育和在职培训所反映的人力资本是农户收入差距不断扩大的主要原因，而土地和生产性固定资产投入等所代表的物质资本对农户收入差距没有影响。

不断扩大的收入差距会对经济运行产生诸多负面效应，陆铭和陈钊（2005）认为收入差距会抑制投资，韩立岩和杜春越（2012）认为收入差距会阻碍消费，田新民等（2009）认为偏离适度水平的收入差距会抑制居民消费及人力资本积累，进而导致整体经济效率的下降。立足于新时代背景，为进一步提升经济发展水平，我们需要积极探寻能够缩小收入差距的路径，而要实现此愿，则需要探明哪些因素会引起收入差距的扩大。已有文献中对于社会网络如何影响收入差距，并未取得一致的结论。Mogues and Carter（2005）、Knight 等（2008）、赵剑治和陆铭（2009）、Zhao 等（2012）、边燕杰等（2012）认为社会网络扩大了农村收入不平等；McKenzie and Rapoport（2007）、郭云南等（2014）、周广肃（2014）认为社会网络能够缓解村庄内部收入差距，Knack and Keefer（1997）、Grootaert et al.（1999，2002）、Terrence（2005）及 Abdul－Hakim et al.（2010）认为社会资本能够在减少贫困或缩小收入差距方面发挥积极作用。

中国是一个传统的人情关系社会。长期以来，社会关系网络在人们的日常生活中发挥着重要作用。社会关系网络作为一种增进组员信任和责任，促进沟通交流与协助的有效途径，在正式制度缺失的情况下，能够发挥非正式保险制度的效用，进而降低社会风险对家庭的冲击。社会关系网络在保险消费、促进就业、减少贫困、家庭风险资产配置以及自主创业的等方面的作用已经得到证实（Rosenzweig and Bingswanger，1993；Fafcchamps and Lund，2003；Dehejia et al.，2007；马小勇和白永秀，2009；马光荣和杨恩艳，2011；朱光伟等，2014；杨汝岱和陈斌开等，2011；孙永苑等，2016）。然而，到目前为止，对于社会关系网络对居民家庭收入差距的影响及机制的相关讨论并不多见。赵剑治和陆铭（2009）讨论了社会网络关系对农村家庭收入差距的影响，研究结果表明，社会关系网络对收入差距的贡献达到12.1% – 13.4%。但是，正如其在结论中所讲，上述研究所使用的是中国农村家庭样本，对于同样的发现在城市是否成立我们仍然不得而知。另外，社会关系网络发挥经济效应的机制是什么？是通过与其他诸如物质资本、人力资本等结合发挥作用还是作为一种独立资本实现经济回报，这些问题都有待于进一步研究。

理论上，社会网络作为无形资产或担保品，能够为关系拥有者提供更多机会而增加收入，因此在给定初始财富分布状况的条件下，关系不平等将进一步加剧收入差距（Mogues 和 Carter，2005）。赵剑治和陆铭（2009）运用中国农村家庭调查数据，实证分析了社会网络对家庭收入差距的影响，结果表明，社会网络扩大了农村收入不平等，这一结果为 Mogues 和 Carter（2005）的结论提供了经验支持。然而，另一些学者发现，社会网络对缩小群体内部成员间的收入差距有积极作用。如 Minshi 和 Rosenweig（2009）研究了印度种姓网络对种姓内部收入分配的影响，结果表明，以种姓为纽带的社会网络可视作一种保险机制，能够促进成员间风险共担和转移支付，从而降低收入差距。此外，社会网络对收入分配的影响也可能是非线性的。McKenzie 和 Rapoport（2007）基于理论和经验认为村级层面的迁移网络与收入差距呈现倒 U 型关系，起初过高的迁移成本抑制了贫穷家庭外出务工的动机，从而加剧了村庄收入不平等，但同乡人员在迁入地形成的社会网络，会通过降低后续迁移成本，吸引贫穷家庭迁移，增加非农收入，最终改善村庄收入分配。

总体来看，已有文献关于人力资本、物质资本及社会资本等对收入差距的影响尚存在分歧。基于此，本书采用新近的中国家庭金融调查数据，综合包含已有文献中所提及的影响收入差距的因素，以期得到更为稳健的结论。

第三节　收入差距的夏普里值分解分析

基于第 5 章收入决定方程及估计结果，下面将对各个变量在家庭间收入差距中的相对贡献度做出分析。此处所使用的主要是 Shorrocks（2002）提出的基于回归的分解方法，在夏普利值分解方法中，衡量收入不平等的指标共有四种：基尼系数（Gini coefficient）、泰尔指数（Atkinson index）、广义熵指数（generalized entropy，GE）及变异系数的平方（CV^2）等，尽管这些指数的计算方法各异，但最终反应的结果基本都是一致的，因此，此处选用描述收入差距最常用的指标：基尼系数，来考察上述回归方程中各个变量对于家庭收入差距的贡献大小。

上述回归方程中控制变量较多，然而目前针对夏普里值分解方法，所采用的由联合国世界发展经济学研究院（UNU – WIDER）所开发出的 Java 程序，对于多变量分解并不是很有效，因此为便于运算，在下面的分解过程中，将对上述解释变量中相关性较强的变量加以合并，这样不仅能保留这些变量的信息，同时也能缓解由于引入变量过多而不能获得有效分解结果的局面。在具体的合并过程中，将劳动力的平均受教育年限及其平方项做了合并，将劳动力平均年龄及其平方项进行了合并，将男性劳动力比重及户主风险偏好度进行了合并，将家庭所拥有的农业机械总价值、非金融资产价值及金融资产价值合并定义为家庭物质资本拥有量。

另外需要加以说明的是，由于前述收入决定方程属于半对数模型，如果直接使用收入的对数来进行分解，可能得不到合理的结果，因此，在分解之前，有必要先对原来的收入决定方程加以变形，只需要对原方程两边同取指数即可解决此问题，这也是文献中通用的做法（赵剑治和陆铭，2009；王鹏，2010等），因此，夏普里值分解所基于的方程表述如下：

$$y_{i,j} = \exp(\hat{\beta}_0)\exp(\hat{\beta}_1\ Guanxi_{i,j} + \hat{\beta}_2\ FC_{i,j} + \hat{\beta}_3\ HC_{i,j}$$

$$+ \hat{\beta}_4\ PC_{i,j} + \hat{\beta}_k\ Dummies_k)\exp(\hat{\varepsilon})$$

此处，$Dummies$ 表示家庭所在村（或社区）的虚拟变量，$Dummies_k$ 表示第 k 个村（或社区），由于本调查选取的村（或社区）的个数为 320 个，因此此处 k = 1，2，3……320。

根据 Wan（2002）中的描述，在计算基尼系数时，此处的常数项 $\exp(\hat{\beta}_0)$ 并不会对结果产生任何影响，因此可以将其去掉，而此处的残差项 $\hat{\varepsilon}$ 用来表示总的收入差距中不能被所包含的控制变量所解释的部分，因而模型的解释比可以由解释变量所计算的基尼系数与被解释变量自身计算的基尼系数的比值来表示，因为模型存在残差项，因此总体的收入差距并不能由解释变量 100% 的解释，一般而言，被解释比超过 50% 就可说明回归模型与分解结果具有一定程度的可靠性。

一、总体收入差距分解

表 6 – 1 给出了分别利用总体样本、城市样本和农村样本所计算的基尼系数，以及由各自收入决定方程中全部解释变量所能解释的比例。

由该结果可知，三种样本下的模型解释度均高于 75%，尤其是对于农村样本来说，解释变量能解释的比例超过 90%，这说明本书所选择的收入决定方程中的解释变量能很好地反映家庭间收入差距，一定程度上说明了本研究结果的可靠性。

表 6 – 1　总收入差距与被解释比例

数据类别	指数	影响程度			被解释比 = 自变量/ 总系数
		总系数	自变量	残差项	
总体	Gini 系数	0.60881	0.52947	0.07934	86.97%
城市	Gini 系数	0.59138	0.45909	0.13229	77.63%
农村	Gini 系数	0.58465	0.53381	0.05084	91.3%

二、城乡收入差距分解

表 6 – 2 给出了利用该方法所得出的收入差距分解结果，由该结果可知，在引起家庭收入差距的因素中，用以刻画影响家庭收入不可观测因素的社区（村）虚拟变量的作用最大，该结论较为符合直觉，已有文献也证实了家庭所处地理位置、基础设施、风俗习惯等均是导致收入差距的重要原因，该结果也与赵剑治和陆铭（2009）的结论一致。在总体样本中，社会网络对家庭收入差距的贡献度达到 12.89%，排序第二；在城市样本中，社会网络能解释收入差距中的13.16%，排序第三；在农村样本中，社会网络能解释家庭收入差距的 7.32%，排序第四，这些结果充分说明社会网络的确是引致收入差距扩大的重要原因。结合社会网络指标的自身分布，发现社会网络指标值在城市样本中的标准差更大，而在农村样本中，社会网络指标分布相对较为均匀，这导致了社会网络对收入差距的相对解释度存在着明显的城乡差异，在城市样本中，由于社会网络的自身分布更为不平等，因此社会网络的收入差距效应也更大。

表 6 – 2　家庭间收入差距分解结果（基于夏普里值分解方法）

主要构件	总体样本		城市样本		农村样本	
	贡献度（%）及排序		贡献度（%）及排序		贡献度（%）及排序	
关系指标	12.89%	[2]	13.16%	[3]	7.32%	[4]
劳动力平均受教育年限	9.48%	[5]	7.14%	[6]	6.98%	[5]
劳动力平均年龄	10.20%	[4]	9.06%	[4]	15.56%	[2]
户主专业技术职称	5.49%	[7]	8.49%	[5]	2.51%	[9]
户主及其配偶的健康	7.85%	[6]	6.87%	[7]	10.35%	[3]
家庭物质资本拥有量	10.97%	[3]	14.5%	[2]	6.96%	[6]
家庭人口数	2.13%	[9]	1.56%	[9]	4.61%	[8]
男性劳动力比重	3.41%	[8]	3.14%	[8]	4.90%	[7]
社区（村）虚拟变量	37.58%	[1]	36.08%	[1]	40.81%	[1]

注：上述分解程序中引入的变量只有 9 个，是由于考虑到分解程序运行的有效性，将前述回归方程中具有相似属性的变量进行了合并。具体地，将劳动力的平均受教育年限及其平方项做了合并，将劳动力平均年龄及其平方项进行了合并，将男性劳动力比重及户主风险偏好度进行了合并，将家庭所拥有的农业机械总价值、非金融资产价值及金融资产价值合并定义为家庭物质资本拥有量，下表同。

为了进一步说明社会网络在收入差距中的重要作用，本书同时采用 Field（2003）研究中所提出的分解方法，对该贡献度进行了分解①。

以本研究最为关注的社会网络指标为例，其对收入差距的贡献度将由下式得出：

$$C_{Guanxi} = \frac{\text{cov}(\beta_1 Guanxi, income)}{\sigma^2(income)}$$

其他变量对收入差距的贡献度可同样求解得出。在 Field（2003）的分解中，截距项对被解释变量个体间的不平等没有影响，所有解释变量对收入差距的贡献度，加上随机扰动项对收入差距的贡献度，其和值等于 100%。表 6 – 3 给出了利用该方法得出的分解结果，可以看出，本书引入收入决定方程中的所

---

①　限于篇幅，本书只报告了使用该方法对总体、城市和农村样本的分解结果，略去了对后续异质性讨论的分解结果，但使用该方法进行的各类别分解中，社会网络的相对排序均位于前列，说明社会网络对收入差距的形成确实发挥了重要作用。

有解释变量，能够解释总体家庭收入差距的 23.891% 。其中，社会网络对收入差距的贡献度占 3.131% ，仅次于劳动力年龄对收入差距的影响。在城市样本中，社会网络对收入差距的贡献度达到 3.053% ，排序为第一，农村样本中，社会网络的作用排序为第 2 ，同样证实了社会网络是引起家庭间收入差距的重要原因之一。

表 6 - 3 　家庭间收入差距分解结果（基于 Fields 提出的分解方法）

变量名称	总体样本		城市样本		农村样本	
	贡献率%	相对排序	贡献率%	相对排序	贡献率%	相对排序
社会网络指标	3.131	［02］	3.053	［01］	2.378	［02］
家庭规模	0.340	［12］	0.131	［11］	1.343	［08］
男劳力比重	0.586	［10］	0.839	［10］	0.057	［12］
户主健康程度	2.063	［06］	1.795	［07］	2.008	［06］
配偶健康程度	1.959	［07］	1.781	［08］	1.608	［09］
户主风险偏好程度	1.856	［08］	1.481	［09］	1.785	［07］
劳动力年龄	3.296	［01］	2.388	［05］	3.266	［01］
户主技术职称	1.838	［09］	2.426	［04］	0.430	［11］
教育程度	2.836	［04］	2.495	［03］	2.315	［03］
农业机械价值	0.545	［11］	0.089	［12］	0.559	［10］
非金融资产价值	2.515	［05］	2.348	［06］	2.065	［04］
金融资产价值	2.926	［03］	2.703	［02］	2.027	［05］
总计	23.891		21.529		19.841	

三、地区收入差距分解

为了进一步考察社会网络对家庭间收入差距的影响在不同地区、不同收入类别中是否具有一致性，表 6 - 4 给出了东部地区、中部地区和西部地区家庭间收入差距的分解结果。从中可以看出，社会网络在市场化程度更高的东部地区，对收入差距的贡献度最大，其相对排序无论在城市还是农村样本中，均稳定排在前三位，而在西部地区中，社会网络对收入差距的贡献度相对较低。产生这种差异的主要原因在于在东部地区和中部地区中，家庭间社会网络指标值的分布更分散，不同家庭的社会网络指数差异较大，而西部地区家庭中的社会网络指标值较小且相对集中，因此对家庭收入所产生的影响在不同家庭中的差异也较小。这个结论说明尽管东部地区经济发展水平和市场化程度更高，但社会网络对收入差距的扩大作用仍不容忽视。

表6-4　不同地区家庭间收入差距的分解结果

主要构件	东部地区		中部地区		西部地区	
	贡献度（%）及相对排序		贡献度（%）及相对排序		贡献度（%）及相对排序	
社会网络指标	14.41%	[2]	12.14%	[2]	8.82%	[4]
劳动力平均受教育年限	10.59%	[4]	9.28%	[4]	7.56%	[6]
劳动力平均年龄	11.26%	[3]	10.91%	[3]	13.01%	[2]
户主专业技术职称	9.62%	[5]	5.38%	[7]	6.22%	[9]
户主及其配偶的健康	4.57%	[7]	8.43%	[6]	11.80%	[3]
家庭物质资本拥有量	7.49%	[6]	9.47%	[5]	8.76%	[5]
家庭人口数	3.35%	[9]	2.90%	[9]	6.45%	[8]
男性劳动力比重	4.48%	[8]	3.91%	[8]	6.99%	[7]
社区（村）虚拟变量	34.23%	[1]	37.58%	[1]	30.39%	[1]

四、分位数收入差距分解

为了说明不同收入阶层中，社会网络在收入差距中的相对贡献度如何，表6-5、表6-6和表6-7分别给出了对应总体样本、城市样本和农村样本的分位数分解结果，从该结果不难看出：社会网络在收入差距的形成过程中发挥着非常重要的作用。对于总体样本和城市样本来说，一个基本的趋势是分位数水平越高，社会网络在收入差距中的相对贡献度越大，亦即对于富裕阶层而言，社会网络在拉开收入差距的过程中发挥的作用更大，这种作用甚至与人力资本的差异所带来的效果相当，值得注意的是，对于城市样本的75%分位数和90%分位数而言，社会网络在收入差距成因中的贡献度甚至超过了人力资本和家庭物质资本的作用。对于农村样本而言，尽管社会网络对家庭间收入差距的贡献度相对较弱，但同样不容忽视。

表 6 - 5　总体样本分位数下的收入差距分解结果

主要构件	q10	q25	q50	q75	q90
社会网络指标	4.69	9.60	12.82	12.47	15.87
家庭特征	8，79	9.61	8.13	9.36	6.83
人力资本	28.31	22.49	23.47	18.41	15.39
物质资本	14.32	14.61	13.91	16.69	17.48
社区（村）虚拟变量	43.89	43.69	41.67	43.07	44.43

表 6 - 6　城市样本分位数下的收入差距分解结果

主要构件	q10	q25	q50	q75	q90
社会网络指标	7.94	13.14	15.03	18.77	20.89
家庭特征	5.14	6.92	6.64	6.57	7.19
人力资本	27.03	24.59	22.85	17.27	17.63
物质资本	15.55	17.21	16.18	16.43	17.70
社区（村）虚拟变量	44.34	38.14	39.30	40.96	36.59

表 6 - 7　农村样本分位数下的收入差距分解结果

主要构件	q10	q25	q50	q75	q90
社会网络指标	2.92	6.84	8.34	7.84	5.54
家庭特征	4.81	11.3	9.99	15.34	13.53
人力资本	29.58	21.16	24.03	14.23	11.40
物质资本	13.21	16.08	15.54	18.83	18.61
社区（村）虚拟变量	49.48	44.62	42.10	43.76	50.92

五、其他异质性收入差距分解

为了对社会网络在收入差距中的相对作用有更清晰的认识，本研究也进行了很多异质性分析。

表 6 - 8 给出了户主不同学历层次下家庭间收入差距分解结果，可以看出，户主学历层次越高，社会网络对收入差距的相对作用越明显，户主学历在本科及以上时，社会网络对家庭间收入差距的相对贡献度达到 12.35%，是户主学历在初中及以下家庭间收入差距中相对贡献度的 1.41 倍。导致这种差别的原因仍与社会网络指标值在户主不同层次学历水平家庭间的相对分布有关，户主学历

层次较低的家庭往往集中在西部地区和农村样本中，这些样本间的社会网络指标数值分布较为集中，因此对收入差距的影响相对较弱，而户主学历层次较高的家庭中，社会网络指标分布更不均匀，从而导致了家庭间收入分布也更为不均。

表6-8　户主不同学历层次下家庭间收入差距分解结果

主要构件	初中及以下		初中以上，本科以下		本科及以上	
	贡献度（%）及相对排序		贡献度（%）及相对排序		贡献度（%）及相对排序	
社会网络指标	8.77%	[4]	10.56%	[4]	12.35%	[2]
劳动力平均受教育年限	3.92%	[8]	0.85%	[9]	9.33%	[4]
劳动力平均年龄	11.37%	[2]	12.77%	[3]	6.92%	[5]
户主专业技术职称	2.66%	[9]	4.40%	[6]	6.13%	[6]
户主及其配偶的健康	9.99%	[3]	6.99%	[5]	2.01%	[8]
家庭物质资本拥有量	4.11%	[7]	19.79%	[2]	11.12%	[3]
家庭人口数	5.08%	[5]	2.10%	[7]	4.51%	[7]
男性劳动力比重	4.28%	[6]	1.19%	[8]	0.91%	[9]
社区（村）虚拟变量	49.82%	[1]	40.35%	[1]	46.72%	[1]

表6-9给出了区分不同收入类别时，社会网络对家庭间收入差距的分解结果。总体来看，社会网络在转移性收入、工资性收入和工商业经营收入差距中的相对贡献度更明显，社会网络主要是通过这三类收入对最终收入差距产生影响。分城乡来看（见表6-10和表6-11），社会网络对转移性收入差距的相对贡献度与总体样本相仿，社会网络对家庭间收入差距的城乡差异主要表现在工资性收入和农业经营收入中，在城市样本中，社会网络对工资性收入差距的相对贡献度达到13.66%，在农村样本中该贡献度仅为5.93%，相对排序也较低。在农村样本中，社会网络对农业经营收入的相对贡献度较高，其值为6.64%，而在城市样本中，社会网络对农业经营收入的相对贡献度仅为1.61%，重要性排在末位。

表 6 - 9 不同收入类别的家庭间收入差距分解结果（总体样本）

主要构件	工资性收入	农业经营收入	工商业经营收入	转移性收入	财产性收入
社会网络指标	9.46% [3]	3.49% [6]	7.95% [3]	11.45% [2]	5.02% [3]
劳动力平均受教育年限	19.09% [2]	1.55% [9]	4.46% [6]	4.78% [5]	4.81% [4]
劳动力平均年龄	4.93% [6]	2.80% [7]	4.90% [5]	6.52% [4]	3.13% [5]
户主专业技术职称	8.04% [4]	2.47% [8]	2.84% [8]	4.52% [6]	2.01% [7]
户主及其配偶的健康	4.46% [7]	4.77% [4]	3.83% [7]	3.99% [7]	2.34% [6]
家庭物质资本拥有量	7.47% [5]	18.93% [2]	15.17% [2]	10.45% [3]	18.79% [2]
家庭人口数	4.34% [8]	6.27% [3]	2.08% [9]	2.91% [8]	1.63% [9]
男性劳动力比重	2.67% [9]	3.53% [5]	6.68% [4]	1.25% [9]	1.67% [8]
社区（村）虚拟变量	39.54% [1]	56.19% [1]	52.09% [1]	54.13% [1]	60.60% [1]

表 6 - 10 不同收入类别的家庭间收入差距分解结果（城市样本）

主要构件	工资性收入	农业经营收入	工商业经营收入	转移性收入	财产性收入
社会网络指标	13.66% [3]	1.61% [7]	7.05% [3]	12.94% [2]	5.29% [3]
劳动力平均受教育年限	17.81% [2]	3.09% [3]	3.04% [7]	5.56% [5]	5.05% [4]
劳动力平均年龄	4.91% [6]	2.06% [6]	4.47% [5]	8.54% [4]	4.68% [5]

主要构件	工资性 收入	农业经营 收入	工商业 经营收入	转移性 收入	财产性 收入
户主专业技术职称	10.93% [4]	0.28% [9]	2.33% [8]	4.03% [7]	2.51% [6]
户主及其配偶的健康	2.73% [8]	2.91% [4]	4.09% [6]	4.19% [6]	2.49% [7]
家庭物质资本拥有量	5.99% [5]	12.26% [2]	19.40% [2]	10.66% [3]	20.84% [2]
家庭人口数	3.19% [7]	2.58% [5]	1.52% [9]	2.99% [9]	2.17% [8]
男性劳动力比重	1.85% [9]	1.43% [8]	6.40% [4]	3.04% [8]	0.77% [9]
社区（村）虚拟变量	38.93% [1]	73.78% [1]	51.70% [1]	48.05% [1]	56.20% [1]

表 6-11　不同收入类别的家庭间收入差距分解结果（农村样本）

主要构件	工资性 收入	农业经营 收入	工商业 经营收入	转移性 收入	财产性 收入
社会网络指标	5.93% [4]	6.64% [4]	7.49% [4]	10.59% [3]	5.88% [3]
劳动力平均受教育年限	17.77% [2]	4.26% [5]	4.97% [7]	7.07% [5]	5.17% [4]
劳动力平均年龄	4.96% [6]	3.73% [7]	5.11% [6]	8.91% [4]	3.35% [6]
户主专业技术职称	1.16% [9]	3.70% [8]	3.54% [8]	2.22% [7]	1.34% [9]
户主及其配偶的健康	3.11% [8]	4.25% [6]	2.12% [9]	3.36% [6]	1.78% [8]
家庭物质资本拥有量	6.93% [3]	15.14% [2]	13.07% [2]	13.10% [2]	16.92% [2]

主要构件	工资性收入	农业经营收入	工商业经营收入	转移性收入	财产性收入
家庭人口数	5.14% [5]	8.82% [3]	7.85% [3]	1.17% [9]	3.59% [5]
男性劳动力比重	3.27% [7]	2.25% [9]	6.11% [5]	1.89% [8]	3.17% [7]
社区（村）虚拟变量	51.73% [1]	51.21% [1]	49.74% [1]	51.69% [1]	58.80% [1]

第四节　本章研究结论

第五章针对社会网络与家庭收入的研究已经表明，无论对于城市、农村还是总体的样本来说，社会网络对家庭收入都表现出了显著为正的效应。基于此，为了进一步考察社会网络在家庭间收入差距中的相对作用，从而说明目前我国收入差距形成的微观机制，在本章中，我们选择近年来比较流行的基于回归的夏普利值分解方法，以期对收入差距中各个变量的相对贡献度加以说明。

本章结果发现，目前我国家庭间的总体收入差距为 0.61，城市家庭间的收入差距为 0.59，农村家庭间的收入差距为 0.58，均已处于一个很高的水平，本章所使用的收入决定方程中的各个变量能联合解释各自基尼系数的 87%、78% 和 91%，这表明本章所选用的收入决定方程能对现实做出很好的拟合，可靠性较高。具体的分解结果表明：社会网络在家庭间收入差距的形成中确实占据着非常重要的作用，该作用与家庭所拥有的人力资本和物质资本相仿，其对于收入差距的贡献度仅次于村（或社区）的虚拟变量及人力资本，而较家庭物质资本更大。社会网络能够解释总体家庭间收入差距的 15.78%，能解释城市家庭间收入差距的 17.34% 及农村家庭间收入差距的 11.77%。另外，分位数分解的结果显示，家庭收入所处的分位数水平越高，社会网络在收入差距中的相对贡献度更大，亦即对于富裕阶层而言，社会网络资本在拉开收入差距的过程中发挥的作用更大，这种作用甚至与人力资本的差异所带来的效果相当，并且对于城市样本的 75% 分位数和 90% 分位数而言（更高分位数亦如此），社会网络在收入差距成因中的贡献度甚至超过了人力资本和家庭物质资本的作用，对于农村样本而言，尽管社会网络对家庭间收入差距的贡献度相对较弱，但同样不容忽视。

本章结果表明，社会网络变量正成为继家庭人力资本之外的又一重要的引起家庭间收入差距不断扩大的因素，从而，基于本章的研究结论，为了能有效地缩减我国目前不断扩大的收入差距，政策制定者除了需要继续不断推进九年义务教育、制订更多的有利于农村经济发展的惠民政策外，还需要不断加强更加公平的市场环境，完善信息透明度和传递渠道，努力营造一个公平的竞争环境，让每一个家庭尽可能地平等享有市场赋予的机遇。

第七章

"社会网络"与家庭财产

第一节 引言

从 20 世纪 90 年代开始，随着中国居民收入水平和财产水平的快速增长，收入与财产分布不平等程度也越来越严重（赵人伟，2007；Meng，2007）。甘犁等（2013）指出在 2011 年的调查时点上，中国家庭总资产均值为 121.7 万元，而中位数只有 20.3 万元；分样本来看，城市家庭总资产均值为 247.6 万元，农村家庭为 35.8 万元，各自对应的中位数分别为 40.5 万元和 13.8 万元。这些数据不仅明确揭示出中国家庭财产分布严重不均衡，也反映了家庭财产水平在城乡之间存在着巨大差异。过高的贫富差距会对经济社会发展产生各种负面影响，例如，财产水平差距扩大会降低居民消费倾向，导致有效需求不足，从而直接影响中国经济持续增长和经济结构转型（李涛和陈斌开，2014）。因此，考察影响中国家庭财产水平的各种因素及引起财产差距不断扩大的原因，是一项非常重要的研究课题（陈彦斌，2008；梁运文等，2010）。

传统理论侧重于从家庭所处外部环境及家庭自身特征两方面入手，考察影响家庭财产水平的因素和引起家庭财产差距扩大的原因。首先，家庭所处外部经济和社会环境会影响家庭财产水平。李实等（2005）使用中国社会科学院经济研究所 1995 年和 2002 年的微观调查数据研究发现，城镇公有住房私有化会缩小城镇家庭之间财产差距，但与此同时扩大了城乡之间家庭财产差距。陈彦斌（2008）对 2007 年中国城市和农村财产分布状况进行了测算，结果表明，中国城乡家庭之间存在着巨大的财产差距。其次，在家庭所处外部环境差异不大的情况下，家庭财产差距主要由家庭自身特征引起。家庭成员年龄、受教育年限、党员身份、职业类别、健康程度及家庭人口构成均会对家庭财产积累产生影响（Meng，2007；梁运文等，2010；巫锡炜，2011）。费舒澜（2017）采用中国家庭金融调查数据对城乡之间的财产不平等、金融资产不平等和财产性收入不平等分别进行了测算，并采用分布分解方法对城乡差异背后的因素进行了剖析。研究表明，无论是城乡内部还是城乡之间，财产、金融资产和财产性收入各自的不平等都非常高，样本基尼系数超过了 0.6。此外，家庭成员的主观态度也会影响家庭财产的积累。例如，肖争艳和刘凯（2012）的研究表明，户主风险偏好度和投资参与度的提高均有利于家庭财产的增加。

现有文献已经揭示出了一些影响家庭财产水平和财产差距的重要因素。但是，这些研究均将家庭视为独立的个体进行考察，却忽略了家庭作为最小生产单位的社会属性。中国是一个典型的关系型社会（梁漱溟，2010），家庭所拥有的关系对个人和家庭行为的诸多方面均有着深远且广泛的影响。然而，长期以来，社会网络对于家庭财产差距的影响却被学界所忽视。社会网络是源自社会学的概念，主要强调家庭或家庭成员与其亲属、朋友、同事或邻居之间通过互动而形成的相对稳定的社会网络（Putnam，1993）。现有文献表明，作为除了物质资本和人力资本之外家庭所拥有的一种重要特殊资本，社会网络可以分担风险（Munshi and Rosenzweig，2016），缓解贫困（张爽等，2007），促进劳动力迁移和就业（Zhang and Li，2003；Munshi and Rosenzweig，2016；郭云南、姚洋，2013），提高民间借贷可能性（杨汝岱等，2011；孙永苑等，2016），促进家庭创业（马光荣、杨恩艳，2011；胡金焱、张博，2014），增加家庭收入（章元、陆铭，2009；易行健等，2012），提高农村居民幸福感（李树、陈刚，2012），等等。此外，社会网络还会影响家庭对风险资产的投资选择（李涛，2006），提高家庭股票市场参与度（朱光伟等，2014；王聪等，2015）。家庭收入的增加和投资选择的变化最终会反映到家庭财产水平上。那么，社会网络对家庭财产差距的贡献有多大？社会网络对家庭财产差距的影响是否存在城乡差异？在市场化程度不同的地区，社会网络的影响是否相同？对这些问题的思考和实证研究不仅有助于人们更好地理解关系在中国经济发展中的重要性，同时可以帮助人们更好地认识关系与市场经济体制及社会网络与贫富差距之间的交互作用。

为了回答上述问题，本章使用中国家庭金融调查与研究中心发布的数据，分析家庭财产决定方程中各个微观因素对家庭财产拥有量的相对作用，并利用

"基于回归的夏普里值（Shapley value）分解方法"（参见 Shorrocks，2002），对各因素在家庭财产差距中的相对贡献度进行分解说明，特别是明确社会网络在财产差距中的贡献度。进一步地，本研究还将考察该贡献度在城乡之间及经济发展水平不同地区之间的差异。

第二节　本章创新

与已有文献相比，本章在以下几个方面做出了创新：第一，本章所使用的数据既不是沿用社科院经济研究所的"中国家庭收入调查数据（CHIP）"，也不是来自于奥尔多投资研究中心，而是采用了最新的专门针对家庭金融方面的调查数据，该数据全面涉及了关于家庭收入、财产及投资结构的各个方面，对于分析家庭间财产分布不均具有独到的优势。第二，本章在原有文献的基础上，加入了在我国家庭资产与负债决策过程中发挥重要作用的因素——社会网络，进而使得对家庭财产函数的估计更加完整，也使得对于这个问题的分析更加切合我国实际。第三，本研究将目前相关研究中较为流行的"夏普里值分解方法"引入该主题，详细分析了家庭财产分布函数中的各个微观因素在家庭间财产分布差距格局形成中所发挥的相对作用，进而明确了本书最为关注的社会网络在财产分布差距中的重要作用，同时，对于其他变量如家庭的收入、人力资本等因素在财产分布差距形成中的相对贡献也给出了详细的说明。第四，本研究对城市和农村、东部及中西部等地区的家庭也分别做出了上述分析，另外，为了更清楚地看出社会网络在家庭间财产分布差距中的作用差异，本研究也使用分位数方法对不同财产水平家庭的财产分布状况及影响因素进行了考察。

第三节　变量的选取与说明

本研究在分析家庭间财产决定及财产分布差距问题时，主要涉及了如下几个变量。

（1）家庭总财产。考虑到家庭借债已越来越普遍，因此单纯用家庭所拥有的总资产值来衡量家庭间财产分布差距，并不能对实际问题做出较为全面的反映，因此本章沿用国际惯例及已有相关文献的通用做法（李实等，2001、2005；陈彦斌，2008a；梁运文等，2010；巫锡炜，2011 等），将家庭总财产定义为家庭总资产与总负债之差。在本章所使用的数据中，家庭总资产主要涉及住房价值、土地价值、耐用品价值、生产性资产、金融资产及其他类资产等六个方面，负债则主要体现为住房借贷、大宗耐用品借贷、金融投资类借贷及其他资产类借贷等四个方面。通过将上述构成家庭总资产的各项相加，得到家庭总资产值；将构成家庭总债务的各项相加，得到家庭总债务值，进而将两者相减便得到了本章所使用的家庭总财产值，利用公式即可表示为如下：

第 i 个家庭的总财产 W_i 为：

$$W_i = \sum_{k=1}^{N_A} A_{i,k} - \sum_{l=1}^{N_D} D_{i,l}$$

在该式中，$A_{i,k}$ 表示第 i 个家庭所拥有的第 k 项资产的值，N_A 为家庭所拥有的资产类个数，$D_{i,l}$ 表示家庭所拥有的第 l 项负债的值，$D_{i,l}$ 为家庭的负债类个数。通过分析此处总财产的分布类型，发现其并非严格服从正态分布，因此如果直接利用财产值的水平数来作为后续分析的被解释变量，则容易受极端值的影响而得到并不可靠的回归结果，这在已有文献中也有提及（corroll 等，2003；Meng，2007 等）。因此，本章在具体的回归分析中，选用了该变量的对数值来作为被解释变量，这也与李实等（2000）的做法一致，所幸的是，本章所计算出的家庭总财产值，负值和零值个数较少（在 8438 个总样本中，负财产和零财产的样本只有 237 个），因此在取对数后，直接将这 237 个样本剔除，最终的分析范围界定在总财产值为正的 8201 个样本内。

（2）家庭总收入[①]。收入是一个反映流量的值，而财产却是一个存量，收入较高的家庭会倾向于拥有更多的资产，负债水平也更低，另外，收入分布和财产分布也是密切相关的（梁运文等，2010）。因此，收入是影响家庭财产的重要变量（本章在引入家庭收入这个变量时，也是对其进行了对数转换）。

（3）社会网络。已有的文献并没有对家庭社会网络如何影响家庭的财产做出分析，但考虑到社会网络在我国日常生活及经济运行中所扮演的重要角色，

---

① 在中国家庭金融调查的问卷中，与家庭收入相关的问题统计的是其在过去一年中的数据，而关于家庭资产与负债的相关问题，针对的则是其在调查当年的状况，因此，在财产决定方程中，收入对应的是 2010 年的数据，而财产则是 2011 年的数据，这一定程度上缓解了收入与财产之间存在的内生性问题。

如果将其忽略，必然会导致结果的偏误，因此，在本章的分析中，我们利用第 4 章所构造的社会网络测度指标，将该因素涵盖进来，从而为下一章说明社会网络与家庭间财产分布差距提供了数据支撑。

（4）家庭所拥有的人力资本。人力资本是影响家庭微观经济活动的关键因素，因此，在本章的具体分析中，我们也尽可能多的放入了用以体现家庭人力资本的变量，具体包括：家庭成员的平均受教育水平（为了分析教育水平对家庭财产影响是否存在拐点值，同时也加入了该平均教育水平的平方值）、家庭中劳动力的平均技术职称、家庭主事者（即家庭中最了解经济活动的成员，一般为家庭户主，也是调查中的实际被访者）及其配偶的健康状况等。此处，在前期的分析中，我们区分了放入家庭中劳动力的平均受教育水平和家庭中 16 岁以上成员平均受教育水平的区别，发现二者系数差别较大，考虑到影响家庭资产及负债决策的并非只有家庭中的劳动力，那些离退休或者因其他原因而未从事劳动的成员，可能在资产投资决策等方面拥有更好的经验或知识储备，因此，此处引入教育水平时，所使用的变量是家庭 16 岁以上成员（调查问卷只针对 16 岁以上成员询问其受教育水平）的平均受教育水平。

（5）家庭户主的其他特征。在已有的分析家庭财产问题的相关研究中，往往会涉及调查问卷中被访者的一些个体特征，如被访者年龄、民族、性别、受教育水平、职业、婚姻状况、健康状况、是否党员等（陈彦斌，2008a；梁运文等，2010；巫锡炜，2011；肖争艳丽，2012 等），在本章的分析中，我们也同样控制了这些因素，受教育水平和健康状况已经在上述人力资本变量中得到体现（本章不仅对被访者的这些信息做出了反映，同时对家庭中其他成员的相关信息也给予了体现），职业类型和是否党员是我们所构造的家庭社会网络衡量指标的其中一个子指标所反映的内容，而在前期分析中发现，户主的性别、民族和婚姻状况对家庭的财产拥有量并没有产生显著的影响（巫锡炜，2011）同样认为性别和民族对家庭财富分布的影响很小，梁运文等（2010）也发现无论是城镇家庭还是农村家庭，婚姻状况对财产分布都没有表现出明显的影响），反而却使得整个方程的解释能力有所下降，因此，本章在后面的分析中，并没有加入这三个变量，这主要是因为考虑到后续针对财产分布差距分解的准确性。但从稳健性角度来说，加入这三个变量对我们所最为关注的社会网络的系数大小和显著性均没有产生明显的影响。本章所包含的家庭户主个人特征包括：户主的年龄及平方项（加入平方项是为了验证是否存在着生命周期理论所阐述的现象）

和户主的风险厌恶程度（已有文献中少有控制该变量，但事实上，户主的风险厌恶程度却是显著影响资产投资决策的重要因素）。

（6）为了对那些影响家庭财产拥有量的不可观测因素（诸如所在地区的金融发展程度、所在地区的资源状况、便捷程度等）做出反映，本章的分析也控制了家庭所在村（或社区）的虚拟变量，以此来缓解遗漏变量偏误的问题。

表7-1给出了本章所涉及变量的描述性统计结果。其中，除了家庭总财产变量所对应的样本量为8201个外，其他变量均为8438个，考虑到家庭总财产是本章模型的被解释变量，因此，最终所选用样本量为8201个。另外，对所有引入变量的相关系数矩阵分析后发现，除社会网络总指标与其4个子指标相关系数较高外，其他变量两两之间相关系数均低于0.5，变量之间不存在明显的多重共线性。

表7-1　家庭财产相关变量的描述性统计结果

变量名	变量定义	样本量	均值	标准差
家庭总财产	家庭总财产（单位：元）的对数值	8201	12.09	1.76
社会网络总指标	用于衡量家庭社会网络强弱的总体指标	8438	4.52	3.37
社会网络子指标1	用于衡量家庭社会地位及与职业相关的资源	8438	32.11	9.87
社会网络子指标2	用于衡量家庭维护已有社会网络所做的努力	8438	21.81	3.49
社会网络子指标3	用于衡量家庭发展新社会网络所做的努力	8438	5.91	1.53
社会网络子指标4	用于衡量家庭亲缘社会网络（静态维度）	8438	27.89[a]	11.95
家庭总收入	滞后一期家庭总收入（单位：元）的对数值	8438	9.13	2.83
家庭规模	家庭人口数（单位：人）	8438	3.47	1.54
家庭规模平方	家庭人口数的平方	8438	14.47	13.62

续表

变量名	变量定义	样本量	均值	标准差
受教育年限	家庭成员平均受教育年限（单位：年）	8438	7.97	3.72
受教育年限平方	家庭成员平均受教育年限的平方	8438	77.47	64.55
户主年龄	家庭户主年龄（单位：岁）	8438	48.93	14.49
年龄平方	家庭户主年龄的平方	8438	2604	1485
劳动力技术职称	家庭中劳动力的平均专业技术职称[b]	8438	0.65	0.68
户主健康程度	户主健康状况：差＝0，一般＝1，好＝2	8438	1.28	0.65
配偶健康程度	配偶健康状况：差＝0，一般＝1，好＝2	8438	1.27	0.61
风险偏好程度	户主风险偏好度：厌恶＝0，中性＝1，偏好＝2	8438	0.70	0.68
是否大姓（IV1）	户主与其配偶的姓氏是否为所在地大姓[c]	4384	0.99	0.70
是否党员（IV2）	户主是否为党员[d]	8438	0.24	0.49
社会网络均值（IV3）	除自家以外的村（社区）社会网络指数均值[e]	8438	4.52	1.32

注：a 社会网络子指标 4 中起主要作用的变量为"兄弟姐妹个数"，该子指标的实际均值为 3。为了使社会网络指标具有百分点的解释，本书将其值域线性变换为 [0, 100]，此处为值域变换后的描述性统计结果，故其均值为 27.89，该处理方式与朱光伟等（2014）相同。

b 专业技术职称取值如下：荣誉职称＝5，高级职称＝4，中级职称＝3，初级职称＝2，技术员＝1，无职称＝0。

c 若户主及其配偶的姓氏在本地均为大姓，则取值为 2，其中之一为大姓则取值为 1，否则取值为 0。

d 若户主为党员，则取值为 1，否则取值为 0。此处仅考虑家庭户主，与前文社会网络指标中党员信息不同。

e 第 i 个村（社区）中剔除第 j 个家庭的村（社区）社会网络指数均值为

$$Aver\_Guanxi = \left[\left(\sum_{j=1}^{J_i} G_{ij}\right) - G_{ij}\right]/(J_i - 1)$$

其中，G_{ij} 为第 i 个村（社区）中第 j 个家庭的社会网络指标值，J_i 为第 i 个村（社区）

中的总家庭数。

上述变量中，除了表示家庭财产值对数的变量为 8201 个外，其他变量均为 8438 个，考虑到"家庭财产"是本书分析的被解释变量，因此最终所选用的样本量为 8201 个。另外，对上述所有引入变量的相关系数矩阵分析后发现，各个变量间并不存在明显的共线性问题，而且后续各个回归结果的方差膨胀因子均小于经验容忍系数，这也为方程中解释变量间并不存在明显的多重共线性问题提供了证据，同时，为了避免可能的异方差问题对回归结果的有效性产生影响（尽管异方差检验拒绝该种假设），本书在回归结果中报告了各个变量的稳健标准误。

第四节　"社会网络"影响家庭财产的实证分析

一、家庭财产决定方程

结合本书研究实际和上述所选取的相关变量，将家庭财产决定方程表述如下：

$$Ln(property_{i,j}) = \beta_0 + \beta_1 Guanxi_{i,j} + \beta_2 X_{i,j} + c_i + u_{i,j} \qquad (1)$$

（1）式中，i、j 分别表示家庭所在村（社区）和家庭；$property$ 表示家庭总财产；$Guanxi$ 为衡量家庭社会网络强弱的指标；X 为其他控制变量，包括滞后一期家庭总收入、家庭规模及其平方、家庭成员平均受教育年限及其平方、家庭户主年龄及其平方、劳动力技术职称、户主及其配偶健康程度及户主风险偏好程度等，c 表示家庭所在村（社区）的固定效应，u 为随机扰动项。由于不同村（社区）具有不同特征，例如经济发展水平、资源状况及金融可得性等，它们均会对家庭行为产生影响并最终影响家庭财产水平，因此，控制村（社区）固定效应合理且必要。

二、实证估计结果

基于模型（1）式，表 7 - 2 给出了回归结果。（1）列为未控制社会网络总指标时的估计结果，将其作为基准方程，（2）列中加入了本书重点关注的社会网络总指标。对比发现，加入社会网络总指标后，在其他变量的系数估计值和显著性与（1）列相比均没有发生太大变化的情况下，社会网络总指标的系数估计值为正且在1%的水平上统计显著。同时，与（1）列结果相比，（2）列回归的解释度提高了12%，这说明，社会网络对于家庭财产量具有显著的提高作用。总体而言，社会网络总指标值每提高1个百分点，家庭所拥有的总财产量将显著增加约7%，这一结果表明，被现有文献所忽视的社会网络对家庭财产的积累具有重要影响。表3中（3）、（4）列和（5）、（6）列分别使用城市样本和农村样本对社会网络变量加入前后的模型进行了估计。结果表明，无论在城市还是农村，社会网络对家庭总财产量的提高均具有显著的正向作用。

表7-2　家庭财产决定方程的估计结果

解释变量	总体样本		城市样本		农村样本	
	（1）	（2）	（3）	（4）	（5）	（6）
社会网络总指标	—	0.070***	—	0.068***	—	0.076***
	—	(0.009)	—	(0.010)	—	(0.010)
家庭总收入	0.088***	0.079***	0.083***	0.074***	0.091***	0.085***
	(0.007)	(0.007)	(0.009)	(0.009)	(0.013)	(0.013)
家庭规模	0.485***	0.424***	0.590***	0.510***	0.395***	0.357***
	(0.057)	(0.054)	(0.075)	(0.075)	(0.061)	(0.058)
家庭规模平方	-0.032***	-0.028***	-0.044***	-0.038***	-0.023***	-0.021***
	(0.006)	(0.006)	(0.009)	(0.008)	(0.006)	(0.006)
受教育年限	0.109***	0.103***	0.127***	0.119***	0.079**	0.072**
	(0.022)	(0.021)	(0.031)	(0.029)	(0.033)	(0.031)
受教育年限平方	-0.003**	-0.004***	-0.004**	-0.004***	-0.002	-0.002
	(0.001)	(0.001)	(0.001)	(0.001)	(0.002)	(0.002)
户主年龄	0.039***	0.028***	0.031***	0.020***	0.036***	0.025**
	(0.008)	(0.007)	(0.009)	(0.009)	(0.012)	(0.012)
年龄平方	-3.0E-04***	-2.0E-04***	-1.0E-04*	-8.8E-05	-4.0E-04***	-3.0E-04**
	(7.5E-05)	(7.4E-05)	(9.3E-05)	(9.2E-05)	(1.2E-04)	(1.2E-04)
劳动力技术职称	0.147***	0.073**	0.155***	0.082**	0.296***	0.224**
	(0.027)	(0.030)	(0.029)	(0.033)	(0.089)	(0.096)
户主健康程度	0.142***	0.130***	0.148***	0.131***	0.129***	0.121***
	(0.027)	(0.027)	(0.036)	(0.036)	(0.040)	(0.040)

续表

解释变量	总体样本		城市样本		农村样本	
	（1）	（2）	（3）	（4）	（5）	（6）
配偶健康程度	0.098***	0.093***	0.079**	0.065*	0.120***	0.127***
	（0.025）	（0.024）	（0.035）	（0.034）	（0.035）	（0.035）
风险偏好程度	0.172***	0.152***	0.205***	0.179***	0.129***	0.117***
	（0.022）	（0.021）	（0.027）	（0.027）	（0.037）	（0.035）
社区（村）效应	已控制	已控制	已控制	已控制	已控制	已控制
常数项	7.823***	8.222***	8.005***	8.465***	7.777***	8.052***
	（0.263）	（0.260）	（0.328）	（0.325）	（0.393）	（0.387）
样本量	8201	8201	5071	5071	3130	3130
R^2	0.311	0.435	0.390	0.468	0.230	0.289
社区（村）个数	320	320	161	161	159	159

注：括号内数字为稳健标准误；***、**和*分别表示在1%、5%和10%的水平上显著。

下面对其他解释变量如何影响家庭财产加以说明。

第一，家庭总收入水平提高能显著增加其所拥有的财产总量，该结论与梁运文等（2010）的结论一致。这是因为，更多的收入不仅增加了家庭投资或购买资产的动力，同时对负债的需求也会明显降低。另外，上述结果显示，农村居民家庭中收入水平提高对财产增加的效应较城市居民家庭中更大。这可能是因为城市中的家庭往往已拥有更多的资产和更少的负债，而农村中资产结构尚很单一，从而在收入有所增加后往往会选择购买资产或偿还债务，从而使得总财产增量幅度更大。

第二，家庭规模无论是在总体样本、城市样本还是农村样本中的系数估计值都为正且具有统计显著性，说明家庭人口增多能显著增加其拥有的财产总量。这可能是因为家庭成员增多对资产的购买诉求会增加（比如住房面积更大、所分得的土地更多等），也可能是因为人口增多从而劳动力更多，进而使得收入更高负债更低，这两个方面均会使得家庭总财产拥有量增加。系数过大则是因为样本中很多家庭人口数过少所致（很多被调查家庭中，所报告总人口数仅有1个或2个，且这些成员的年龄均已接近60岁），如果不包含这些样本，则该变量的对应系数约为0.15-0.25，但这样却会损失更多的最终样本，两弊相权取其轻，故而本章未将其剔除。

第三，家庭成员平均受教育年限对家庭财产总量同样具有正向影响，总体来看，平均受教育年限每提高 1 年，家庭所拥有的财产总量将增加约 10.3%。一个可能的原因是受教育水平提高会使得家庭有能力选择更优的资产进行投资并取得更高的收益，这也就说明了为什么该变量在城市样本中的系数值要明显高于农村样本中的原因。李实（2000）认为受教育水平与财产水平呈负相关关系，本章的分析则修正了这种有悖于常规的结果，而与梁运文（2010）对城镇样本的研究结论较为一致，但梁运文（2010）发现农村家庭的财产分布与受教育水平并没有表现出明显的相关性，这却是与本研究结论相偏离的，在这一点上，本研究与严琼芳（2013）对农村样本的分析结果一致。另外，家庭成员平均受教育年限的平方项在总体样本和城市样本中的系数估计值都为负且具有统计显著性，说明教育对家庭财产拥有量的提高作用存在着规模报酬递减效应。

第四，户主年龄及其平方项在总体样本和农村样本中均统计显著，且平方项系数为负，说明户主年龄与家庭财产总量之间存在着具有峰值的拐点。根据生命周期理论，财产与年龄呈现倒 U 型关系[1]，财产的最大值应该出现在退休年龄处，在此拐点值之前，随着年龄的增长，财产会随之增加，而拐点值之后，财产随年龄增加将减少。Meng（2007）、梁运文等（2010）、陈彦斌（2008a）及严琼芳（2013）等的研究均符合生命周期理论关于财产与年龄"倒 U 型关系"的论断，而李实等（2000）的研究却认为我国居民的财产分布在其一生中存在着两个峰值，并没有表现出生命周期理论所揭示的"单拐点"特点。梁运文等（2010）发现城镇家庭的财产峰值出现在户主 60 岁左右，而农村家庭的财产和年龄却并没有明显的相关性，严琼芳等（2013）考察农村居民家庭的财产状况时却发现其仍然符合生命周期理论，其拐点值出现在户主约 40 岁左右，文章认为农村居民家庭财产的最大值应出现在劳动力的中年时期。根据本章回归结果，户主的年龄及其平方项在总体样本和农村样本中均统计显著，平方项系数为负说明户主年龄与家庭财产之间存在着峰值的拐点，计算后发现，总体样本中，峰值对应的年龄约为 63 岁，这个结果正好与生命周期理论相符合，在农村样本中，拐点值出现在 44 岁处，这也正好与严琼芳等（2013）的研究结论相一致。

第五，家庭中劳动力技术职称对家庭财产总量同样具有正向影响，这种正

---

[1] 参阅 T. Jappelli（1999）。在该文章中，Japelli 使用意大利的时间序列数据，估计了户主年龄与家庭财产分布的关系，结果表明家庭的财产会随着年龄的增加而增加，在达到峰值（年龄为 55 岁时）后开始下降，该结果与生命周期理论的内容较为一致。

向效应无论是在总体样本、城市样本还是在农村样本中均显著存在。这是因为劳动力技术职称越高，家庭收入自然会相对较高，从而家庭所拥有的财产也会更高。家庭户主及其配偶的健康状况这两个变量所对应的系数均显著为正，表明健康状况与家庭财产间存在着明显的正相关关系（这个结论在梁运文等（2010）中也得到了证实），并且户主的健康状况对家庭财产的正效应显得更大一点。这是因为健康状况越好，更容易获得高收入，同时，用于医疗等的开销也越少，这些均有助于家庭财富的积累。

最后，户主风险偏好程度也对家庭财产总量产生了正向影响。其可能的原因是，相对于风险厌恶的家庭决策者来说，风险偏好者的家庭更愿意进行投资，其所拥有的金融类和其他投资类资产也相应更多。

三、分位数回归分析

上述估计结果反映出社会网络对于家庭财产拥有量具有不容忽视的重要作用，然而，对于不同财产分位数水平的家庭而言，其作用是否一致呢？为了回答该问题，下面将给出家庭财产决定方程的分位数回归结果，以此更进一步说明社会网络对家庭财产拥有量的影响效果。

首先给出总体样本下，前述方程分位数分析的结果，如表 7 – 3 所示。

表 7 – 3   社会网络对家庭财产影响的分位数回归（总体样本）

变量名	(1) Q10 Ln_ Wealth	(2) Q25 Ln_ Wealth	(3) Q50 Ln_ Wealth	(4) Q75 Ln_ Wealth	(5) Q90 Ln_ Wealth
社会网络总指标	0.0791 * * *	0.0678 * * *	0.0539 * * *	0.0536 * * *	0.0657 * * *
	(0.0173)	(0.00804)	(0.00601)	(0.00509)	(0.00689)
家庭总收入	0.151 * * *	0.0978 * * *	0.0572 * * *	0.0472 * * *	0.0445 * * *
	(0.0241)	(0.0103)	(0.00799)	(0.00536)	(0.00590)
家庭规模	0.892 * * *	0.457 * * *	0.272 * * *	0.224 * * *	0.176 * * *
	(0.135)	(0.0782)	(0.0396)	(0.0343)	(0.0472)
家庭规模平方	– 0.0736 * * *	– 0.0325 * * *	– 0.0160 * * *	– 0.0135 * * *	– 0.00793
	(0.0150)	(0.00903)	(0.00425)	(0.00357)	(0.00492)
受教育年限	0.144 * * *	0.167 * * *	0.0934 * * *	0.0602 * * *	0.0310 *
	(0.0377)	(0.0265)	(0.0183)	(0.0159)	(0.0179)
受教育年限平方	– 0.00534 * *	– 0.00683 ***	– 0.00344 ***	– 0.00209 *	– 0.000551
	(0.00227)	(0.00158)	(0.00103)	(0.000886)	(0.000952)

续表

	（1）Q10	（2）Q25	（3）Q50	（4）Q75	（5）Q90
户主年龄	0.0474 * * *	0.0287 * * *	0.00286	− 0.000921	− 0.00677
	（0.0160）	（0.00946）	（0.00654）	（0.00422）	（0.00700）
变量名	Ln_ Wealth	Ln_ Wealth	Ln_ Wealth	Ln_ Wealth	Ln_ Wealth
年龄平方	− 0.000369 * *	− 0.000228 * *	− 3.25e − 06	1.44e − 05	6.98e − 05
	（0.000161）	（9.23e − 05）	（6.46e − 05）	（4.18e − 05）	（7.24e − 05）
劳动力技术职称	0.128 * *	0.0690 * *	0.0239	0.0204	− 0.0175
	（0.0558）	（0.0335）	（0.0227）	（0.0190）	（0.0275）
户主健康程度	0.0887	0.0750 * *	0.0900 * * *	0.0993 * * *	0.130 * * *
	（0.0580）	（0.0315）	（0.0227）	（0.0221）	（0.0268）
配偶健康程度	0.223 * * *	0.150 * * *	0.102 * * *	0.0663 * *	0.0419
	（0.0502）	（0.0318）	（0.0231）	（0.0265）	（0.0293）
风险偏好程度	0.213 * * *	0.122 * * *	0.103 * * *	0.0912 * * *	0.107 * * *
	（0.0401）	（0.0248）	（0.0220）	（0.0224）	（0.0257）
社区（村）效应	已控制	已控制	已控制	已控制	已控制
常数项	3.548 * * *	8.330 * * *	11.71 * * *	12.73 * * *	13.38 * * *
	（0.833）	（1.009）	（0.236）	（0.207）	（0.285）
样本量	8，201	8，201	8，201	8，201	8，201

对于上述分位数回归结果中除社会网络外的其他解释变量，其系数解释仍同前述，只是在不同分位数下的相对大小有所变化，此处不再赘述。下面将主要对本书所最为关注的社会网络变量的相对大小做一说明。

对比上述总体样本的分位数回归结果，容易发现，社会网络对家庭财产的作用在不同财产分位数的家庭间是存在着差异的，单就上述五分位的结果而言，社会网络在财产最低 10% 分位数的家庭内，所发挥的财产提高作用是最高的，社会网络测度指标每提高一个百分点，家庭所拥有的财产额将显著增加约 7.91%，随着家庭财产分位数的提高，社会网络的财产提高效应逐渐减弱，其减弱的幅度也随分位数的增加而逐渐变小，约在 75% 分位数周围，该效应降低到最低点，此时社会网络衡量指标每提高一个百分点，家庭的财产拥有量仍显著增加约 5.36%，在此之后，随着家庭财产分位数水平的提高，社会网络对家庭财产的提高作用开始逐渐上升，在 90% 分位数处，该效应增加至 6.57%。从这种变化趋势来看，社会网络对家庭财产拥有量的提高作用呈现出一种"U 型"的特点（本章同时考察了更多分位数水平下的结果，发现"U 型"曲线的最低点出现在60%至80%分位数水平处，在80%分位数水平以后，社会网络所对应的系数逐渐增大。关于这种变化趋势，详可参见图7－1），对于拥有最低财产量和最高财产量的家庭来说，社会网络的作用更大，分析数据发现，处于最低财产分位数的家庭其社会网络显得很小，而处于最高财产分位数的家庭则拥有明显更大的社会网络，因此，处于这两端的家庭相较于中间分位数的家庭而言，对社会网络的依赖度更高，从而社会网络对财产提高的边际效应也相应显得更高一点。

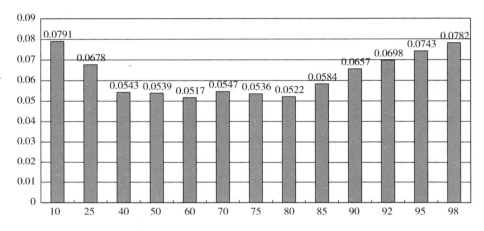

图7－1　社会网络对不同财产分位数水平的影响（总体样本）

分城市样本和农村样本来看，这种"U型"的特点是否依然存在呢？为回答这个问题，表7－4和表7－5分别给出了对应于城市样本和农村样本的分位数回归结果。

表7－4　社会网络对家庭财产影响的分位数回归（城市样本）

	（1）Q10	（2）Q25	（3）Q50	（4）Q75	（5）Q90
变量名	Ln_ Wealth	Ln_ Wealth	Ln_ Wealth	Ln_ Wealth	Ln_ Wealth
社会网络总指标	0.0720 * * *	0.0623 * * *	0.0596 * * *	0.0553 * * *	0.0659 * * *
	（0.0200）	（0.00761）	（0.00678）	（0.00572）	（0.00835）
家庭总收入	0.106 * * *	0.0909 * * *	0.0423 * * *	0.0390 * * *	0.0386 * * *
	（0.0239）	（0.0168）	（0.00620）	（0.00540）	（0.00633）
家庭规模	1.115 * * *	0.469 * * *	0.253 * * *	0.150 * * *	0.143 * *
	（0.145）	（0.110）	（0.0501）	（0.0392）	（0.0571）
家庭规模平方	－ 0.0973 * * *	－ 0.0355 * *	－ 0.0170 * * *	－ 0.00541	－ 0.00329

续表

	(1) Q10	(2) Q25	(3) Q50	(4) Q75	(5) Q90
	(0.0165)	(0.0138)	(0.00606)	(0.00479)	(0.00633)
受教育年限	0.233 * * *	0.212 * * *	0.0875 * * *	0.0516 * * *	− 0.0153
	(0.0628)	(0.0349)	(0.0209)	(0.0199)	(0.0228)
受教育年限平方	− 0.00901 ***	− 0.00899 ***	− 0.00356 ***	− 0.00181 *	0.00160
	(0.00297)	(0.00172)	(0.00107)	(0.00105)	(0.00126)
户主年龄	0.0287	0.0218	0.00294	− 0.00225	− 0.00566
	(0.0214)	(0.0137)	(0.00744)	(0.00692)	(0.00797)
年龄平方	− 0.000157	− 9.85e − 05	2.90e − 05	4.62e − 05	7.14e − 05
	(0.000206)	(0.000132)	(6.89e − 05)	(6.89e − 05)	(7.95e − 05)
劳动力技术职称	0.169 * * *	0.0913 * * *	0.0404 *	0.0123	− 0.0349
	(0.0597)	(0.0320)	(0.0222)	(0.0196)	(0.0292)
户主健康程度	0.163 *	0.0953 * *	0.0718 * * *	0.0792 * * *	0.117 * * *
	(0.0833)	(0.0411)	(0.0234)	(0.0293)	(0.0374)
配偶健康程度	0.0483	0.0839 * *	0.0599 * *	0.0680 * *	0.0561
	(0.0708)	(0.0329)	(0.0273)	(0.0294)	(0.0386)
变量名	Ln_ Wealth	Ln_ Wealth	Ln_ Wealth	Ln_ Wealth	Ln_ Wealth
风险偏好程度	0.202 * * *	0.145 * * *	0.136 * * *	0.106 * * *	0.129 * * *
	(0.0538)	(0.0338)	(0.0264)	(0.0296)	(0.0322)
社区（村）效应	已控制	已控制	已控制	已控制	已控制
常数项	3.749 * * *	8.190 * * *	11.85 * * *	12.98 * * *	13.60 * * *
	(0.628)	(1.112)	(0.310)	(0.245)	(0.286)
样本量	5，071	5，071	5，071	5，071	5，071

注：括号内为稳健标准误，* * *、* * 和 * 分别表示变量对应系数在 1%、5% 和 10% 的统计水平下显著。

从上述城市样本的分位数回归结果来看，社会网络依然在最低 10% 分位数的家庭内发挥着更高的财产提高作用，该衡量指标提高一个百分点，家庭财产将显著增加约 7.2%，与总体样本的对应分位数相比，城市样本内该效应有所减小，这预示着在农村样本的 10% 分位数水平下，社会网络的财产提高作用将会明显高于城市。另外，从上述社会网络指标系数的变化趋势来看，"U 型"的分布特征在城市样本中依然存在，社会网络对处于两端分位数的家庭而言，其财产提高效应更明显。进一步分析发现，与上述总体样本情况类似，此时社会网络效应的"U 型"分布最低点仍然位于 60% 分位数水平周围，具体可参见图7-2。

表7-5 社会网络对家庭财产影响的分位数回归（农村样本）

	（1）Q10	（2）Q25	（3）Q50	（4）Q75	（5）Q90
变量名	Ln_ Wealth	Ln_ Wealth	Ln_ Wealth	Ln_ Wealth	Ln_ Wealth
社会网络总指标	0.107 * * *	0.0748 * * *	0.0556 * * *	0.0515 * * *	0.0695 * * *
	（0.0215）	（0.0173）	（0.0145）	（0.0147）	（0.0169）
家庭总收入	0.168 * * *	0.0945 * * *	0.0783 * * *	0.0699 * * *	0.0651 * * *
	（0.0300）	（0.0224）	（0.0136）	（0.0130）	（0.0151）
家庭规模	0.662 * * *	0.447 * * *	0.332 * * *	0.258 * * *	0.261 * * *
	（0.170）	（0.0932）	（0.0640）	（0.0462）	（0.0562）
家庭规模平方	− 0.0500 * * *	− 0.0282 * * *	− 0.0195 * * *	− 0.0151 * * *	− 0.0165 ***
	（0.0183）	（0.0101）	（0.00690）	（0.00451）	（0.00549）
受教育年限	0.101 *	0.0930 * * *	0.0720 * *	0.0612 *	0.0705 * *
	（0.0541）	（0.0355）	（0.0335）	（0.0333）	（0.0349）
受教育年限平方	− 0.00443	− 0.00347	− 0.00159	− 0.00172	− 0.00261
变量名	Ln_ Wealth	Ln_ Wealth	Ln_ Wealth	Ln_ Wealth	Ln_ Wealth
	（0.00409）	（0.00258）	（0.00240）	（0.00225）	（0.00239）
户主年龄	0.0257	0.0465 * *	0.00262	− 0.00756	− 0.0132
	（0.0283）	（0.0199）	（0.0140）	（0.0120）	（0.0162）
年龄平方	− 0.000261	− 0.000504 ***	− 6.33e − 05	5.33e − 05	0.000126
	（0.000269）	（0.000193）	（0.000134）	（0.000120）	（0.000162）
劳动力技术职称	0.128	0.211 * *	0.190 * *	0.249 * * *	0.179 * *
	（0.130）	（0.108）	（0.0803）	（0.0779）	（0.0895）
户主健康程度	0.0390	0.0783	0.0801 *	0.102 * * *	0.168 * * *
	（0.0629）	（0.0590）	（0.0437）	（0.0385）	（0.0502）
配偶健康程度	0.319 * * *	0.232 * * *	0.165 * * *	0.0668	0.0120
	（0.0578）	（0.0493）	（0.0413）	（0.0454）	（0.0463）
风险偏好程度	0.186 * * *	0.0936 * *	0.0612	0.0938 * *	0.0439
	（0.0672）	（0.0456）	（0.0423）	（0.0444）	（0.0480）
社区（村）效应	已控制	已控制	已控制	已控制	已控制
常数项	3.936 * *	5.905 * * *	8.459 * * *	9.789 * * *	10.06 * * *
	（1.660）	（0.782）	（0.568）	（0.381）	（0.532）
样本量	3，130	3，130	3，130	3，130	3，130

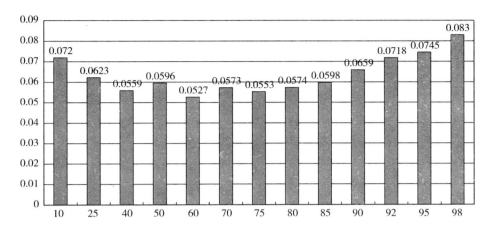

图7-2 社会网络对不同财产分位数水平的影响（城市样本）

分析农村样本分位数下的社会网络作用，不难发现，农村样本中社会网络对家庭财产提高作用的"U型"特点同样存在，而且相比于总体样本和城市样本来说，社会网络对处于最低10%分位数家庭的财产提高作用显得更大，这是因为位于该分位数范围的家庭，拥有的社会网络很弱，因此其发挥的边际效应也自然越强。另外进一步分析发现，此时社会网络U型分布的最低点对应的系数更小，但其仍出现在60%分位数周围，关于此可详见图7-3。

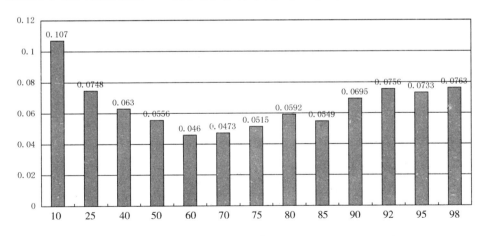

图7-3 社会网络对不同财产分位数水平的影响（农村样本）

四、稳健性检验

本研究之所以能观测到社会网络和家庭财产之间存在正向关系，可能是由于以下两个原因：①二者之间存在反向因果关系，即不是社会网络影响了家庭财产总量，而是家庭财产总量差异导致了社会网络的差异；②某些不可观测因素的变动①（例如家庭所在地经济发展水平等）会同时影响社会网络总指标和家庭总财产。当解释变量与被解释变量之间存在反向因果关系或回归中没有控制不可观测因素的影响时，OLS 估计结果的一致性会存在问题，解决上述内生性问题需要借助于工具变量。借鉴马光荣和杨恩艳（2011）、Knight and Yueh（2008）以及孙永苑等（2016）的方法，本书分别选用了"家庭户主或其配偶的姓氏是否为所在地大姓""家庭户主是否为党员"和"除自家以外的村（社区）社会网络指数均值"作为家庭社会网络的工具变量。本书构建使用工具变量的两阶段回归模型如下：

$$Guanxi_{i,j} = \alpha_1 GuanxiIV_{i,j} + \alpha_2 X_{i,j} + c_i + \xi_{i,j} \qquad (2)$$

$$Ln(property_{i,j}) = \lambda_1 Guanxi_{i,j} + \lambda_2 X_{i,j} + c_i + \varepsilon_{i,j} \qquad (3)$$

（2）式为第一阶段回归模型，其中 $GuanxiIV$ 为社会网络总指标的工具变量，ξ 为随机扰动项，（3）式中 ε 为随机扰动项，其他变量含义同（1）式。本书对上述 3 个工具变量分别进行弱工具变量检验后发现，它们各自所对应 Kleibergen – Paap rk 的 Wald 检验 F 统计量分别为 18.71、1233.03 和 1114.71，均高于该统计量在 1% 水平上的临界值 16.38，从而拒绝原假设，表明上述 3 个工具变量不存在弱工具变量问题。

表 7 – 6 中第 2 ~ 4 列分别给出了使用"家庭户主或其配偶的姓氏是否为所在地大姓"（简称"是否大姓"）、"家庭户主是否为党员"（简称"是否党员"）和"除自家以外的村（社区）社会网络指数均值"（简称"社会网络均值"）作为社会网络指标工具变量的估计结果。结果显示，使用工具变量后社会网络总指标所对应的系数均为正且依然统计显著。以第 4 列为例，社会网络总指标的系数为 0.072，与表 3 第（2）列估计结果相差不大，并且依然在 1% 的水平上统计显著。综上，在前述模型中，社会网络总指标不存在明显的内生性问题，

---

① 本书估计结果均已控制了村（社区）固定效应，它包含了那些能同时影响社会网络和家庭总财产的因素。若不控制该效应，估计结果的确会存在内生性问题。因此，回归方程中控制村（社区）固定效应具有重要意义。

表7-2的分析结果是可靠的。

表7-6 社会网络影响家庭财产拥有量的 2SLS 估计结果

变量名	以是否大姓作为 IV	以是否为党员作为 IV	以社会网络均值作为 IV
	家庭财产	家庭财产	家庭财产
社会网络总指标	0.309＊＊	0.063＊＊＊	0.072＊＊＊
	(0.145)	(0.011)	(0.009)
家庭收入	0.059＊＊＊	0.080＊＊＊	0.079＊＊＊
	(0.014)	(0.007)	(0.006)
家庭规模	0.240＊＊	0.430＊＊＊	0.422＊＊＊
	(0.099)	(0.049)	(0.049)
家庭规模平方	－0.014＊＊	－0.028＊＊＊	－0.028＊＊＊
	(0.007)	(0.005)	(0.005)
教育年限	0.099＊＊＊	0.104＊＊＊	0.102＊＊＊
	(0.030)	(0.017)	(0.017)
教育年限平方	－0.005＊＊	－0.003＊＊＊	－0.004＊＊＊
	(0.002)	(0.001)	(0.001)
户主年龄	0.021	0.029＊＊＊	0.028＊＊＊
	(0.023)	(0.007)	(0.007)
户主年龄平方	－0.0001	－0.0002＊＊＊	－0.0002＊＊＊
	(0.0002)	(7.22e-05)	(7.16e-05)
技术职称	0.096＊＊＊	0.080＊＊＊	0.070＊＊
	(0.017)	(0.027)	(0.028)
户主健康程度	0.122＊＊＊	0.131＊＊＊	0.129＊＊＊
	(0.039)	(0.0253)	(0.025)
配偶健康程度	0.095＊＊＊	0.094＊＊＊	0.093＊＊＊
	(0.035)	(0.025)	(0.025)
风险偏好程度	0.089＊	0.154＊＊＊	0.151＊＊＊
	(0.046)	(0.024)	(0.0239)
样本个数	4384	8201	8201
R 平方	0.362	0.358	0.358

	以是否大姓作为 IV	以是否为党员作为 IV	以社会网络均值作为 IV
社区（村）个数	301	320	320

注：括号内数字为稳健标准误；＊＊＊、＊＊和＊分别表示在1%、5%和10%的水平上显著。

a 在本次调查中，"是否大姓"只是针对受访者为农业户口的样本，因此，此处样本量只有4384户。

在上述的分析中，我们已经明确证实了社会网络在家庭财产决定中发挥着不容忽视的重要作用，但考虑到社会网络是一个多维度的概念，因此，对不同样本或不同分位数的家庭来说，其发挥作用的维度并非完全一致，这就有必要去更进一步的对其考察。为了实现这个目的，下面将利用前述构造社会网络指标时所产生的四个"社会网络子指标"来对上述回归方程再加以讨论，表7－7、表7－8和表7－9分别给出了对应于总体样本、城市样本和农村样本的"社会网络子指标"下的家庭财产决定方程回归结果。

表7－7 社会网络子指标下的家庭财产决定方程（总体样本）

变量名	（1）Ln_ Wealth	（2）Ln_ Wealth	（3）Ln_ Wealth	（4）Ln_ Wealth	（5）Ln_ Wealth
子指标1	0.00344＊＊				0.00941＊＊＊
	(0.00171)				(0.00166)
子指标2		0.0750＊＊＊			0.0807＊＊＊
		(0.00667)			(0.00654)
子指标3			0.0461＊＊		0.0587＊＊＊
			(0.0188)		(0.0157)
子指标4				0.00293＊	7.50e－05
				(0.00171)	(0.00172)
家庭总收入	0.0870＊＊＊	0.0824＊＊＊	0.0875＊＊＊	0.0881＊＊＊	0.0779＊＊＊
	(0.00760)	(0.00728)	(0.00754)	(0.00757)	(0.00730)
家庭规模	0.478＊＊＊	0.443＊＊＊	0.487＊＊＊	0.478＊＊＊	0.423＊＊＊
	(0.0565)	(0.0563)	(0.0573)	(0.0572)	(0.0553)
家庭规模平方	－0.0317＊＊＊	－0.0306＊＊＊	－0.0325＊＊＊	－0.0317＊＊＊	－0.0293＊＊＊
	(0.00636)	(0.00645)	(0.00650)	(0.00643)	(0.00625)
受教育年限	0.110＊＊＊	0.105＊＊＊	0.109＊＊＊	0.106＊＊＊	0.106＊＊＊
	(0.0216)	(0.0211)	(0.0217)	(0.0219)	(0.0210)

续表

	（1）	（2）	（3）	（4）	（5）
受教育年限平方	−0.00359 ***	−0.00350 ***	−0.00339 * *	−0.00330 * *	−0.00392 ***
	（0.00134）	（0.00130）	（0.00135）	（0.00135）	（0.00128）
户主年龄	0.0385 * * *	0.0416 * * *	0.0407 * * *	0.0351 * * *	0.0405 * * *
	（0.00792）	（0.00775）	（0.00796）	（0.00853）	（0.00847）
年龄平方	−0.000309 ***	−0.000328 ***	−0.000327 ***	−0.000281 ***	−0.000320 ***
	（7.51e−05）	（7.40e−05）	（7.54e−05）	（7.86e−05）	（7.85e−05）
劳动力技术职称	0.130 * *	0.132 * *	0.144 * * *	0.149 * * *	0.0803 * * *
变量名	Ln_ Wealth	Ln_ Wealth	Ln_ Wealth	Ln_ Wealth	Ln_ Wealth
	（0.0299）	（0.0275）	（0.0280）	（0.0279）	（0.0302）
户主健康程度	0.141 * * *	0.131 * * *	0.141 * * *	0.141 * * *	0.126 * * *
	（0.0273）	（0.0271）	（0.0273）	（0.0273）	（0.0270）
配偶健康程度	0.0965 * * *	0.0846 * * *	0.101 * * *	0.101 * * *	0.0810 * * *
	（0.0255）	（0.0249）	（0.0253）	（0.0253）	（0.0246）
风险偏好程度	0.172 * * *	0.145 * * *	0.169 * * *	0.173 * * *	0.137 * * *
	（0.0222）	（0.0220）	（0.0221）	（0.0222）	（0.0219）
社区（村）效应	已控制	已控制	已控制	已控制	已控制
常数项	7.790 * * *	6.389 * * *	7.524 * * *	7.891 * * *	5.810 * * *
	（0.261）	（0.303）	（0.304）	（0.275）	（0.326）
样本量	8，201	8，201	8，201	8，201	8，201
R^2	0.331	0.457	0.323	0.294	0.515
社区（村）个数	320	320	320	320	320

注：括号内为稳健标准误，* * *、* * 和 * 分别表示变量对应系数在1%、5%和10%的统计水平下显著。

上述回归结果中的前四列是分别加入四个"社会网络子指标"时对应的总体样本下家庭财产决定方程，第五列是同时包含四个"社会网络子指标"时的回归结果。与未加入任何社会网络变量时的结果相比，上述五个回归的 R 平方均有一定程度的增加，尤其是在同时含有四个社会网络子指标时，方程 R 平方达到了 0.515，较未加入任何社会网络变量时的 R 平方值增加了约 65.6%，很显然这是一个很大幅度的提高，从而也再次证明了社会网络在家庭财产决定中的重要作用。

对于上述回归结果中的其他变量，其解释意义仍同前述，在此不再赘述，此处重点对社会网络所对应的变量加以说明。回归方程中的第一列是加入了

"权势类关系"变量时的结果，说明当该类社会网络增加1个百分点时，家庭财产将增加约0.344%；第二列和第三列是加入了动态维度社会网络时的对应结果，第二列中的"礼金类关系指标"侧重对已有社会网络的维护，而第三列中的"社交类关系指标"则更注重社会网络的新建和发展，两类社会网络变量均能显著增加家庭财产，综合来看，动态维度的社会网络每提高1个百分点，家庭财产将显著增加约12.11%，其中"礼金类关系"贡献了约61.9%，其余38.1%则由"社交类关系"提供。第四列中加入了反映家庭社会网络静态维度的衡量指标，相对于其他三个子指标而言，该指标的系数显得较小且显著性也较弱，但这并不能否定其在家庭财产决定中的重要性，该社会网络指标每增加一个百分点，家庭所拥有的财产将增加约0.29%。在第五列中，我们将上述四个"社会网络子指标"同时加入家庭财产决定方程，结果显示，在不影响其他解释变量系数大小及其显著性的情况下，方程R平方出现了明显的增加，且除静态维度的"社会网络子指标"对应系数不显著外，其他三个变量相对于各自单独加入时所对应的系数均有所增加且统计显著，动态维度的社会网络指标对家庭财产的提高作用仍是最大的，"权势类关系"变量对家庭财产亦具有明显的提高作用。

对应地，下面将分城市样本和农村样本分别给出社会网络子指标下的回归结果。

表7-8　社会网络子指标下的家庭财产决定方程（城市样本）

变量名	（1）Ln_ Wealth	（2）Ln_ Wealth	（3）Ln_ Wealth	（4）Ln_ Wealth	（5）Ln_ Wealth
子指标1	0.00321 *				0.0101 * * *
	(0.00190)				(0.00182)
子指标2		0.0757 * * *			0.0829 * * *
		(0.00768)			(0.00768)
子指标3			0.0443 * *		0.0580 * * *
			(0.0181)		(0.0146)
子指标4				0.000813	-0.00348
				(0.00251)	(0.00252)
家庭总收入	0.0819 * * *	0.0766 * * *	0.0824 * * *	0.0832 * * *	0.0709 * * *
	(0.00927)	(0.00885)	(0.00920)	(0.00923)	(0.00884)
家庭规模	0.579 * * *	0.555 * * *	0.593 * * *	0.587 * * *	0.532 * * *

续表

	（1）	（2）	（3）	（4）	（5）
	（0.0756）	（0.0735）	（0.0757）	（0.0765）	（0.0726）
家庭规模平方	-0.0432 * * *	-0.0447 * * *	-0.0445 * * *	-0.0439 * * *	-0.0430 * * *
	（0.00898）	（0.00886）	（0.00908）	（0.00910）	（0.00862）
受教育年限	0.128 * * *	0.123 * *	0.126 * * *	0.126 * * *	0.129 * * *
	（0.0303）	（0.0292）	（0.0305）	（0.0312）	（0.0294）
受教育年限平方	-0.00424 * *	-0.00421 * *	-0.00404 * *	-0.00405 * *	-0.00482 ***
变量名	Ln_ Wealth	Ln_ Wealth	Ln_ Wealth	Ln_ Wealth	Ln_ Wealth
	（0.00169）	（0.00163）	（0.00170）	（0.00171）	（0.00161）
户主年龄	0.0297 * * *	0.0333 * * *	0.0323 * * *	0.0298 * * *	0.0362 * * *
	（0.00967）	（0.00943）	（0.00966）	（0.0105）	（0.0105）
年龄平方	-0.000164 *	-0.000185 * *	-0.000184 *	-0.000164 *	-0.000207 * *
	（9.37e-05）	（9.26e-05）	（9.36e-05）	（9.70e-05）	（9.77e-05）
劳动力技术职称	0.138 * * *	0.147 * * *	0.152 * * *	0.156 * * *	0.0878 * * *
	（0.0316）	（0.0290）	（0.0298）	（0.0298）	（0.0315）
户主健康程度	0.146 * * *	0.135 * * *	0.146 * * *	0.148 * * *	0.128 * * *
	（0.0366）	（0.0364）	（0.0366）	（0.0364）	（0.0362）
配偶健康程度	0.0764 * *	0.0535	0.0829 * *	0.0796 * *	0.0452
	（0.0359）	（0.0341）	（0.0350）	（0.0353）	（0.0336）
风险偏好程度	0.205 * * *	0.170 * * *	0.200 * * *	0.205 * * *	0.157 * * *
	（0.0272）	（0.0273）	（0.0270）	（0.0271）	（0.0271）
社区（村）效应	已控制	已控制	已控制	已控制	已控制
常数项	7.991 * * *	6.554 * * *	7.710 * * *	8.025 * * *	5.900 * * *
	（0.326）	（0.376）	（0.366）	（0.350）	（0.403）
样本量	5，071	5，071	5，071	5，071	5，071
R^2	0.393	0.526	0.410	0.385	0.566
社区（村）个数	161	161	161	161	161

注：括号内为稳健标准误，＊＊＊、＊＊和＊分别表示变量对应系数在1%、5%和10%的统计水平下显著。

从上述结果来看，在城市样本中，动态维度的社会网络仍然是影响家庭财产拥有量的最重要方面，"权势类关系"虽然统计显著，但其发挥的作用却相对较弱，而静态的社会网络则在城市样本中表现不显著，这可能与静态社会网络指标的构成有一定的关系。

表7-9 社会网络子指标下的家庭财产决定方程（农村样本）

	（1）	（2）	（3）	（4）	（5）
变量名	Ln_ Wealth	Ln_ Wealth	Ln_ Wealth	Ln_ Wealth	Ln_ Wealth
子指标1	0.00332				0.00801 * *
	（0.00405）				（0.00399）
变量名	Ln_ Wealth	Ln_ Wealth	Ln_ Wealth	Ln_ Wealth	Ln_ Wealth
子指标2		0.0755 * * *			0.0813 * * *
		（0.0105）			（0.0108）
子指标3			0.0232 * * *		0.0272 * * *
			（0.0075）		（0.0066）
子指标4				0.00372 *	0.00220
				（0.00193）	（0.00197）
家庭总收入	0.0904 * * *	0.0869 * * *	0.0888 * * *	0.0909 * * *	0.0823 * * *
	（0.0132）	（0.0130）	（0.0133）	（0.0131）	（0.0133）
家庭规模	0.394 * * *	0.357 * * *	0.397 * * *	0.388 * * *	0.350 * * *
	（0.0617）	（0.0601）	（0.0632）	（0.0612）	（0.0604）
家庭规模平方	− 0.0231 * * *	− 0.0211 * * *	− 0.0235 * * *	− 0.0226 * * *	− 0.0211 ***
	（0.00620）	（0.00598）	（0.00639）	（0.00616）	（0.00606）
受教育年限	0.0795 * *	0.0728 * *	0.0801 * *	0.0761 * *	0.0729 * *
	（0.0333）	（0.0311）	（0.0337）	（0.0335）	（0.0312）
受教育年限平方	− 0.00219	− 0.00207	− 0.00231	− 0.00195	− 0.00258
	（0.00239）	（0.00215）	（0.00240）	（0.00239）	（0.00216）
户主年龄	0.0362 * * *	0.0374 * * *	0.0377 * * *	0.0301 * *	0.0359 * * *
	（0.0126）	（0.0124）	（0.0127）	（0.0130）	（0.0131）
年龄平方	− 0.000389 * * * *	− 0.000392 * * *	− 0.000401 * * *	− 0.000334 * * *	− 0.000378 * * *
	（0.000120）	（0.000119）	（0.000122）	（0.000124）	（0.000126）
劳动力技术职称	0.285 * * *	0.258 * * *	0.285 * * *	0.296 * * *	0.218 * *
	（0.0958）	（0.0894）	（0.0900）	（0.0894）	（0.0982）
户主健康程度	0.128 * * *	0.119 * * *	0.128 * * *	0.129 * * *	0.116 * * *
	（0.0408）	（0.0406）	（0.0407）	（0.0408）	（0.0402）
配偶健康程度	0.119 * * *	0.118 * * *	0.126 * * *	0.124 * * *	0.125 * * *
	（0.0355）	（0.0352）	（0.0355）	（0.0356）	（0.0350）
风险偏好程度	0.129 * * *	0.115 * * *	0.124 * * *	0.129 * * *	0.106 * * *
	（0.0368）	（0.0360）	（0.0371）	（0.0369）	（0.0357）

续表

	(1)	(2)	(3)	(4)	(5)
社区（村）效应	已控制	已控制	已控制	已控制	已控制
常数项	7.702***	6.353***	6.404***	7.848***	4.499***
变量名	Ln_ Wealth	Ln_ Wealth	Ln_ Wealth	Ln_ Wealth	Ln_ Wealth
	(0.406)	(0.411)	(0.517)	(0.393)	(0.589)
样本量	3,130	3,130	3,130	3,130	3,130
R²	0.234	0.314	0.243	0.227	0.337
社区（村）个数	159	159	159	159	159

注：括号内为稳健标准误，***、**和*分别表示变量对应系数在1%、5%和10%的统计水平下显著。

上述农村样本的回归结果显示，"社交类关系"的作用是其中最为关键的因素，"权势类关系"和静态维度的社会网络所发挥的作用较弱。

为了能清楚地看出随着家庭财产分位数的提高，各种社会网络子指标的作用是如何演变的，表7-10给出了基于社会网络子指标的财产决定方程分位数回归结果。

表7-10 社会网络子指标下家庭财产决定方程的分位数回归结果

样本	变量名	(1) q10	(2) q25	(3) q50	(4) q75	(5) q90
总体样本	子指标1	0.0136***	0.00810***	0.00688***	0.00337***	0.00281
		(0.00344)	(0.00190)	(0.00155)	(0.00122)	(0.00201)
	子指标2	0.0778***	0.0666***	0.0693***	0.0755***	0.0799***
		(0.0124)	(0.00806)	(0.00526)	(0.00596)	(0.00894)
	子指标3	0.0427	0.0596**	0.0757***	0.0872**	0.153***
		(0.0389)	(0.0294)	(0.0191)	(0.0374)	(0.0547)
	子指标4	0.00364*	0.000691	0.00156	0.000366	0.00131
		(0.00201)	(0.00207)	(0.00130)	(0.00138)	(0.00182)
城市样本	子指标1	0.0143***	0.00936***	0.00843***	0.00501***	0.00304
		(0.00360)	(0.00229)	(0.00154)	(0.00145)	(0.00210)
	子指标2	0.0804***	0.0726***	0.0698***	0.0774***	0.0806***
		(0.0134)	(0.00933)	(0.00666)	(0.00613)	(0.00778)
	子指标3	0.0459	0.0504**	0.0668***	0.0745**	0.119**
		(0.0299)	(0.0247)	(0.0244)	(0.0304)	(0.0469)
	子指标4	0.00437	0.00434	0.00338*	0.00165	0.000763
		(0.00491)	(0.00271)	(0.00176)	(0.00171)	(0.00206)

样本	变量名	(1) q10	(2) q25	(3) q50	(4) q75	(5) q90
农村样本	子指标 1	0.0143 *	0.00757	0.00119	0.00221	0.00657
		(0.00753)	(0.00541)	(0.00448)	(0.00425)	(0.00613)
	子指标 2	0.0811 * * *	0.0784 * * *	0.0717 * * *	0.0800 * * *	0.0974 * * *
		(0.0158)	(0.0165)	(0.0112)	(0.0150)	(0.0183)
	子指标 3	0.0318 * *	0.0213 * * *	0.0186 * * *	0.0307 *	0.0729 * * *
		(0.0149)	(0.0078)	(0.0054)	(0.0187)	(0.0191)
	子指标 4	0.00784 * *	0.00185	7.62e - 05	0.00123	0.00192
		(0.00391)	(0.00302)	(0.00293)	(0.00262)	(0.00299)

注：括号内为稳健标准误，* * *、* *和 *分别表示变量对应系数在1%、5%和10%的统计水平下显著。

由上述回归结果可知，无论对于总体样本、城市样本还是农村样本而言，随着分位数水平的提高，"权势类关系"的财产提高作用均在逐渐减弱且显著性水平也有所降低，尤其是对于农村样本来说，该指标仅在最低10%分位数的家庭中表现显著。对于动态维度的社会网络来说，随着家庭财产分位数的提高，其对财产的影响作用呈现出一种"U型"的态势，对于财产水平最高10%的家庭来说，这种类型的社会网络所发挥的财产提高作用表现得更加明显。静态维度的社会网络指标并没有表现出明显的变化趋势，在大多数家庭内部，该类社会网络发挥的作用较弱，并且统计显著性也不及其他三类子指标。

进一步地，为了探究社会网络作用的地区特点，下面分东、中、西部等三大地区来对社会网络的财产提高作用加以分析，具体的回归结果如表7-11所示。

表7-11 社会网络对家庭财产影响的地区差异

变量名	(1) 东部	(2) 中部	(3) 西部
社会网络指标	0.0656 * * *	0.0801 * * *	0.0802 * * *
	(0.0117)	(0.0109)	(0.0164)
子指标 1	0.00970 * * *	0.00522	0.0120 * * *
	(0.0022)	(0.0033)	(0.0042)

变量名	（1）东部	（2）中部	（3）西部
子指标2	0.0820 * * *	0.0918 * * *	0.0786 * * *
	（0.00796）	（0.0140）	（0.0153）
子指标3	0.0540 * * *	0.0276 * * *	0.0380 * * *
	（0.0138）	（0.0089）	（0.0096）
子指标4	0.00488 *	0.00381 *	0.00165
	（0.00269）	（0.00221）	（0.00341）
常数项	3912	2444	1845
社区（村）个数	128	108	84

从上述结果不难发现，社会网络对家庭的财产提高作用在地区间差异较小。总体来看，社会网络在中部地区和西部地区的家庭中发挥的作用较东部地区略大，社会网络指标每提高一个百分点，中、西部地区家庭的财产约提高8%，东部地区家庭的财产提高约为6.56%。同时，利用社会网络子指标对地区间的家庭财产决定方程分析后发现，动态维度的社会网络在各个地区家庭中的财产提高作用都是最大的，尤其是"礼尚往来型关系"，在各地区的相对作用更是位列榜首，另外需要值得提及的是，"权势类关系"在中部地区表现并不显著，而静态维度的社会网络则在西部地区表现不显著，这可能与各个地区调查样本的各自特征有关。

为了对社会网络在地区间的差异性做出更多的说明，表7-12给出了对应于各个地区的分位数回归结果。限于篇幅，此处对于方程中其他解释变量略去不报，而只给出社会网络类变量（包括社会网络总体指标及四个子指标）所对应的系数和标准误。

表7-12 分地区考察家庭财产决定方程的分位数结果

样本	变量名	（1）q10	（2）q25	（3）q50	（4）q75	（5）q90
东部样本	社会网络指标	0.0744 * * *	0.0695 * * *	0.0530 * * *	0.0537 * * *	0.0619 * * *
		（0.0255）	（0.0108）	（0.00675）	（0.00721）	（0.00953）
	子指标1	0.0125 * * *	0.00971 * * *	0.00696 * * *	0.00424 * * *	0.00237
		（0.00422）	（0.00267）	（0.00188）	（0.00162）	（0.00214）

样本	变量名	(1) q10	(2) q25	(3) q50	(4) q75	(5) q90
东部样本	子指标2	0.0919 * * *	0.0729 * * *	0.0673 * * *	0.0718 * * *	0.0720 * * *
		(0.0123)	(0.00918)	(0.00682)	(0.00647)	(0.00913)
	子指标3	0.0483	0.0360	0.0634 * * *	0.0754 * * *	0.109 * * *
		(0.0379)	(0.0260)	(0.0225)	(0.0215)	(0.0387)
	子指标4	0.00328	0.00510 *	0.00429 * *	0.00488 * * *	0.00688 * * *
		(0.00469)	(0.00271)	(0.00184)	(0.00186)	(0.00236)
中部样本	社会网络指标	0.0775 * * *	0.0600 * * *	0.0642 * * *	0.0670 * * *	0.0924 * * *
		(0.0194)	(0.0145)	(0.00960)	(0.0134)	(0.0153)
	子指标1	0.00278	0.00460	0.00295	0.00440	0.00494
		(0.00742)	(0.00438)	(0.00326)	(0.00389)	(0.00404)
	子指标2	0.0611 * * *	0.0743 * * *	0.0892 * * *	0.0985 * * *	0.121 * * *
		(0.0189)	(0.0183)	(0.0154)	(0.0150)	(0.0170)
	子指标3	0.0195	0.0200 *	0.0251 * *	0.0452 * * *	0.0572 * * *
		(0.0123)	(0.0098)	(0.0116)	(0.0138)	(0.0163)
	子指标4	0.00584	0.00246 *	0.000669	0.00434 *	0.000717
		(0.00575)	(0.00145)	(0.00281)	(0.00254)	(0.00340)
西部样本	社会网络指标	0.105 * * *	0.0737 * * *	0.0683 * * *	0.0466 * * *	0.0530 * * *
		(0.0362)	(0.0217)	(0.0139)	(0.0147)	(0.0191)
	子指标1	0.0131	0.00903	0.00989 * *	0.00452	0.001000
		(0.00911)	(0.00577)	(0.00394)	(0.00334)	(0.00418)
	子指标2	0.0973 * * *	0.0731 * * *	0.0711 * * *	0.0721 * * *	0.0816 * * *
		(0.0248)	(0.0170)	(0.0135)	(0.0178)	(0.0247)
	子指标3	0.0370 * * *	0.0256 * *	0.0275 * * *	0.0309 * * *	0.0422 * * *
		(0.0119)	(0.0121)	(0.0095)	(0.0116)	(0.0148)
	子指标4	0.00898	0.00311	0.000120	0.000634	0.00321
		(0.00679)	(0.00472)	(0.00324)	(0.00340)	(0.00393)

　　根据上述结果，总体来看，无论对于东部地区的家庭，还是中、西部地区的家庭来说，社会网络的财产提高作用均表现出了一种"U型"的特点，这也与之前分总体样本、城市样本和农村样本时的结果相一致，该U型分布的最低点同样大致位于50%分位数和75%分位数之间。进一步分析发现，对于不同分位数水平的家庭来说，其中发挥关键作用的社会网络子指标仍与之前未区分分

位数考察时的结果一致，因此此处不再赘述。

第五节　本章研究结论

通过利用第 4 章所构造的家庭社会网络衡量指标，本章实证研究了社会网络在家庭财产决定中所发挥的重要作用，结果发现：社会网络指标每提高 1 个百分点，家庭所拥有的财产额将显著增加约 7.01%，对于城市样本而言，该增加比例略有降低为 6.8%，农村样本中该作用较大约为 7.66%，该系数均与家庭收入提高对财产增加的作用大致相等。另外，家庭收入、家庭人口数、家庭成员的受教育水平、家庭中劳动力的技术职称、家庭户主的年龄、健康状况及风险偏好度均对家庭财产的多寡起着不容忽视的重要作用，另外，户主的年龄与家庭财产呈现"倒 U 型"关系，也证实了生命周期理论论断在我国的成立。为了考察社会网络在不同财产水平家庭中的相对作用，本章也给出了分样本下的分位数回归结果，发现无论对总体、城市还是农村样本来说，社会网络对家庭财产拥有量的提高作用均呈现出一种"U 型"的特点，其最低点出现在 75% 分位数附近，对于拥有最低财产和最高财产的家庭来说，社会网络的财产提高作用都表现的更为明显。

为了说明社会网络在家庭间财产分布差距中的相对作用，本研究利用了夏普里值分解方法对该问题做出了说明，结果显示：社会网络对财产分布差距的相对贡献度仅次于家庭所在村（或社区）的虚拟变量（该变量尽可能地囊括了影响家庭间财产分布差距的无法观测因素），能够解释总体财产分布差距的 22%，甚至比家庭收入和家庭人力资本在财产分布差距中发挥的作用更大。

根据一位英国学者的统计数据，目前发达国家的财产分布基尼系数在 0.6 到 0.9 之间，Cagetti 和 De Nardi（2006）也指出主要发达国家的财产分布基尼系数均位于 0.5 以上，甘犁教授在 "2014 中国财富管理高峰论坛" 上指出全世界资产差距的基尼系数约为 0.8，我国的财产分布差距尚低于世界平均水平。虽然这些学者的观点表明我国的财产分布差距尚未处于过高的区间，但考虑到我国财产积累起步较晚（仅仅只有 30 年时间，而发达国家却已有数百年历史），同时我国收入差距已明显超过发达国家，这必将拉动我国财产分布差距进一步恶化，因此，对于财产分布差距的现状，我们也必须引起足够的重视。本章的分析为家庭间财产分布差距的微观形成原因提供了实证依据，说明了社会网络在我国家庭间财产分布差距中的重要作用，因此，要改善当前财产分布差距不断扩大的现状，除了已有的相关政策外，还需要在制度上多做文章，以减弱社会网络在财产分配中的作用，努力营造一个公平公开的市场环境，遏制社会网络型腐败的滋生，使每个居民公平享有改革发展的成果。

第八章

"社会网络" 与财产差距分解

第一节 引言

党的十九大报告指出，到 2035 年要显著缩小居民生活水平差距。然而，当前我国财产差距问题仍颇为突出，业已成为制约我国经济向平衡化充分化目标发展的关键因素。因此，探究引起财产差距的原因和机制，对于改善贫富差距，实现社会主义现代化具有重要的现实意义。在众多引起财产差距的因素中，社会网络的作用尤为突出，它会通过多种机制改变家庭行为决策模式，进而扩大财产差距。本研究从家庭资产配置角度出发，通过理论分析和实证研究，深入探析社会网络如何影响家庭资产配置行为，进而引起财产差距。在此基础上，结合十九大报告所强调的让市场在资源配置中起决定性作用，提出相应的优化建议，进一步改善财产差距现状。

基尼系数作为衡量收入不平等的常用指标，也可以用于度量财产不平等，但由于财产具有很多负值和零值，在测算时会产生问题（Cowell 等，2015）。由于针对家庭财产的调查统计存在着低报的偏误，因此 Bricker 等（2016）比较了采用税收数据估算的财产不平等与采用家计调查数据得到的财产不平等之间的差异，同时采用福布斯财富排行榜的数据来弥补高分位上财富数据的缺失问题。《中国民生发展报告 2016》显示，中国家庭财产基尼系数从 1995 年的 0.45 扩大到 2014 年的 0.7。甘犁等（2014）测算得 2013 年全国家庭总资产基尼系数为 0.717。其中，城市家庭总资产基尼系数为 0.681，农村地区为 0.675。过高的财产差距会对经济社会发展产生各种负面影响，如财产差距扩大会降低居民消费倾向，导致有效需求不足，直接影响中国经济持续增长和经济结构转型（李涛、陈斌开，2014）。

　　与收入不平等相仿，家庭间财产分布差距的日益加剧也是阻滞经济健康稳定发展的重要因素之一，和谐社会的建立不仅需要公平的收入分配体系，也需要有公平的财产分配制度，从更深层次意义上来说，财产分布不均甚至是比收入分布不平等更需要值得关注的问题，这是因为收入是流量的概念，而财产却是存量的定义，相对于流量，存量概念更适合作为动态模型的状态变量，另外，与收入相比，财产显得更为客观一点，家庭的最优消费和投资水平也往往依赖于财富水平而非收入水平，最后，财产往往反映出了家庭的财务信息，因此比收入更能有助于考察家庭间贫富差距的成因。与收入的形成机制不同，财产往往需要一个相对更长的积累过程，这也是为什么收入差距在 20 世纪 90 年代出现了迅速上升，而财产分布差距仍较为平缓的原因，但近年来，随着我国金融市场的日益成熟和房地产市场的白热化，越来越多的居民开始投资于股票市场和房地产市场，使得居民和家庭的财富价值及财产性收入出现了大幅增加，财产性收入占家庭总收入比重的提高将会对全社会整体的收入不平等带来巨大的影响（李实，2007），且这种财产分配差距的日益扩大将可能导致社会的动荡与不安（李实、魏众和古斯塔夫森，2000），从经济层面来讲，财产的分布状况也将影响到个人的消费和储蓄决策，从而影响整体国民的消费和储蓄结构。因此，本书认为，作为对家庭间资源分布不平等的全景反映，不仅需要研究收入差距问题，也非常有必要考察家庭间的财产分布差距问题。

　　随着我国经济和金融的进一步发展，在过去的 20 多年里，我国的财产分布差距发生了重大的变化。从 20 世纪 90 年代开始，我国居民的财产历经了一个高速积累的时期，沿革到今天，我国已经从一个财产分布差距很小的国家变成了一个财产分布差距颇为悬殊的国家。根据中国家庭金融调查中心所发布的报告，2010 年我国家庭总资产的均值为 72.7 万元，城市家庭的总资产均值达156.8 万元，农村家庭总资产均值为 15.4 万元，然而对应各自的中位数却分别只有 3.7 万元、5 万元和 2.87 万元，这些数据不仅明确揭示出我国家庭间财产分布的严重不平衡，同时也反映了财产分布在城乡间的巨大差异，另外，利用此调查数据计算后发现：资产分布位于 90% 以上分位数的家庭占据了社会总资产的 84.59%，其中，这些资产最高 10% 的家庭所拥有的金融资产占全社会金融资产总额的 61%，非金融资产占全社会非金融资产总额的 88.7%，这又对资产分布的严重不均提供了一个明确的佐证。基于此，深入分析引起我国财产分布差距的原因，不仅对于充实相关文献具有重要的学术意义，对于从源头上遏制财产分布差距的进一步恶化更具有重要的现实意义。

第二节 文献综述

得益于丰富史料和长期宏微观数据，发达国家在财产不平等的理论和政策研究方面取得了诸多突破。在对财产差距的成因讨论中，国外很多学者认为资本性收入会不可避免的导致财富不平等（Piketty，2014；Fagereng，2016 等）。Campanale（2007）通过内生化家庭对不同资产的投资选择，证实投资组合和回报率差异是财产差距的重要原因。Lusardi et al.（2017）发现金融知识差异是引起财产差距的关键因素。Gomez（2017）认为股票市场收益率越高，财富不平等越明显。Lou et al.（2017）认为投资者拥有的社会网络对其财富积累有显著影响。在财产财产差距形成机制方面，国外文献主要从财富积累方式、财富继承以及体制因素等三方面进行分析。Quadrini（2000）指出，企业家在经营过程中面临流动性约束，具有更高财产收入比与储蓄率，而更高的财产收入比与储蓄率带来更高的边际收益，从而扩大财产差距。Nardi（2004）指出个体利他性的遗产动机会增加储蓄，进而产生财富积累。Piketty（2014）发现，资本回报率大于经济增长率会导致财富集中，进而使得继承财富比努力劳动更易致富。

国内文献对家庭财产差距成因及形成机制的讨论主要基于实证分析。既有研究主要估计了财产构成以及部分微观因素如家庭成员年龄、受教育年限、党员身份、职业类别、健康程度、遗产等对家庭财产差距的影响（李实等，2005；梁运文等，2010；巫锡炜，2011；宁光杰，2014；詹鹏、吴珊珊，2015）。另外，家庭成员的主观态度也会影响家庭财产积累。如肖争艳和刘凯（2012）发现，户主风险偏好度和投资参与度的提高均有利于家庭财产的增加。何金财和王文春（2016）指出社会网络是拉大家庭间财产差距的重要因子。陈彦斌和邱哲圣（2011）及陈彦斌（2013）认为家庭资产配置差异是导致财产差距的主要机制，王治政等（2015）持同样观点。贾康和孟艳（2011）认为资本市场使我国居民财产快速增长并呈现爆发性分化，居民理财意识和理财水平的不同是导致差距扩大化的重要原因。Cagetti 等（2008）介绍了能够解释财产不平等的生命周期模型，但该模型主要针对的是代际间的财富集中问题。国内文献则大多采用描述性统计分析和均值回归分析，或从宏观上考察经济增长、市场化程度和城乡财产性收入差距之间的关系（刘江会等，2010），或从微观上分析学历、性别、年龄、户口、党员身份对于家庭财产积累的影响效应（Meng，2007；宁光杰，2014）。另外，石磊等（2010）和陈刚（2014）也对土地承包经营权流转对于农村财产性收入的作用做出了考察。

已有文献指出家庭资产配置差异是引起家庭间财产差距的重要机制，那么哪些因素会影响家庭资产配置行为呢？经典金融理论认为，家庭应将一定比例财富投资于风险资产，风险偏好差异决定其投资比例。Campbell（2006）认为很多家庭金融市场参与率低和投资组合单一，原因是家庭资产配置决策失误。总结国外文献中对此问题的讨论，发现造成家庭资产配置差异的原因有很多，主要包括居民人口统计学特征，如年龄、性别、婚姻、教育水平、健康程度等（Shum and Faig，2006；Worthington，2009）；居民的主观心理特征，如风险规避程度、乐观程度等（Puri and Robinson，2005；Guiso et al.，2008）；房产投资（Turner et al.，2009；Coffette - Nagota et al.，2016）；金融知识和金融可得性（Guiso and Jappelli，2009；Alessie et al.，2012）；家庭收入与财富水平及流动性约束（Constantinides et al.，2002）以及社会结构特点，如社会信任水平、社会互动水平等（Hong et al.，2004；Guiso et al.，2007；Georgarakos and Pasini，2011）等。国内学者对此问题也得出了与国外文献基本相同的结论，代表性文献如陈彦斌（2008）、李涛（2007）、李涛和郭杰（2009）、梁运文等（2010）、严琼芳等（2013）、吴卫星等（2015）、尹志超和甘犁（2015）等等。

在引起家庭资产配置差异的众多原因中，社会网络的作用不容忽视（Hu et al.，2015）。已有文献讨论了社会互动如何影响家庭投资决策。如 Manski（2000）和 Durlurf（2003）将这种影响机制总结为情景互动和内生互动两种。Hong et al.（2004）将内生互动进一步分解为信息获取、交流感受和社会规范三个方面。Duflo and Saez（2003）、Hong et al.（2005）提供了通过内生互动获得的信息影响个体养老金产品购买、股票购买以及基金经理持股行为等方面的证据。Brown et al.（2004）指出社会网络内成员间的投资经验和感受交流推动了投资者对股票市场的参与。Hong et al.（2004）发现居民社会互动增加了观察学习和交流股市话题的机会，从而提高了股市参与率。国内方面，李涛和郭杰（2009）认为社会网络会影响家庭对风险资产的投资选择，提高家庭股票市场参与度（周铭山等，2011；朱光伟等，2014；王聪等，2015）。杨汝岱等（2011）、胡枫等（2012）认为社会网络能够促进农民获得正规或非正规借贷。易行健等（2012）及周广肃和马光荣（2015）研究表明，家庭人情支出可以降低预防性储蓄，促进居民家庭参与金融投资。柴时军（2017）也发现，基于亲友关系的社会资本，能够显著提高家庭资产配置的效率。

综上，已有研究对于家庭间财产差距的形成原因、家庭资产配置的影响因素及社会网络在投资决策中的作用做出了说明。然而，限于家庭金融微观数据的可得性，目前，国内学者对于家庭财产差距的研究总体偏少，对于社会网络在家庭财产差距中作用的探讨更是缺乏。

与已有文献相比，本章主要创新点可总结为如下几点。第一，已有理论将家庭资产配置视为自身个体异质性活动，忽略了家庭所拥有的社会网络对资产配置行为的影响。本研究将社会网络作为一个约束拓展因子，深入讨论其对家庭资产配置的作用机制与影响差异。第二，限于家庭金融微观数据的可获得性，已有文献对家庭资产配置、财富不平等问题的研究较少，更缺乏对社会网络如何影响财产差距问题的机制及程度的讨论。本研究将基于社会网络视角，深入分析说明财产差距形成的原因。

第三节　财产差距的夏普里值分解分析

为了分离出前述家庭财产决定方程中各个解释变量在财产差距中相对作用的大小，下面将利用基于回归的夏普里值分解方法来计算财产决定方程中各变量对财产差距的相对贡献度。该方法的主要思路为：将财产决定方程中的某一自变量 x 取样本均值，再将该均值与其他变量的实际值一同代入财产决定方程来估测家庭财产值，进而计算出对应于该财产值的不平等指数，记作 I′，此时，该指数已经不包含自变量 x 的影响。I′与根据真实数据计算出的财产差距 I 之间的差就是 x 对财产差距的相对贡献。如果 x 取均值后，财产差距缩小，那么，x 是扩大财产差距的因素，它对财产差距的贡献为正；反之，其贡献则为负。

考虑到前述家庭财产决定方程中解释变量较多，而夏普里值分解方法对于多变量分解并不是很有效，为便于运算并保证结果的准确性，在具体分解之前，将相关性较强的解释变量加以合并。这样处理的优点在于，不仅能保留这些变量的信息，也能避免由于引入变量过多而无法得到有效分解结果的局面（赵剑治和陆铭，2009）。具体而言，本章将上述方程中家庭规模、家庭成员平均受教育年限及户主年龄等变量分别与其平方项合并①，将户主健康程度与其配偶健康程度合并，最终引入分解程序的变量共有 9 个。另外，由于第 7 章中设定的家庭财产决定方程属于半对数模型，若直接使用家庭财产总量的对数值来分解，则会造成财产变量分布的扭曲（参见赵剑治和陆铭，2009）。因此，在分解之前，有必要对前述财产决定方程（1）加以变换。事实上，只需对方程（1）两边同时取指数即可，这也是相关文献中通常的做法（参见赵剑治和陆铭，2009；王鹏，2012）。至此，夏普里值分解所基于的方程变为：

$$property_{i,j} = exp(\beta_0)exp(\beta_1 Guanxi_{i,j} + \beta_2 X_{i,j} + c_i)exp(u) \qquad (4)$$

Shorrocks（2002）和 Wan（2004）指出，基于特定方程的回归结果计算基尼系数时，常数项并不会对结果产生任何影响，可以将其去掉。此时的残差项表示总财产差距中不能被财产决定方程中所包含的全部变量解释的部分，因此，若将残差项的影响与基于被解释变量实际值所计算的总财产差距比率定义为未能被方程所包含的全部变量解释的部分，则 1 减去该比率即为总财产差距得到解释的部分，其反映了方程所包含全部变量对于总体财产差距的解释度（Wan，2004）。一般而言，解释度超过 50% 就说明回归方程与分解结果具有一定程度的可靠性。表 8-1 给出了分别利用总体样本、城市样本和农村样本以及分东部地区、中部地区和西部地区所计算的基尼系数，同时也给出了由各自家庭财产决定方程中全部解释变量所能解释的比例。由该结果可知，各类样本下方程解释度均高于 75%，说明本研究财产决定方程中所包含的解释变量能很好地对家庭财产差距做出解释。

一、总体财产差距分解

由表 8-1 不难发现，利用本研究数据所计算的家庭间总体财产分布差距为 0.769②，城市中的该财产分布差距较农村地区稍大，东部地区的财产分布差距较中西部地区更为严重。利用第 7 章财产决定方程中的各个解释变量，计算出

---

① 此处合并的具体做法是：在回归得出变量系数后，将两个变量分别与其对应系数相乘后再加总，从而得到一个合并后的新变量，即为分解程序中引入的变量，参见赵剑治和陆铭（2009）。

② 根据"中国家庭金融调查与研究中心"在"2014 中国财富管理高峰论坛"上所发布的报告：2011 年中国家庭的财产分布基尼系数为 0.761，与本书此处的 0.769 相差不大，该报告同时指出，2013 年该基尼系数值降至 0.717。

由该方程所体现的总体基尼系数为 0.661，解释比达到 85.96%，这说明该方程中所涉及的诸多微观变量能很好地折射出当前我国家庭间财产分布差距的形成原因。分城市、农村和东、中、西部地区分别来看，这个解释比仍然能达到 75% 及以上，这也说明了本研究中所设定的财产决定方程在解释家庭间财产分布差距问题上具有相对稳健性。

表 8-1　家庭财产差距及方程解释度（单位:%）

| 样本类型 | 样本量 | 指数 | 影响程度 | | | 方程解释度 |
			总系数① (1)	解释变量 (2)	残差项 (3)	（(2)／(1)）
总体样本	8438	基尼系数	0.769	0.661	0.108	85.96
城市样本	5194	基尼系数	0.751	0.615	0.136	81.89
农村样本	3244	基尼系数	0.704	0.570	0.134	80.97
东部地区	3980	基尼系数	0.759	0.624	0.135	82.21
中部地区	2517	基尼系数	0.600	0.450	0.150	75.00
西部地区	1941	基尼系数	0.627	0.477	0.150	76.08

二、城乡财产差距分解

结合家庭财产决定方程，下面给出家庭财产差距的夏普里值分解结果，如表 8-2 所示。由分解结果可以看出，无论对于总体样本、城市样本还是农村样本，社会网络在家庭财产差距形成中均发挥着非常重要的作用。在总体样本和城市样本中，该作用仅次于家庭所在村（社区）的特征变量（该变量包含信息最多），而比家庭总收入、家庭人力资本、家庭及户主特征所发挥的作用更大，社会网络能解释总体家庭财产差距的 22%，能解释城市家庭财产差距的 26.19%。对于农村家庭而言，尽管社会网络所发挥的作用较城市家庭低，但它仍然能解释家庭财产差距的 9.77%，这同样是一个不容忽视的比例。

表 8-2　家庭财产差距分解结果

| 影响因素 | 收入差距贡献度（%） | | |
	总体样本	城市样本	农村样本
社会网络总指标	22.00	26.19	9.77

①　此处总系数为基于被解释变量（家庭总财产）实际值所计算的基尼系数。

续表

影响因素	收入差距贡献度（%）		
	总体样本	城市样本	农村样本
家庭总收入	7.65	7.84	7.59
家庭人力资本	8.89	7.69	15.06
家庭及户主特征	9.40	12.43	13.67
村（社区）特征变量	52.06	45.85	53.91

注：上述分解程序中引入的变量为 9 个，本书重点关注社会网络对家庭财产差距的影响，为节约篇幅，此处将家庭成员受教育年限、劳动力技术职称、户主年龄、户主及其配偶健康程度等变量的贡献度加总后定义为家庭人力资本贡献度；将家庭规模及户主风险偏好程度的贡献度加总后定义为家庭及户主特征对财产差距的贡献度。

三、地区财产差距分解

Stiglitz（2000）指出，社会网络作为非正式制度，其作用与市场化和经济发展水平呈现出"倒 U 型"曲线关系。当经济刚起步时，由于市场不完备且政府职能不健全，故社会网络能够发挥资源配置的作用。随着经济发展水平的逐步提高，社会网络的这种积极作用会遭受冲击和破坏。Knight and Yueh（2002）利用中国城市调查数据研究发现，社会资本可以给劳动者带来正的回报，并且这种回报在私有部门高于国有部门，若将私有部门视为市场化方向，则社会资本的作用将随着市场化程度的提高而得到强化。张爽等（2007）在研究中国农村贫困问题时得出了相反的结论。他们发现，社会资本作为一种非市场化力量，其减少贫困的作用会随市场化进程的推进而减弱。由此可见，关于社会资本与市场化进程及经济发展水平之间的关系尚无定论。有鉴于此，下文将通过对市场化及经济发展水平不同地区中的家庭财产差距进行分解，来检验社会网络在各个地区间的相对贡献度差异。

本研究将全部样本划分为东部、中部和西部三个不同的区域①，进而通过比较来考察社会网络对不同地区中家庭财产差距的相对贡献。分解结果如表 8-3 所示。从中不难发现，社会网络对家庭财产差距的贡献度在地区之间确实

---

① 按照中国家庭金融调查与研究中心的样本划分，东部地区包括北京、天津、河北、辽宁、上海、江苏、浙江、山东、广东等 9 个省、直辖市；中部地区包括山西、吉林、黑龙江、安徽、江西、河南、湖北、湖南等 8 个省；西部地区包括重庆、四川、贵州、云南、陕西、甘肃、青海、广西等 8 个省、自治区、直辖市。

存在着较为明显的差异，该作用在市场化程度及经济发展水平较高的东部地区[1]表现得最为明显，而在中西部地区则相对较小，尽管如此，但就同地区样本而言，社会网络仍是引起家庭财产差距扩大的关键因子。具体地，对于东部地区而言，社会网络能解释家庭间财产差距的 25.33%，其作用仅次于家庭所在村（社区）的特征变量所发挥的效应。虽然在中部地区和西部地区，社会网络贡献度的相对顺序有所推后，但它仍能解释中部地区家庭间财产差距的 15.47%和西部地区该差距的 14.15%。

表 8 - 3   不同地区家庭间财产差距分解结果

影响因素	收入差距贡献度（%）		
	东部地区	中部地区	西部地区
社会网络总指标	25.33	15.47	14.15
家庭总收入	7.38	10.79	9.97
家庭人力资本	7.86	15.73	18.77
家庭及户主特征	15.02	13.85	15.35
村（社区）特征变量	44.41	44.16	41.76

注：上述分解程序中引入的变量为 9 个，本书重点关注社会网络对家庭财产差距的影响，为节约篇幅，此处将家庭成员受教育年限、劳动力技术职称、户主年龄、户主及其配偶健康程度等变量的贡献度加总后定义为家庭人力资本贡献度；将家庭规模及户主风险偏好程度的贡献度加总后定义为家庭及户主特征对财产差距的贡献度。

四、分位数财产差距分解

为了考察社会网络对不同财产水平家庭中财产差距贡献度的差异，表 8 - 4、表 8 - 5 和表 8 - 6 分别给出了对应于总体样本、城市样本和农村样本的家庭财产差距分位数分解结果。正如社会网络在家庭财产决定的分位数回归方程中所表现出的"正 U 型"曲线特征一样，在此处的分位数分解结果中，无论对于总体样本、城市样本还是农村样本，随着财产分位数水平的逐步提高，社会网络对财产差距的贡献度均同样显示出了"正 U 型"曲线特征，即社会网络的相对作用在财产拥有量最低的 10%家庭和最高的 10%家庭间表现得更大，而在中等

---

[1]　赵剑治和陆铭（2009）利用樊纲和王小鲁的《中国市场化指数——各地区市场化相对进程报告（2002）》指出，东部地区较中西部地区的市场化程度及经济发展水平均更高。

财产水平家庭之间所发挥的作用较弱。与同分位数下其他因素相比,社会网络的贡献度顺序仍与表8-2较为一致。对比城市样本和农村样本,不难看出,城市样本中社会网络在各个财产分位数水平处的相对贡献度均高于农村样本。以财产拥有量最低的10%家庭为例,在城市地区,社会网络对家庭财产差距的贡献度高达22.72%;而在农村地区,这一数值仅为10.99%。该结果在一定程度上同样说明在市场化及经济发展水平较高的地区,社会网络对家庭财产差距的贡献度相应较大。

表8-4 不同分位数水平所对应的财产差距分解结果(总体样本)

影响因素	Q10	Q25	Q50	Q75	Q90
社会网络总指标	26.07%	18.59%	11.77%	12.37%	20.15%
家庭总收入	11.53%	8.79%	5.40%	4.75%	4.43%
家庭人力资本	8.57%	10.10%	8.36%	6.88%	5.58%
家庭及户主特征	10.91%	8.52%	7.01%	6.08%	5.92%
村(社区)特征变量	42.92%	54.00%	67.46%	69.92%	63.92%

表8-5 不同分位数水平所对应的财产差距分解结果(城市样本)

影响因素	Q10	Q25	Q50	Q75	Q90
社会网络总指标	22.72%	19.36%	19.69%	17.35%	26.07%
家庭总收入	8.54%	9.12%	4.56%	4.47%	4.18%
家庭人力资本	9.33%	9.10%	5.14%	4.67%	3.85%
家庭及户主特征	15.90%	11.57%	7.90%	6.61%	6.79%
村(社区)特征变量	43.51%	50.85%	62.71%	66.90%	59.11%

表8-6 不同分位数水平所对应的财产差距分解结果(农村样本)

影响因素	Q10	Q25	Q50	Q75	Q90
社会网络总指标	10.99%	8.13%	6.52%	6.75%	9.77%
家庭总收入	12.09%	7.21%	6.83%	6.85%	6.60%
家庭人力资本	12.84%	15.1%	16.33%	15.50%	14.72%
家庭及户主特征	15.24%	13.36%	10.80%	9.89%	7.53%
村(社区)特征变量	48.84%	56.20%	59.52%	61.01%	61.38%

第四节 本章研究结论

在众多引起财产差距的因素中，社会网络是一个不容忽视的重要因子。社会网络差异引致了家庭资产配置差异，进而导致了家庭间财产的不平等。

本书利用中国家庭金融调查与研究中心（CHFS）所发布的 2011 年数据，实证分析了社会网络在家庭财产决定中所发挥的重要作用，结果发现社会网络总指标每提高 1 个百分点，家庭所拥有的财产总量将显著增加约 7%；对于城市家庭而言，该增加比例为 6.8%；对于农村家庭而言，该增加比例为 7.6%。本研究同时给出了分样本下的分位数回归结果，发现无论对总体样本、城市样本还是农村样本来说，社会网络对家庭财产拥有量的提高作用均呈现出"正 U型"曲线特征，其最低点出现在 75% 财产分位数附近，对于拥有最低财产总量和最高财产总量的家庭来说，社会网络的财产提高效应更大。为了说明社会网络在家庭财产差距中的相对作用，本章利用夏普里值分解方法对该问题进行了分析。结果表明：社会网络对家庭财产差距的贡献度仅次于家庭所在村（社区）特征变量（该变量尽可能多地囊括了影响家庭财产差距的无法观测因素），能够解释总体财产差距的 22%，比家庭总收入和家庭人力资本在财产差距中所起的作用更大。另外，在市场化及经济发展水平较高的东部地区，社会网络对家庭财产差距的贡献度更高，并且社会网络对城市家庭财产差距的贡献度显著高于对农村家庭的贡献度。

本书为家庭财产差距的微观形成原因提供了实证依据，说明了社会网络是造成财产差距扩大的重要因子。因此，要改变当前家庭财产差距不断扩大的状况，除了积极推行各项注重公平的相关政策外，还需要在制度上多做文章，以减弱关系在财富分配中的作用，努力营造公平公开的市场环境，遏制关系型腐败的滋生，使每位公民公平享有改革发展的成果。

第九章

总结及政策建议

第一节　总结

改革开放 40 年来，伴随着我国经济的快速发展，人民生活水平不断提升，居民获得感、幸福感不断增强。但与此同时，我国贫富差距问题也演化的愈加明显。过大的贫富差距不仅会抑制我国经济的健康发展，同时也会成为社会不稳定的潜在因素，为此，我们需要正视当前我国贫富差距现状，积极考察贫富差距的形成原因，进而制定有针对性的政策措施，努力改善贫富差距过大的现状，确保我国经济平稳健康推进，确保居民如期实现共同富裕。

贫富差距的形成原因复杂多样，本研究选择从社会网络视角出发，旨在探究社会网络在收入差距与财产差距演化中所扮演的角色，通过深入具体分析社会网络影响家庭收入与财产的作用与机制，以期能为制定有效的贫富差距政策提供新的视角。

基于我国当前收入差距与财产分布差距过大的事实，本研究利用"中国家庭金融调查与研究中心"的入户访问数据，通过实证分析的方法，对引起家庭间收入差距与财产分布差距扩大的微观因素进行了探讨和分析。区别于已有相关的研究，本研究在尽可能涵盖已有文献所共识的影响家庭间收入差距与财产分布差距微观因素的基础上，重点考察了我国独具特色的社会关系网络在其中所发挥的重要作用，进一步地，结合夏普里值分解方法，对社会网络在家庭间收入差距与财产分布差距中的相对贡献度进行了较为详尽的分析，同时也考察了这种作用在收入与财产的不同分位数间、城乡间以及地区间所存在的差异。

本研究首先基于已有的相关文献，对社会网络的基础性问题做出了阐述，包括社会网络的概念及描述、社会网络的经济效应、社会网络的衡量方式与不足等，旨在说明社会网络在我国家庭经济行为中的重要作用。同时，基于已有的相关研究，本研究对我国收入差距与财产差距的演化进行了概述说明，并对引起收入差距和财产差距的相关因素做出了总结概括。在本研究的后续分析中，我们会通过对贫富差距进行分解，进而重点说明社会网络在贫富差距中的重要作用，因此在第二章内容中也对本研究会用到的相关分解方法进行了具体阐释。

接下来，基于已有的相关统计数据，本研究对我国贫富差距的现状做出了客观说明，并区分收入和财产，分别考察了我国家庭间收入的城乡差距与地区差距、我国家庭间财产的城乡差距与地区差距，同时也对城乡之间、区域之间发展不平衡的其他表现做出了说明。最后通过总结分析，对我国家庭间贫富差距的原因做出了解读，进而提出了相应的弱化路径。

在本研究的主体部分，首先利用统计学方法构建了一个能涵盖多维度的家庭社会网络测度指标，总体来看，该指标由四个子要素所构成，即反映家庭社会网络强弱的动态要素（具体又分为"社交类要素"和"礼尚往来型要素"）、静态要素以及由家庭所拥有"权势及地位"所刻画的要素。该指标的建立极大地解决了已有相关文献中衡量家庭社会网络时的单一性，从而将这个社会学意义的概念较为全面生动的引入进了经济问题的分析中，对于分析结果的准确性也起到了很好的基础作用。接下来，本研究利用这个社会网络指标详细地分析其对于家庭收入及财产的影响，发现社会网络强弱显著地影响着家庭收入及财产拥有量的多寡，总体上来看，家庭社会网络指标每提高一个百分点，家庭收入将显著增加1.81%，而家庭财产则会显著增加约7.01%，并且这种收入和财产的提高作用在农村家庭中显得较城市家庭更高，对于不同收入和财产分位数水平的家庭来说，社会网络的作用也存在着较大的差异，总体而言，社会网络对于家庭收入的提高作用随着收入分位数水平的提高而逐步有所增加，而社会网络对于不同财产分位数水平的家庭来说，则存在着"U型"变化的特征，即其对于最低财产家庭和最高财产家庭的财产提高作用较中等财产家庭而言显得更大。与此同时，为了进一步了解社会网络的结构对于家庭收入及财产的影响，本研究也利用社会网络构造时生成的四个子指标对上述问题进行了分析，结果发现，对于不同样本家庭而言，其中发挥主导作用的社会网络子指标也存在着较为微妙的差异。同理，我们也对社会网络在地区间的差异进行了详细的说明。最后，本书利用时下较为流行的"基于回归的夏普里值分解方法"对社会网络在家庭间收入差距与财产分布差距中的相对贡献度进行了考察，结果表明，社会网络确实是引起家庭间收入差距与财产分布差距扩大的关键因素，其对收入差距拉大的效应甚至与家庭所拥有的人力资本和物质资本所发挥的效应大小相当，而对于家庭间财产分布差距的贡献度则明显高于家庭收入及家庭人力资本所发挥的作用。总体来看，社会网络能解释家庭间全部收入差距的12.89%，能解释家庭间全部财产分布差距的22%，同时，这种作用在收入和财产不同分位数水平的家庭间是并不相同的，其在城乡间的贡献度差异也表现得较为明显。另外，在市场化及经济发展水平较高的东部地区，社会网络对家庭收入差距与财产差距的贡献度更高，并且社会网络对城市家庭财产差距的贡献度也显著高于对农村家庭的贡献度。

第二节　政策建议

收入分配和财产分配关乎国计民生，它一方面连接着老百姓的衣食住行，另一方面也牵动着国家的和谐稳定大局，因此，积极构建科学合理的居民收入分配和财产分配体系，不仅是老百姓对于自身福祉的呼吁，同时也是我国全局发展的必然要求。

纵观当前我国的收入分配与财产分配格局，收入差距和财产分布差距过大依然是其最明显的标签，这不仅表现在过大的城乡收入及财产分布差距上，同时行业间收入差距以及城市与农村内部间的收入及财产分布差距也是亟需关注的问题。基于这种现状，我们该如何做才能有效遏制收入差距与财产分布差距持续演化的这种态势呢？对这个问题的回答有赖于追溯我国收入差距及财产分布差距形成的具体国情（对于财产分布差距的表述与收入差距类似，下面以收入差距为例）。与发达国家不同，我国的收入差距问题，并不单纯是市场经济体制中的"自然差距"，而更深层次的却是"机会不均"所导致的差距，在经济运行中，一定的"自然收入差距"是无法避免的，这也是"多劳多得，不劳无获"的正常结果，同时这种层面的收入差距对于提升民众积极性和增强竞争意识也都是极为必要的，然而当收入差距跃出合理范围时，则会极大地破坏社会稳定和经济的正常发展，此时就需要认真分析收入差距形成的原因，进而制定相应政策来阻止形势的恶化了。从收入差距的形成机制来看，它至少应该包含两个部分，其中一部分是由个人努力程度差异所产生的，另一部分则是由于市场环境不公平所引起的。对于前者，国家应该大力提倡和支持，因为由努力程度差异所引致的收入差距是合理且有益的，而对于后者，我们则应该持坚决的反对态度，政府也应努力消除这类因素所造成的收入不平等。从目前我国的收入差距来看，其存在的主要原因并不是个人不努力所产生的，而是市场环境不公开公平所导致的，体制机制的漏洞、市场准入机会的不均、垄断部门的厚利、腐败与灰色收入以及制度歧视等均严重扭曲了物质资本及人力资本等的正确流向，使得"富人更富，穷人更穷"，这种收入差距的存在和扩大没有真正地在激励个人创业、投资和追求创新方面发挥积极的推动作用，反而却阻碍了经济的正常运行，这显然是背离中国梦要义的。

历史上，我国是一个"重人情，看关系"的社会，家庭社会关系网络的强弱直接影响着各种机会的分布，进而影响着收入差距的格局。本书的实证研究发现：社会网络强弱是显著影响家庭间收入差距和财产分布差距的重要原因之一，它如同人力资本和物质资本一般，能显著拉大家庭间的贫富差距。家庭社会网络在干扰市场正常运行的同时，也引发了诸多的不公正和不公平，社会网络的介入使得人们面对的各种机会不再平等，机会不平等导致资源倾斜性地流向社会网络深厚的群体，而同时也伤害了弱势群体的正常利益。另外一方面，家庭社会关系网络极易产生代际遗传，关系网络的原始积累会传递到第二代、第三代甚至更后代，这种代际遗传的最终结果将会导致经济学中常常提及的"贫困陷阱"。另外，社会网络的同伴效应也会使得社会关系网络资源越丰富的家庭所拥有的社会网络更深厚，而原始社会网络背景匮乏的群体所拥有的社会网络资源相对增长率却更低，这种两极分化的出现会使得拥有"硬关系"的家庭在经济活动中获得更多的好处，而社会网络较弱家庭的弱势效应则将使得他们变得更加弱势。先天的出身不对等已经天然地拉开了差距，原以为靠勤奋与努力能弥补这种劣势，却不曾想最终又败给了关系网络，这句偶发的感慨作为对机会不均导致结果不均的描述恐怕再形象不过。家庭社会网络的强弱会引起各种机会的不均等，进而腐蚀公平公开的市场环境，最终阻碍经济的正常有效运行，同时，不断扩大的收入差距也是中国经济可持续发展所面对的重要难题。

在现实中也的确能够观察到，由于有更多的资源用于创建和维护社会关系网络，那些拥有更多政治和经济资源的"精英"家庭也相应地拥有了更多的社会网络资源（边燕杰，2004）；同时，这些"精英"家庭也往往凭借其社会网络优势，通过扭曲现有的市场规则为自己争得更多的机会，从而扩大了他们与普通家庭之间在就业和收入机会方面的不平等，乃至于造成这种机会不平等的代际传递，导致社会分层固化。

我国自党的十七大提出"调低，扩中，限高"以来，政府已采取了一系列相关举措来响应此基调，如废除农业税，加大医疗保险及养老保险等的覆盖范围，实施梯度个人所得税政策等，不可否认，这些政策的实施在抑制我国收入差距逐步扩大的过程中确实是功不可没的。然而，立足当下，本研究认为要进一步优化我国收入分配格局，还需要将关键着力点放在初次分配上，竭力促进初次分配领域的机会均等，恪守公平正义，在再分配领域同样更加注重公平，才能从根本上遏制收入差距持续演进的态势，也才能使每个公民公平的享有我国改革开放和经济发展的成果。公平是中国梦的底色，只有坚持公平正义，消除机会不均，才能使通往中国梦的道路越走越敞亮。本研究认为重点还需要做到如下几点：

一是切实保障公民在教育、就业等方面的机会均等，增强制度的透明性，努力消除这些领域的社会网络型腐败，使每个公民享有公平参与和竞争的机会。从教育角度来说，政府应进一步推广和普及农村义务教育，竭力消除城乡教育在师资、设备与财政补贴等方面的差异，努力营造公平公正的教育环境；从就业视角而言，除了需进一步加强招聘制度的透明度外，还应该大力提倡和鼓励自主创业，增加就业机会，消除就业歧视，确保就业过程的公开公正。在社会经济转型过程中，建立一套清晰和公平的规则体系并维护这套规则体系的有效运行，是非常重要的，因为这将有助于弱化因社会网络不平等造成的机会不平等，促进社会各阶层之间的机会公平和竞争公平，增进国民福利。

二是进一步完善社会保障机制，拓宽医疗保险及养老保险等的覆盖范围，使每个公民都能够平等享有应有的社会保障权利。社会保障制度的健全和完善，能够在一定程度上保证居民不会"因病致穷"和"因病返贫"，同时，政府转移性收入的增加也能明显的起到缩小家庭间收入差距的效果。提高社会保障支出占财政总支出的比重，加大对低收入人群的扶持力度，保证低收入人群的基本生活水平，建立健全社会保障预算体系，加强保障资金的监管，确保资金使用的透明度，提高资金的使用效率，扩大社会保障的覆盖范围，积极引入民间资本，稳定社会保障制度的资金来源，鼓励企业积极从事各项慈善事业，健全公益财产管理制度。同时，加大税收对收入分配的调节作用，加快个人所得税制度改革，逐步转向以家庭为单位课征所得税，充分考虑家庭异质性问题，建立个税综合数据库，健全财产税税收体系，进一步完善财产税的税基、税种和税率，加强对资本所得的征收力度，尽快实现房产信息登记联网制度，适时开征房产税、遗产税，重点向拥有多套房产的人群征税，减缓贫富差距向代际间的传递，降低弱势行业的税负标准，减轻低收入人群的税负压力。

三是打破行业垄断格局，消除行业进入障碍，在合理范围内降低行业准入标准。行业间的收入分配不均主要源自垄断部门的高额利润，因此，打破行业垄断格局，推进垄断行业的体制改革，完善市场竞争机制，是消除行业间收入差距的必要举措。

四是加强户籍制度改革，破除劳动力流动的制度性障碍，尽快推进城乡一体化的改革进程，同时，在农村集体土地"农转非"过程中，竭力防止权贵阶层对农民利益的剥夺，使农民利益不受损害。城乡收入差距历来是我国收入差距问题中的主要矛盾，因此，消除城乡进入壁垒，切实保障农民既得利益，同时，增加农民工城市归属感，创造农民就业多种渠道，不仅是当前城镇化进程的必然要求，也是缩小城乡间收入差距的重要方式。

最后，还需要深化法制改革，加大对腐败等的惩处力度，以法治手段促进公平正义，确保每一个市场环节的阳光运行，切实让每个公民共同享有人生出彩的机会，共同享有梦想成真的机会，共同享有同祖国和时代一起成长与进步的机会，真正为实现伟大中国梦而共同努力。

参考文献

英文文献

［1］Abdul – Hakim, R., Abdul – Razak, N. A., Ismail, R. 2010. Does Social Capital Reduce Poverty? A Case Study of Rural Households in Terengganu, Malaysia, *European Journal of Social Science*, Vol. 4, 556 – 567.

［2］Abramson, N. R. and Ai, J. X. 1999. Canadian Companies Doing Business in China: Key Success Factors, *Management International Review*, 39 (1), 7 – 35.

［3］Ambrose King. 1991. Guanxi and Network Building: A Sociological Interpretation, Dactialtis. Vol. 10, No. 2, 63 – 82.

［4］Arrow, Kenneth. 1973. The Theory of Discrimination. In Ashenfelter, Orley, Rees, Andreas (Eds.), Discrimination in Labor Markets. *Princeton Univ. Press*, Princeton, NJ.

［5］Astone N. M., C. A. Nathanson, R. Schoen and Y. J. Kim. 1999. Family Demography, Social Theory and Investment in Social Capital, *Population and Development Review*, 25 (1), 1 – 31.

［6］Banerjee, Biswajit. 1983. The Role of the Informal Sector in the Migration Process: a Test of Probabilistic Migration Models and Labor Market Segmentation for India, *Oxford Economic Papers* 35 (3), 399 – 422.

［7］Banerjee, Biswajit. 1991. The Determinants of Migrating with a Pre – arranged Job and of the Initial Duration of Urban Unemployment: an Analysis of Based on Indian Data on Rural – to – urban Migrants, *Journal of Development Economics*, 36 (2), 337 – 351.

［8］ Bian, Yanjie. 1994. Guanxi and the Allocation of Urban Jobs in China, *China Quarterly*, 140 (4), 971 –999.

［9］ Bian Y. J. , 1997, Bringing Strong Ties Back in: Indirect Ties, Network Bridges and Job Searches in China, *American Sociological Review*, 62 (3).

［10］ Bian Y. J. , 1997. *Guanxi* Networks and Job Mobility in China and Singapore, *Social Forces*, 75 (3): 981 –1005.

［11］ Bjmskov C. 2006. The Multiple Facets of Social Capital, *European Journal of Political Economy*, 22 (3), 22 –40.

［12］ Blakely, T. A. Kennedy B. P. Glass R, et al. 2000. What is the Lag Time between Income Inequality and Health Status? *Journal of Epidemiology and Community Health*, 54, 318 –319.

［13］ Blinder, Alan S. 1973. Wage Discrimination: Reduced form and Structural Estimates, *Journal of Human Resources*, 8, 436 –455.

［14］ Boscarino J. A. , Figley C. R. , and Adams R. E. Compassion Fatigue Following the September 11 Terrorist Attacks: A Study of Secondary Trauma among New York City Social Workers. *International Journal of Emergency Mental Health*, 2004, 6 (2): 57 –66. .

［15］ Bourguignon, F. 1979. Decomposable Income Inequality Measures, *Econometrica*, 47 (4), 901 –920.

［16］ Bourguignon, F. , M. Fournier, and M. Gurgand. 2001. Fast Development with a Stable Income Distribution: Taiwan, 1979 –94, *Review of Income and Wealth*, 47 (2), 139 –63.

［17］ Brenner, Mark. 2001. Re –examining the Distribution of Wealth in Rural China, in Riskin, Carl1, Zhao Renwei, Li Shi (eds) China's Retreat from Equality: Income Distribution and Economic Transformation, Armonk, New York: M. E. Sharpe.

［18］ Butterfield, Fox. 1982. China: Alive in the Bitter Sea. New York: New York Times Books.

［19］ Byron, R. P. Manaloto, E. 1990. Returns to Education in China, *Economic Development and Cultural Change*, 38 (4), 783 –796.

［20］ Cagetti, M. , M. De Nardi. 2006. Wealth Inequality: Data and Models,

NBER Working Paper, No. 12550.

[21] Calvo Armengol A. , Jackson M. O. 2004. The Effects of Social Networks on Employment and Inequality, *American Economic Review*, 94 (3): 426 – 454.

[22] Cancian, Maria, Reed, Deborah. 1998. Assessing the Effects of Wives Earning on Family Income Inequality, *Review of Economics and Statistics*, 80, 73 – 79.

[23] Carroll, C. D. , K. E. Dynan, S. S. Krane. 2003. Unemployment Risk and Precautionary Wealth: Evidence from Households Balance Sheets, *Review of Economics and Statistics*, Vol. 85, No. 3, 586 – 604.

[24] Chen, Zhao, ShiqingJiang, MingLuandH. Sato. 2008. How do Heterogeneous Social Interactions Affect the PeerEffect in Rural – Urban Migration: Empirical Evidence from China, *LICOS Discussion Paper* Series 227.

[25] Chen J. and NarisongHuhe. 2010. Social Networks, Informal Accountability, and Public Goods Provision in RuralChina: A Reassessment, *APSA* 2010 *Annual Meeting Paper*, No. 1658593.

[26] Christopher, Watson, Andrew, Wu, Harry X. (Eds.). 1994. Rural Enterprises in China, St. Martin's Press, New York, 117 – 147.

[27] Coleman J. S. 1988. Social Capital in the Creation of Human Capital, *The American Journal of Sociology*, 94: 95 – 120.

[28] Cowell, F. 1980. On the Structure of Additive Inequality Measures, Review of Economic Studies, 47 (3), 521 – 531.

[29] Cowell, F. , K. Kuga. 1981. Inequality Measurement: An Axiomatic Approach, European Economic Review, 15 (3), 287 – 305.

[30] Cowell, F. Van Kerm. 2015. Wealth Inequality: A Survey, *Journal Of Economic Survey*, 29 (4): 671 – 710.

[31] Cronbach L. J. 1951. Coefficient Alpha and the Internal Structure of Tests, Psychometrika, 16 (3): 297 – 334.

[32] Diaz – Gimenez, J. , V. Quadrini, J. Rios – Rull. 1997. Dimensions of Inequality: Facts on the U. S. Distributions of Earnings, Income and Wealth, Federal Reserve Bank of Minneapolis Quarterly Review, Vol. 21, No. 2, 3 – 21.

[33] Fafchamps M. , F. Gubert. 2007. The Formation of Risk Sharing Net-

works, *Journal of Development Economics*, 83: 326 – 350.

［34］ Fagereng A., Guiso L., Malacrino D. Pistaferri, L. 2016. Heterogeneity in Returns to Wealth and the Measurement of Wealth Inequality, *American Economic Review: Papers & Proceedings*, 106 (5): 651 – 655.

［35］Farh JL, Tsui A, Xin K, Cheng BS. 1998. "The influence of relational demography and guanxi: the Chinese case." Organization Science, 9: 471 – 489.

［36］Fan, Y. 2002. Questioning Guanxi: Definition, Classification and Implications, *International Business Review*, Vol. 11: 543 – 561.

［37］Fei, Xiaotong. 1992. From the Soil: The Foundation of Chinese Society, (translated by Gary G. Hamilton and Wang Zheng) ［M］. Berkeley: University of California Press.

［38］Fields G. S. 2003. Accounting for Income Inequality and Its Change: A New Method, with Application to the Distribution of Earnings in the United States, *Research in Labor Economics*, 22: 1 – 38.

［39］Fields, G., G. Yoo. 2000. Falling Labour Income Inequality in Korea's Economic Growth: Patterns and Underlying Causes, *Review of Income and Wealth*, 46 (2), 139 – 159.

［40］Foster, J., A. Shneyerov. 2000. Path Independent Inequality Measures, Journal of Economic Theory, 91 (2), 199 – 222.

［41］Georgarakos, D., and Pasini, G. 2011. Trust, Sociability and Stock Market Participation", *Social Science Electronic Publishing*, 15 (4): 693 – 725.

［42］Goldin C., Katz L. F. 1999. Human Capital and Social Capital: The Rise of Secondary Schooling in American: 1910 – 1940, *Journal of Interdisciplinary History*, 29: 683 – 723.

［43］Gold, Thomas B. Doug Guthrie, David L. 2002. Wank, eds. Social Connections in China: Institutions, Culture, and the Changing Nature of*Guanxi* ［M］. New York: Cambridge University Press.

［44］Granovetter M. 1973. The Strength of Weak Ties, *American Journal of Sociology*, 78: 287 – 298.

［45］Grootaert C. G., Swamy A. V. 2002. Social Capital, Household Welfare and Poverty in Burkina Faso, *Journal of African Economics*, 11: 4 – 38.

[46] Grootaert, C. 2001. Does Social Capital Help the Poor: A Synthesis Findings from the Local Level Institutions Studies in Bolivia, Burkina Faso and Indonesia, in Local Level Institutions Working Paper, No. 10, Washington DC: World Bank.

[47] Grootaert, C. 1999. Social Capital, Household Welfare and Poverty in Indonesia, in Local Level Institutions Working Paper, No. 6, Washington, DC: World Bank.

[48] Gu, F. F. Huang, K., Tse, D. K. 2008. When Does *Guanxi* Matter? Issues of Capitalization and Its Dark Side [J]. Journal of Marketing, 72 (4): 12 -28.

[49] Guthrie, Douglas. 1998. The Declining Significance of Guanxi in China' s Economic Transition, *China Quarterly*, 158: 369 - 93.

[50] Heinrichs, J., P. Kennedy. 2007. A computational trick for calculating the Blinder Oaxaca decomposition and its standard error, Economics Bulletin, 3 (66): 1 - 7.

[51] Hong, H., J. D. Kubik and J. C. Stein. 2004. Social Interaction and Stock - Market Participation, *Journal of Finance*, 59 (2), 137 - 163.

[52] Hwang ER. 1987. Face and favor: the Chinese Power Game [J]. American Journal of Sociology, 92 (4): 944 - 974..

[53] Ishise, H. and Y. Sawada. 2009. Aggregate Returns to Social Capital: Estimates Based on the Augmented Augmented - Solow Model, *Journal of Macroeconomics*, Vol. 31 (3): 376 ~ 393.

[54] Jacobs, J. B. 1979. A Preliminary Model of Particularistic Ties in Chinese Political Alliances: Kan - chi' ing and Kuan - hsi in a Rural Taiwanese Township. *The China Quarterly*, 78 (78): 237 - 273.

[55] Jann, Ben. 2008. The Blinder - Oaxaca decomposition for linear regression models, *The Stata Journal*, 8 (4): 453 - 479.

[56] Jenkins, S. 1995. Accounting for Inequality Trends: Decomposition Analyses for the U K, 1971 - 86, *Economica*, 62 (245), 29 - 63.

[57] Juhn, C., K. Murphy, B. Pierce. 1993. Wage Inequality and the Rise in Returns t o Skill, *Journal of Political Economy*, 101 (3), 410 - 42.

[58] Kaiser H. F., J. Rice, Little Jiffy. 1974. Educational and Psychological

Measurement [J]. Journal of Educational & Psychological Measure, 34 (2): 111 – 117.

[59] Kawachi I, Kennedy B. 1999. Income Inequality and Health: Pathway and Mechanism, *Health Service Research*, 34, 215 – 227.

[60] Khan, A. R. Riskin, C. 1998. Income and Inequality in China: Composition, Distribution and Growth of Household Income, 1988 to 1995. *The China Quarterly*, 154: 221 – 253.

[61] Knack S. , P. Keefer. 1997. Does Social Capital Have an Economic Payoff? A Cross – Country Investigation, *The Quartely Journal of Economics*, 112 (4): 1251 – 1288.

[62] Knight, J. , Yueh, L. 2008. The Role of Social Capital in the Labor Market in China, *Economics of Transition*, Vol. 16: 389 – 414.

[63] Krusell Per, Anthony Smith. 1998. Income and Wealth Heterogeneity in the Macroeconomy, *Journal of Political Economy*, 106 (5): 867 – 896.

[64] Li, Shuhe, Li, Shaomin. 2000. Guanxi: Just Like Traffic Cops, *China Economic Quarterly*, 4 (1), 1 – 4.

[65] Lin N. 1999. Social Netsorks and Status Attainment, *Annual Review of Sociology*, 25 (1): 467 – 487.

[66] Lin N. 2001. Building a Network Theory of Social Capital, in Social Capital: Theory and Research, edited by Lin N. K. S. and R. Burt. New York: Aldine de Gruyter, 3 – 31.

[67] Lin, N. 2002. Social Capital: A Theory of Social Structure and Action [M]. Cambridge: Cambridge University Press.

[68] Little, R. J. Rubin, D. B. 1987. Statistical Analysis with Missing Data. Biometrics, 26 (4): 363 – 365.

[69] Liu, B. 1983. People or Monster? And Other Stories and Reportage from China and Mao (ed. by P. Link) [M]. Bloomington, Ind: Indiana University Press.

[70] Lou Y. C. , M. Strub, Li D. Wang S. Y. 2017. Reference Point Formation in Social Networks, Wealth Growth and Inequality, Social Science Electronic Publishing.

[71] Luke, N., K. Munshi. 2006. New Roles for Marriage in Urban Africa: Kinship Networks and the Labor Mark et in Kenya, *Review of Economics and Statistics*, 88 (2), 264 –282.

[72] Luo, Yadong. 1997. Guanxi: Principles, Philosophies, and Implications, *Human Systems Management*, 16 (1): 43 –51.

[73] Lusardi A., Michaud P. C. and Mitchell O. S. 2017. Optimal Financial Knowledge and Wealth Inequality, *Journal of Political Economy*, 125 (2): 431 –477.

[74] Matthews, Rebecca, Nee, Victor. 2000. Gender Inequality and Economic Growth in Rural China, *Social Science Research*, 29 (4), 606 –632.

[75] McKenzie, D., Rapoport, H. 2007. Network Effects and the Dynamics of Migration and Inequality: Theory and Evidence from Mexico, *Journal of Development Economics*, Vol. 84: 1 –24.

[76] Meng, X. 2007. Wealth Accumulation and Distribution in Urban China, *Economic Development and Cultural Change*, 10 (4): 761 –791.

[77] Mogues, T., Carter, M. R. 2005. Social Capital and the Reproduction of Economic Inequality in Polarized Societies, *Journal of Economic Inequality*, Vol. 3: 193 –219.

[78] Morduch, J., Sicular, T. 2001. Politics, Growth, and Inequality in Rural China: Does It Pay to Join the Party? *Journal of Public Economics*, 77 (3): 331 –356.

[79] Morduch, J., T. Sicular. 2002. Rethinking In Equality Decomposition – with Evidence from Rural China, *Economic Journal*, 112 (1), 93 –106.

[80] Morissette Rene, Xuelin Zhang. 2006. Revisting Wealth Inequality, *Statistics Canada*, 11 (2): 5 –16.

[81] Munshi, K. 2003. Networks in the Modern Economy: Mexican Migrant s in the U S Labor Mark et, *Quarterly Journal of Economics*, 118 (2), 549 –599.

[82] Munshi K., Rosenzweig. 2006. Traditional Institutions Meet the Modern world: Caste and Schooling Choice in a Globalizing Economy, *American Economic Review*, 96 (4): 1225 –1252.

[83] Munshi, K., Rosenzweig, M. 2010. Why Is Mobility in India So Low?

Social Insurance, Inequality and Growth, *NBER Working Paper* No. 14850.

［84］ Munshi, K., Rosenzweig M. 2016. Networks and Misallocation: Insurance, Migration and the Rural – urban Wage Gap, *American Economic Review*, 106 (1): 46 – 98.

［85］ Narayan D., L. Pritchett. 1999. Cents and Sociability: Household Income and Social Capital in Rural Tanzania, *Economic Development and Cultural Change*, 47 (4): 871 – 897.

［86］ Nardo M, Saisana M, Saltelli A, Tarantola S, Hoffman A, Giovannini E. 2005. Handbook on Constructing Composite Indicators: Methodology and User Guider ［M］, OECD Statistics Working Paper OECD, 12 (3). 158 – 246.

［87］ Peng, Yusheng. 2004. Kinship Networks and Entrepreneurs in China's Transitional Economy, *American Journal of Sociology*, 109 (5): 1045 – 1074.

［88］ Podder, N., Chatterjee, S. 2002. Sharing the National Cake in Post Reform New Zealand: Income Inequality Trends in Terms of Income Sources, *Journal of Public Economics*, 86 (1), 1 – 27.

［89］ Putnam, R., Leonardiand R. Nanetti. 1993. Making Democracy Work: Civic Tradition in Modern Italy, Princeton: Princeton University Press.

［90］ Putnam, R. 1993. The Prosperous Community: Social Capital and Public Life, *The American Prospect*, 4 (13): 68 – 85.

［91］ Raykov T. 1998. Cronbach's Alpha and Reliability of Composite with Interrelated Non – homogenous Items, Applied Psychological Measurement, 22 (3): 375 – 385.

［92］ Shorrocks, A. D. 2002. Approximating Unanimity Orderings: An Application to Lorenz Dominance, *Journal of Economics*, 9 (1 Supplement): 91 – 117.

［93］ Shorrocks, A., and G. Wan. 2005. Spatial Decomposition of Inequality, *Journal of Economic Geography*, 5 (1), 59 – 82.

［94］ Stiglitz, J. E. 2000. Formal and Informal Institutions, in Dasgupta, P. and Serageldin, I. (eds.): *Social Capital: A Multifaceted Perspective*, The International Bank for Reconstruction and Development, Washington DC: World Bank.

［95］ Su B. W, Heshmati A. 2013. Analysis of the Determinants of Income and Income Gap between Urban and Rural China, IZA Discussion Paper No. 7162, The

Institute for the Study of Labor (IZA) in Bonn.

[96] Terrence, C., Kevin, C. 2005. Social Capital and Economic Performance in the American States, *Social Science Quarterly*, Vol. 86: 826 – 845.

[97] Tsang, Eric W. K. 1998. Can Guanxi Be a Source of Sustained Competitive Advantage for Doing Business in China, Academy of Management Executive, 12 (2): 64 – 73.

[98] Walder, A. 2002. Income Determination and Market Opportunity in Rural China, 1978 – 1996, Journal of Comparative Economics, 30 (2): 354 – 375.

[99] Wan, G. 2004. Accounting for Income Inequality in Rural China: A Regression – based Approach, *Journal of Comparative Economics*, 32 (2): 348 – 363.

[100] Wan, G., Zhou, Z. 2005. Income Inequality in Rural China: Regression – Based Decomposition Using Household Data. *Review of Development Economics*, 9 (1): 107 – 120.

[101] Wan, G, M. Lu, Z Chen. 2006. The Inequality – Growth Nexus in the Short and Long Run: Empirical Evidence from Rural China, *Journal of Comparative Economics*, 34 (4): 654 – 667.

[102] Wolff, E. N., M. Gittleman. 2004. Racial Differences in Patterns of Wealth Accumulation, *Journal of Human Resources*, 39 (1), 193 – 227.

[103] Woolcock, Michael, Narayan, Deepa. 2000. Social Capital: Implications for Development Theory, Research, and Policy, *The World Bank Research Observer*, 15 (2), 225 – 249.

[104] Wu, X. M. and Perloff, J. M. 2005. China's Income Distribution, 1985 – 2001, *The Review of Economics and Statistics*, 87 (4), 763 – 775.

[105] Xin, K. R., Pearce, J. L. 1996. Guanxi: Connections as Substitutes for Formal Institutional Support [J]. Academy of Management Journal, 39 (6): 1641 – 1659.

[106] Xu, Yiqing, Yang Yao. 2009. Social Networks Enhance Grassroots Democracy: Surname Groups and Public Goods Provision in Rural China, CCER Working Paper.

[107] Yuan, Y., P. Gao. 2012. Farmers Financial Choices and Informal Credit Markets in China, China Agricultural Economic Review, 4 (2), 216 – 232.

[108] Zhao, Y. H. 2003. The Role of Migrant Networks in Labor Migration: The Case of China, *Contemporary Economic Policy*, 21 (4): 500 – 511.

[109] Zhang Jian, John Giles, Scott Rozelle. 2012. Does it Pay to Be a Cadre? Estimating the Returns to Being a Local Official in Rural China, *Journal of Comparative Economics*, Vol. 40: 337 – 356.

[110] Zhao, Yaohui (Eds.). 2000. Rural Labor Flows in China. Institute of East Asian Studies, University of California, Berkeley, 251 – 268.

[111] Zhang, X. B., Li, G. 2003. Does Guanxi Matter for Nonfarm Employment?, *Journal of Comparative Economics*, Vol. 31: 315 – 331.

[112] Zhao L, Lu Y, Wang B, Chau PYK, Zhang L. 2012. Cultivating the Sense of Belonging and Motivating User Participation in Virtual Communities: a Social Capital Perspective. *International Journal of Information Management*, 32 (6): 574 – 588.

中文文献

[1] 白雪梅. 教育与收入不平等: 中国的经验研究 [J]. 管理世界, 2004 (6): 53 – 58.

[2] 边燕杰, 张文宏. 经济体制、社会网络与职业流动 [J]. 中国社会科学, 2001 (2): 77 – 89.

[3] 边燕杰, 王文彬. 跨体制社会资本及其收入回报 [J]. 中国社会科学, 2012 (2): 110 – 126.

[4] 蔡昉, 都阳. 中国地区经济增长的趋同与差异——对西部开发战略的启示 [J]. 经济研究, 2000 (10): 30 – 37.

[5] 程名望, 史清华, Jin Yanhong, 盖庆恩. 农户收入差距及其根源: 模型与实证 [J]. 管理世界, 2015 (7): 17 – 28.

[6] 陈彦斌. 中国城乡财富分布的比较分析 [J]. 金融研究, 2008 (12): 87 – 100.

[7] 陈彦斌, 霍震, 陈军. 灾难风险与中国城镇居民财产分布 [J]. 经济研究, 2009 (11): 144 – 158.

[8] 陈钊, 陆铭, 佐藤宏. 谁进入了高收入行业?——关系、户籍与生产率的作用 [J]. 经济研究, 2009 (10): 121 – 132.

［9］陈钊，万广华，陆铭. 行业间不平等：日益重要的城镇收入差距成因——基于回归方程的分解［J］. 中国社会科学，2010（3）：65-76.

［10］程名望，史清华，Jin Yanhong，盖庆恩. 农户收入差距及其根源：模型与实证［J］. 管理世界，2015（7）：17-28.

［11］迟巍，蔡许许. 城市居民财产性收入与贫富差距的实证分析［J］. 数量经济技术经济研究，2012（2）：100-112.

［12］费孝通. 乡土中国［M］. 北京：三联书店，1948.

［13］费舒澜. 禀赋差异还是分配不公？——基于财产及财产性收入城乡差距的分布分解［J］. 农业经济问题，2017（5）：55-64.

［14］封进，余央央. 中国农村的收入差距与健康［J］. 经济研究，2007（1）：79-88.

［15］傅德印. 我国各地区企业技术开发能力的综合评价［J］. 兰州商学院学报，1992（2）：44-50.

［16］傅德印. 关于统计学定义的考察与思考［J］. 兰州商学院学报，2000（1）：78-81.

［17］傅德印. 因子分析统计检验体系的探讨［J］. 统计研究，2007（6）：86-90.

［18］甘犁，尹志超，贾男，徐舒. 中国家庭金融调查报告［M］. 成都：西南财经大学出版社，2012.

［19］甘犁. 来自中国家庭金融调查的收入差距研究［J］. 经济资料译丛，2013（4）：41-57.

［20］甘犁，尹志超，贾男，徐舒. 中国家庭资产状况及住房需求分析［J］. 金融研究，2013（4）：1-14.

［21］高梦滔，姚洋. 农户收入差距的微观基础：物质资本还是人力资本［J］. 经济研究，2006（12）：71-80.

［22］高连水. 什么因素在多大程度上影响了居民地区收入差距水平？——基于1987-2005年省际面板数据的分析［J］. 数量经济技术经济研究，2011（1）：130-139.

［23］顾海兵，余翔，曹帆. 社会科学研究领域中的官味度之判断［J］. 经济学家茶座，2007（1）：40-48.

［24］虢超，丁建军. "关系"和教育对中国居民收入的影响——基于CGSS

调查数据的实证分析 [J]. 南方经济，2014（3）：38 – 51.

[25] 郭云南，姚洋，Jeremy Foltz. 宗族网络与村庄收入分配 [J]. 管理世界，2014（1）：73 – 89.

[26] 郭云南，张琳弋，姚洋. 宗族网络、融资与农民自主创业 [J]. 金融研究，2003（9）：136 – 149.

[27] 郭云南，张晋华，黄夏岚. 社会网络的概念、测度及其影响：一个文献综述 [J]. 浙江社会科学，2015（2）：122 – 132.

[28] 韩其恒，李俊青. 二元经济下的中国城乡收入差距的动态演化研究 [J]. 金融研究，2011（8）：15 – 30.

[29] 韩立岩，杜春越. 收入差距、借贷水平与居民消费的地区及城乡差异 [J]. 经济研究，2012（S1）：15 – 27.

[30] 何金财，郭建南. 如何衡量家庭"关系"的强弱——基于微观调查数据的统计测度 [J]. 兰州财经大学学报，2016（2）：28 – 36.

[31] 何金财，王文春. 关系与中国家庭财产差距——基于回归的夏普里值分解分析 [J]. 中国农村经济，2016（5）：29 – 42.

[32] 何金财. 缩小收入差距须促进发展条件公平 [J]. 人民日报（理论版），2015 – 05.

[33] 何凌霄，南永清，张忠根. 老龄化、社会网络与家庭农业经营——来自 CFPS 的证据 [J]. 经济评论，2016（2）：85 – 97.

[34] 何晓群. 应用回归分析 [M]. 北京：中国人民大学出版社，2007：50 – 138.

[35] 胡枫，陈玉宇. 社会网络与农户借贷行为——来自中国家庭动态跟踪调查（CFPS）的证据 [J]. 金融研究，2012（12）：178 – 192.

[36] 胡金焱，张博. 社会网络、民间融资与家庭创业——基于中国城乡差异的实证分析 [J]. 金融研究，2014（10）：148 – 163.

[37] 黄英伟，洪如玲. 社会网络与农户收入—基于 22 省的数据研究 [J]. 经济研究导刊，2011（36）：37 – 38.

[38] 李爽，陆铭，佐腾宏. 权势的价值：党员身份与社会网络的回报在不同所有制企业是否不同？ [J]. 世界经济文汇，2008（6）：23 – 39.

[39] 李实. 中国个人收入分配研究回顾与展望 [J]. 经济学（季刊），2003（2）：106 – 134.

［40］李实，罗楚亮. 中国收入差距究竟有多大？——对修正样本结构偏差的尝试［J］. 经济研究，2011（4）：68－79.

［41］李实，魏众，丁赛. 中国居民财产分布不均等及其原因的经验分析［J］. 经济研究，2005（6）：4－15.

［42］李实，赵人伟. 中国居民收入分配再研究［J］. 经济研究，1999（4）：3－17.

［43］李树，陈刚. "社会网络关系"能否带来幸福——来自中国农村的经验证据［J］. 中国农村经济，2012（8）：66－78.

［44］李爽，陆铭，佐腾宏. 权势的价值：党员身份与社会网络的回报在不同所有制企业是否不同？［J］. 世界经济文汇，2008（6）：23－39.

［45］李涛. 社会互动与投资选择［J］. 经济研究，2006（8）：45－57.

［46］李涛，陈斌开. 家庭固定资产、财富效应与居民消费：来自中国城镇家庭的经验证据［J］. 经济研究，2014（3）：62－75.

［47］李晓嘉，蒋承. 农村减贫：应该更关注人力资本还是社会资本？［J］. 经济科学，2018（5）：68－80.

［48］刘林，李光浩，王力. 少数民族农户收入差距的经验证据：物质资本、人力资本抑或社会资本［J］. 农业技术经济，2016（5）：70－79.

［49］梁漱溟. 中国文化要义［M］. 上海：上海世纪出版集团，2005.

［50］梁漱溟. 梁漱溟全集［M］. 济南：山东人民出版社，2010.

［51］梁运文，霍震，刘凯. 中国城乡居民财产分布的实证研究［J］. 经济研究，2010（10）：33－47.

［52］林毅夫，蔡昉，李周. 中国经济转型时期的地区差距分析［J］. 经济研究，1998（6）：3－10.

［53］陆铭，陈钊. 城市化、城市倾向的经济政策与城乡收入差距［J］. 经济研究，2004（6）：50－58.

［54］陆铭，陈钊，万广华. 因患寡，而患不均——中国的收入差距、投资、教育和增长的相互影响［J］. 经济研究，2005（12）：4－14.

［55］罗楚亮. 城乡居民收入差距的动态演变：1988—2002 年［J］. 财经研究，2006（9）：103－112.

［56］罗楚亮. 经济增长、收入差距与农村贫困［J］. 经济研究，2012（2）：15－27.

［57］马光荣，杨恩艳. 社会网络、非正规金融与创业［J］. 经济研究，2011（3）：83－94.

［58］宁光杰. 居民财产性收入差距：能力差异还是制度阻碍？——来自中国家庭金融调查的证据［J］. 经济研究，2014（S1）：102－115.

［59］彭玉生. 当正式制度与非正式规范发生冲突：计划生育与宗族网络［J］. 社会，2009，29（1）：37－65.

［60］秦芳，王文春，何金财. 金融知识对商业保险参与的影响——来自中国家庭金融调查（CHFS）数据的实证分析［J］. 金融研究，2016（10）：143－158.

［61］阮荣平，郑风田. 市场化进程中的宗族网络与乡村企业［J］. 经济学（季刊），2013（1）：331－356.

［62］申云，贾晋. 收入差距、社会资本与幸福感的经验研究［J］. 公共管理学报，2016（3）：100－110.

［63］孙敬水，黄秋虹. 中国城乡居民收入差距主要影响因素及其贡献率研究——基于全国31个省份6937份家庭户问卷调查数据分析［J］. 经济理论与经济管理，2013（6）：5－20.

［64］孙秀林. 华南的村治与宗族——一个功能主义的分析路径［J］. 社会学研究，2011（1）：133－166.

［65］孙永苑，杜在超，张林，何金财. 社会网络关系、正规与非正规信贷［J］. 经济学（季刊），2016，15（2）：597－626.

［66］唐为，陆云航. 社会资本影响农民收入水平吗——基于关系网络、信任与和谐视角的实证分析［J］. 经济学家，2011（9）：77－85.

［67］田新民，王少国，杨永恒. 城乡收入差距变动及其对经济效率的影响［J］. 经济研究，2009（7）：107－118.

［68］王聪，柴时军，田存志，田甦. 家庭社会网络与股市参与［J］. 世界经济，2015（5）：105－124.

［69］王弟海. 健康人力资本、经济增长和贫困陷阱［J］. 经济研究，2012（6）：143－155.

［70］王海明. 论民主的社会条件［J］. 学习论坛，2012（6）：45－49.

［71］王晶. 农村市场化、社会资本与农民家庭收入机制［J］. 社会学研究，2013（3）：119－144.

[72] 王克强，张忠杰. 城乡居民收入差距研究 [J]. 农业技术经济，2012（12）：112－121.

[73] 王鹏. 我国劳动力市场上工资收入差距的决定因素——基于夏普里值过程的回归方程分解 [J]. 财经研究，2012（2）：39－48.

[74] 王小鲁，樊纲. 中国收入差距的走势和影响因素分析 [J]. 经济研究，2005（10）：24－36.

[75] 王少平，欧阳志刚. 中国城乡收入差距对实际经济增长的阈值效应 [J]. 中国社会科学，2008（2）：54－66.

[76] 万广华. 解释中国农村区域间的收入不平等：一种基于回归方程的分解方法 [J]. 经济研究，2004（8）：117－127.

[77] 万广华，张藕香. 人力资本与我国农村地区收入差距：研究方法和实证分析 [J]. 农业技术经济，2006（5）：2－8.

[78] 万广华，张藕香，伏润民. 1985—2002 年中国农村地区收入不平等：趋势、起因和政策含义 [J]. 中国农村经济，2008（3）：4－15.

[79] 文晖，徐梅. 中国城镇居民家庭收入差异的回归分解 [J]. 统计与信息论坛，2009（4）：63－67.

[80] 吴卫星，丘艳春，张琳琬. 中国居民家庭投资组合有效性：基于夏普率的研究 [J]. 世界经济，2015（1）：154－172.

[81] 巫锡炜. 中国城镇家庭户收入和财产不平等：1995～2002 [J]. 人口研究，2011（6）：13－26.

[82] 武岩，胡必亮. 社会资本与中国农民工收入差距 [J]. 中国人口科学，2014（6）：50－61.

[83] 肖争艳，刘凯. 中国城镇家庭财产水平研究：基于行为的视角 [J]. 经济研究，2012（4）：28－39.

[84] 徐宽. 基尼系数的研究文献在过去八十年是如何扩展的 [J]. 经济学（季刊），2003（4）：757－778.

[85] 徐舒. 技术进步、教育收益与收入不平等 [J]. 经济研究，2010（9）：79－92.

[86] 许庆，田士超，徐志刚，邵挺. 农地制度、土地细碎化与农民收入不平等 [J]. 经济研究，2008（2）：83－92.

[87] 严琼芳，吴猛猛，张珂珂. 我国农村居民家庭财产现状与结构分析

［J］. 中南民族大学学报（自然科学版），2013（1）：124 – 128.

［88］杨汝岱，陈斌开，朱诗娥. 基于社会网络视角的农户民间借贷需求行为研究［J］. 经济研究，2011（11）：116 – 129.

［89］杨新铭，罗润东. 技术进步条件下农村人力资本与收入差距的互动机制［J］. 数量经济技术经济研究，2008（1）：74 – 84.

［90］叶静怡，周晔馨. 社会资本转换与农民工收入——来自北京农民工调查的证据［J］. 管理世界，2010（10）：34 – 46.

［91］叶志强，陈习定，张顺民. 金融发展能减少城乡收入差距吗？——来自中国的证据［J］. 金融研究，2011（2）：42 – 56.

［92］易行健，张波，杨汝岱，杨碧云. 家庭社会网络与农户储蓄行为：基于中国农村的实证研究［J］. 管理世界，2012（5）：43 – 51.

［93］尹志超，吴雨，甘犁. 金融可得性、金融市场参与和家庭资产选择［J］. 经济研究，2015（3）：87 – 99.

［94］张栋浩，杜在超，张林，朱光伟. 社会网络关系、保险购买与保险赔付［J］. 管理科学学报，2016（12）：95 – 109.

［95］张爽，陆铭，章元. 社会资本的作用随市场化进程减弱还是加强？——来自中国农村贫困的实证研究［J］. 经济学（季刊），2007，6（2）：539 – 560.

［96］张顺，郭小弦. 社会网络资源及其收入效应研究——基于分位回归模型分析［J］. 社会，2011（1）：94 – 111.

［97］张振，徐雪高，吴比. 新常态下农户家庭社会关系网络的收入效应研究——基于 CHARLS 数据的实证分析［J］. 经济问题，2016（6）：73 – 78.

［98］张振学. 人际关系难处学［M］. 北京：中央民族大学出版社，2002. 1 – 168.

［99］章元，陆铭. 社会网络是否有助于提高农民工的工资水平［J］. 管理世界，2009（3）：45 – 54.

［100］赵剑治，陆铭. 关系对农村收入差距的贡献及其地区差异——一项基于回归的分解［J］. 经济学（季刊），2009（1）：363 – 390.

［101］赵人伟. 我国居民收入分配和财产分布问题分析［J］. 当代财经，2007（7）：5 – 11.

［102］赵人伟. 收入分配、财产分配和渐进改革［J］. 经济社会体制比较，

2005 (5)：8-12.

［103］中国家庭金融调查与研究中心. "中国家庭金融调查报告"，2012.

［104］周群力，丁骋骋. 姓氏与信用：农户信用评级中的宗族网络［J］. 世界经济，2013 (8)：125-144.

［105］周群力，陆铭. 拜年与择校［J］. 世界经济文汇，2009 (6)：19-34.

［106］周广肃，樊纲，申广军. 收入差距、社会资本与健康水平——基于中国家庭追踪调查 (CFPS) 的实证分析［J］. 管理世界，2014 (7)：12-21.

［107］周广肃，马光荣. 人情支出挤出了正常消费吗？——来自中国家户数据的证据［J］. 浙江社会科学，2015 (3)：15-26.

［108］周浩，邹薇. 中国城市居民收入的分布动态研究：1995-2004 年［J］. 财贸经济，2008 (10)：16-22.

［109］周晔馨. 社会资本是穷人的资本吗？——基于中国农户收入的经验证据［J］. 管理世界，2012 (7)：83-95.

［110］朱光伟，杜在超，张林. 社会网络关系、股市参与和股市回报［J］. 经济研究，2014 (11)：87-101.

［111］邹薇，张芬. 农村地区收入差异与人力资本积累［J］. 中国社会科学，2006 (2)：67-79.